中华经典名著全本全注全译丛书

马天祥◎译注

格言联璧

中华书局

图书在版编目(CIP)数据

格言联璧/马天祥译注. —北京:中华书局,2020. 3
(2025. 5 重印)
(中华经典名著全本全注全译丛书)
ISBN 978-7-101-14396-6

Ⅰ. 格… Ⅱ. 马… Ⅲ. ①格言-汇编-中国-古代②《格言联璧》-译文③《格言联璧》-注释 Ⅳ. H136. 33

中国版本图书馆 CIP 数据核字(2020)第 027307 号

书 名	格言联璧	
译 注 者	马天祥	
丛 书 名	中华经典名著全本全注全译丛书	
责任编辑	胡香玉	
装帧设计	毛 淳	
责任印制	管 斌	
出版发行	中华书局	

    (北京市丰台区太平桥西里 38 号 100073)
    http://www.zhbc.com.cn
    E-mail:zhbc@zhbc.com.cn

印 刷	北京盛通印刷股份有限公司	
版 次	2020 年 3 月第 1 版	
	2025 年 5 月第 9 次印刷	
规 格	开本/880×1230 毫米 1/32	
	印张 11⅛ 字数 200 千字	
印 数	74001-80000 册	
国际书号	ISBN 978-7-101-14396-6	
定 价	29. 00 元	

目录

前言

　　我国传统典籍浩如烟海，经史子集蔚为大观。秉承儒家先圣先贤教诲的历代士人，都将明德修身视为第一要务，无论居庙堂之高，还是处江湖之远，皆有淑身淑世之言流传于世。《逸周书·序》载："周公会群臣于闳门，以辅主之格言作《皇门》。"可见早在周公辅政之时，汇编众家良箴宝训以为劝诫之用的工作已然开启。相对具体的修身格言之书的初兴可以追溯到两汉时的"诫子书"，孔臧、东方朔、马援、郑玄等皆不乏晓谕子孙后代为人处世的金玉之言，此后逐渐产生两个分支：一支恪守家族先人教诲，成为"家训""族规"，世代相传；而另一支则抛开一家一姓之私，杂取百家，兼收经史，经两宋发展，至明清臻于极盛，编撰者或博采汇编历经岁月积淀之佳句，或潜心独撰阅尽世事沧桑之箴言，《格言联璧》便是该类作品的典型代表。

　　《格言联璧》是清代金缨编纂的一部格言集成。金缨，字兰生，浙江山阴人，主要活动于清道光、咸丰两朝。出身书香世家的金缨，自道光二十六年（1846）起，继承先人志向，辑录《几希录续刻》，待此书付梓之后便着手格言集成的编纂工作。金缨遍览群书，凡遇名言佳句便记录下来，日积月累渐成规模，名为《觉觉录》，后因《觉觉录》卷帙浩繁，刊刻费用巨大，于是金缨在此基础上删繁就简，选取其中句式整齐、音韵和谐的部分于咸丰元年（1851）先行刊布，取名《格言联璧》。

　　《格言联璧》共分为学问、存养、持躬、摄生、敦品、处事、接物、齐家、从政、惠言、悖凶十一类，意蕴深厚，内容广博，不仅涵盖了社会人生的各个方面，更反映了传统农业社会的伦理道德观念。传统中国社会各个时代的思想精髓都有涵盖。厚重睿智的思想通过简练的话语得到了明晰的呈现。此外，《格言联璧》的篇类编排也体现着一定的内在逻辑和顺序。全书的编排除最后的"惠言类"和"悖凶类"两章属于"善言善行"和"恶言恶行"的分章总结外，前九类大体上遵循着宋代以来君子"格物""致知""诚意""正心""修身""齐家""治国""平天下"的思想脉络。

　　虽然《格言联璧》有十一类，但是每类的首要思想都是告诫人们要立德为先、修身为要，也就是说无论做什么事，先要做一个堂堂正正的人。而这种立德修身又不是靠空谈得来的，是在现实生活中通过不断约束改进自己来实现的。比如"学问类"一章主要讨论的是"治学修身"的问题，开篇便提出"天地间第一人品还是读书"。编者首先肯定了"第一人品"即立德修身的重要性，更指出"第一人品"的最终养成归根结底还是要从研习圣贤之书中得来。

　　《格言联璧》虽然成书于清朝中晚期，但因书中的许多格言侧重生活实际，所以直至今日读起来仍不失实用意义。"摄生类"中的格言都有着中医理论依据，对当下人的身体保养仍大有裨益。"敦品类""处事类""接物类"等章在为人处世方面的指导和告诫，对现在人们的交往仍有着一定的指导意义。但编者在编纂该书时由于受到其自身时代局限的制约，受到传统农业社会落后生产力的束缚，亦偶有封建迷信的落后思想夹杂其中。因此，我们在努力学习传统思想精华的同时，还要对那些落后的思想加以摒弃。

　　《觉觉录》的全貌我们无从窥知，唯有"原序"中"卷帙繁多"四字留给我们无尽的想象。本次《格言联璧译注》作为中华书局"中华经典名著全本全注全译丛书"之一，在整理、注释、翻译工作之外，还新增了对文中每条格言"源流"的探究与考察。这既是本书的一大特色，又对我们更为深入地了解《格言联璧》提供了可能。"源流"的探究为格言含义的深入理解提供了帮助。《格言联璧》中收录的有些格言，语言精练，意蕴深厚，然而若纯然脱离上下文意和原始语境，则无法准确理解其内在含义。如"接物类"有"公生明，诚生明，从容生明"。如若仅就该句径直阐发意义不免有失允当。而考察其"源流"后，可知该句实采自明代吕坤的《呻吟语》，且原文为"公生明，诚生明，从容生明。公生明者，不蔽于私也；诚生明者，清虚所通也；从容生明者，不淆于感也。舍是无明道矣"。在结合原文的基础上，就能更加清楚地体会原句中三个"明"的准确含义了。此外，在文献的编撰与生成方面，通过对《格言联璧》全书收录格言"源流"的梳理，不难发现《格言联璧》涉猎文献极广，上到先秦诸子，下至明清小品，经史子集四部之外，更兼儒释道三家之说，可以说是博采众长。并且，通过对《格言联璧》中每条格言"源流"的探究，可以发现金缨在编纂格言集成时充分发挥了"就近原则"，即充分利用了宋代以来，尤其是明清两代学人的格言编撰成果，如《呻吟语》《菜根谭》《五种遗规》《楹联丛话》等前人成果都得到了充分地整合与利用。因此，结合"源流"梳理成果逆推删节之前的《觉觉录》，山阴金氏实欲以一己之力，成就百代格言长编，如若得以刊行，也许将是我国历史上格言汇编的第一集成。

　　虽然《格言联璧》是由《觉觉录》删节而成，但自《格言联璧》问世，就因其内容广博、思想深刻、语言优美而得到广大学人的认可。自咸丰元年（1851）刊行以来至清末，历经半个世纪长盛不衰，刊本多达十余种之多，据不完全统计，同治年间有：二年、六年、十一年等刊本；光绪年间有：三年、四年、五年、六年、七年、十四年、十六年、十九年、二十一年、二十三年、三十一年等刊本；民国间亦有：五年、七年、二十年、二十二年等刊本。不难看出，平均每三到四年就有新刊本问世，几乎成为每代读书人处世修身的必读书目，这些都从侧面再次印证了《格言联璧》的价值与意义。当然，我们也应当客观地看到，在《格言联璧》不断重刊传世的过程中,历代学人已渐次不满足于格言本身的传承,进而围绕格言的评骘之语也逐渐附于其中一并刊行。这些评骘之语,虽有助于读者体悟格言意蕴滋味,但版本不一、内容不同,且又不免有喧宾夺主之嫌。本次中华书局"中华经典名著全本全注全译丛书"之《格言联璧》,我们选择了流传较广、仅录正文且不含评语的光绪丁酉本作为底本,以时代较早、内容完整的中国国家图书馆藏同治二年本为参校。在注释和翻译方面,以方便读者阅读为首要目标,结合"源流"部分,以直译为主、意译为辅,务求做到文字晓畅通达。

　　囿于个人学力有限,书中难免有一些错讹之处,尤其是"源流"部分,尚无法做到穷尽式梳理,还请广大读者谅解并给予批评指正,以待他日得以逐步完善。中华书局责任编辑胡香玉老师为此书的出版付出了辛勤的劳动,在此深表谢意。

马天祥

己亥孟秋于咸阳渭城

《格言联璧》原序

　　余自道光丙午岁[①]，敬承先志，辑《几希录续刻》，工竣后，遍阅先哲语录，遇有警世名言辄手录之[②]，积久成帙[③]，编为十类，曰《觉觉录》。惟卷帙繁多，工资艰巨[④]，未能遽付梓人[⑤]，因将《录》内整句先行刊布[⑥]，名《格言联璧》，以公同好[⑦]。至全《录》之刻，姑俟异日云[⑧]。

　　咸丰元年仲夏[⑨]，山阴金缨兰生氏谨识[⑩]。

【注释】

①道光丙午岁：道光二十六年（1846）。

②手：亲手。

③帙（zhì）：卷，册。此处指文献辑录颇具规模。

④工资艰巨：工程浩大，费用昂贵。工，工程。此处指刊刻所需人工。资，费用。此处指刊刻所需费用。

⑤遽付梓人：及时交给刊刻的工匠。遽（jù），立刻，及时。梓（zǐ）人，古代从事印刷业的刻版工人。

⑥因将《录》内整句先行刊布：于是将《觉觉录》中格式整齐、音韵和谐的句子先行刊刻发布。因，于是，就。《录》，即《觉觉录》。整

句,格式整齐、音韵和谐的句子。刊布,刊刻发布。

⑦公同好:又作"公诸同好",把自己珍藏的东西拿出来分享给志趣相同的人。公,公开。此处指分享。同好,有共同爱好的人。语出曹植《与杨德祖书》:"虽未能藏之于名山,将以传之于同好。"

⑧姑俟(sì)异日云:姑且等将来吧。姑,姑且。俟,等待。异日,他日,将来。

⑨咸丰元年:公元1851年。

⑩山阴:清代浙江绍兴府辖下山阴县。谨识:郑重记叙。

【译文】

我从道光二十六年开始,恭敬地承袭先人志向,辑录《几希录续刻》,任务完成之后,遍览先贤语录,遇到名言警句便亲手抄录,积累久了便渐成卷册,将所辑内容编排为十类,名为《觉觉录》。只因卷帙浩繁,工程浩大、费用昂贵,因而未能及时交给刊刻的工匠,于是将《觉觉录》中格式整齐、音韵和谐的句子先行刊刻发布,取名为《格言联璧》,分享给志趣相同之人。至于全部《觉觉录》的刊刻,姑且等将来吧。

咸丰元年仲夏,浙江山阴金缨郑重记叙。

《格言联璧》重刊序

　　昌黎韩子曰:"一世劝人以口^①,百世劝人以书。"旨哉^②! 言也。以善书传人者,十人中有一人警省焉^③,则济一人矣^④;百人中有十人警省焉,则济十人矣;推之千万^⑤,辗转无穷,此亦不朽之盛业也! 山阴金君兰生辑善书曰《格言联璧》^⑥,于先哲训诫博观约取,信称美备矣^⑦! 惜原刻字画过小,板亦漫漶^⑧,阅者颇苦不便。常次德先生道功,吾邑乐善君子也,迩年雅好是书^⑨,爰于卷中偶句旁注,俱用大字重梓之^⑩,繁复处稍有删节,他悉仍旧也。得是书者,朝夕观省^⑪,服膺奉行^⑫,淑身淑世^⑬,所裨益岂浅鲜耶!

　　时同治二年癸亥孟秋,长沙张延珂子恒氏谨序。

【注释】

①一世劝人以口:一时一刻教导人靠话语。一世,一时,短时间内。劝,教导。口,此处指话语。

②旨:好。此处包含语言文句优美和思想内容深刻两重意思。

③警省:醒悟。

④济:帮助。

⑤推之千万：以此类推至成千上万的人。推，以此类推。千万，成千上万。

⑥善书：导人向善之书。

⑦信称美备矣：确确实实称得上完美详尽。信，确实。起加强语气的作用。备，完备，详尽。

⑧漫漶（huàn）：刻版上所刻的文字，因年深日久而变得模糊不清。

⑨迩年：近年，近来。

⑩梓：刊刻印刷。

⑪观省：反观自省。

⑫服膺（yīng）：衷心信服，全心全意。

⑬淑身淑世：修身济世。淑身，此处指修养身心。淑世，此处指造福社会。

【译文】

韩愈说："一时一刻教导人靠话语，千秋万世教导人靠书本。"这话说得好啊！把导人向善之书推荐给他人，十人之中如果有一人醒悟，那便帮助了一人；百人之中如果有十人醒悟，那便帮助了十人；以此类推至成千上万的人，辗转流传达于无穷，这就是永不磨灭的伟大功业！浙江山阴金兰生先生辑录的导人向善之书名曰《格言联璧》，对先圣先贤的教导劝诫之语广泛涉猎并取其精华，确确实实称得上完美详尽了！只可惜原书刊刻字体过小，刊刻的印版也模糊不清，读者饱受阅读不便之苦。常道功先生是我乡善人君子，近年来喜读此书，于是在书中偶句旁作注，全书皆用大字重新刊印，注文冗长重复之处略有删减，其他皆承旧例。得到这部书的人，要朝夕反观自省，全心全意地遵守践行，实现修身济世，其中的益处难道还少吗？

时值同治二年初秋，湖南长沙张延珂郑重作序。

学问类

【题解】

　　"学问类"一章主要讨论的是读书与修身。在编者看来,读书与修身存在着紧密的联系。高尚品行的养成,靠的是用心读书,而这里所指的书,主要是中国传统社会中的儒家经典。在读书修身的过程中,学习儒家圣贤经典是实现个人道德提升的重要途径。通过学习圣贤经典,可以使人明确道德的意义,树立高尚的节操,拥有担当天下的广阔胸怀和强烈的责任感,进而成为圣贤一样伟大而高尚的人。这与中国传统社会中士大夫阶层修身、齐家、治国、平天下的自我价值实现之路互相印证。

　　编者在讲述读书修身之法的同时,首先冷静地告诫人们修身并非易事,要时刻保持谦虚谨慎,不可有丝毫的放松和懈怠,尤其在独处的环境中,更要时刻严格约束自己,并且在严肃认真的修养中,也要保持看问题、想事情的通达与圆融,不可太过拘泥和偏执。因此,编者特意借古今学者的差异来说明古时学者的通达与当今学者的偏执。其次,着重强调读书求理时要博览群书气象宏阔,态度上要认认真真、扎扎实实,不可有一丝一毫的粗心大意。同时又要抱有设身处地的"理解之同情"和怀疑精神,议论古人得失,要站在古人的角度考虑,避免求全责备,研习文献经典,亦不可盲目将其奉为圭臬,应以怀疑之精神和严谨之态度探究真理,使读书求知之路不失坦荡和公允。最后,在具体治学方法上指出,求知治学在树立远大目标的同时，更应当循序渐进持之以恒，从细微处做起，从自己做起，将道德修养融入普通的日常生活，实现知与行的完美统一。

古今来许多世家①，无非积德②；天地间第一人品，还是读书。

【注释】

①世家：门第高贵、世代相传的名门望族。《孟子·滕文公下》："（孟子）曰：'仲子，齐之世家也。'"汉赵岐注："孟子言仲子，齐之世卿大夫之家。"

②积德：积累德行。

【译文】

古往今来许许多多的名门望族，无一不是因为积累德行而兴旺；天地之间堪称第一等人的品质，归根结底要靠读书来养成。

【源流】

清梁章钜《楹联续话》卷二："（姚文僖公）又自撰堂联云：'世上几百年旧家，无非积德；天下第一件好事，还是读书。'语皆近质而实，足以训俗。"按，姚文田谥文僖，《格言联璧》此句当化用清代姚文田之堂联。

读书即未成名①，究竟人高品雅②；修德不期获报③，自然梦稳心安。

【注释】

①即未：即便没有。

②究竟：终究，最终。

③不期：不期待，不要求。

【译文】

用功读书，即便没有成名，最终也会变得人格高尚、品行雅正；修养德行广行善事却不期待得到他人的回报，这样便能睡得踏实，内心安宁。

为善最乐，读书便佳。

【译文】

如果一个人能将做善事当作自己人生的最大快乐，那么他读圣贤之书也一定会读得很好。

【源流】

明高攀龙《高子遗书》卷十一载："朱夫子曰：'为善最乐，读书便佳。'"

清尤侗《艮斋杂说》卷四："'为善最乐，读书便佳。'上是东平语，下是朱子语。予集作一对。"按，《后汉书·东平宪王苍传》载："日者问东平王处家何等最乐？王言为善最乐！""为善最乐"确系东汉东平宪王苍之语，然至明代，"为善最乐，读书便佳"已成上下一体之楹联，且时人皆尊为朱子之言，尤氏考辩无误，然"予集作一对"之论有失允当。

诸君到此何为，岂徒学问文章①，擅一艺微长②，便算读书种子③；在我所求亦恕④，不过子臣弟友⑤，尽五伦本分⑥，共成名教中人⑦。

【注释】

①徒：仅，只。

②擅（shàn）一艺微长：擅长一门微不足道的技艺。微，微不足道的，

不值一提的。长,长处。此处指技艺或能力。

③读书种子:有才学,能够传承文化的读书人。宋黄庭坚《山谷别集·戒读书》:"士大夫家子弟能知忠信孝友斯可矣,然不可令读书种子断绝。有才气者出,便当名世矣。"

④恕(shù):推己及人,发自内心地理解他人,即孔子的"忠恕"之道。《论语·里仁》:"曾子曰:'夫子之道忠恕而已矣。'"宋邢昺疏:"忠,谓尽中心也;恕,谓忖己度物也。"

⑤子臣弟友:做儿子、做大臣、做弟弟、做朋友。指人在社会中总要不可避免地处于这几种位置与角色之中。《论语·颜渊》:"齐景公问政于孔子。孔子对曰:'君君,臣臣,父父,子子。'"

⑥五伦:旧指君臣、父子、兄弟、夫妻、朋友之间五种伦理关系,也称五常。本分:自己应尽的责任和义务。

⑦名教:名分与教化,指以传统儒家思想为根据制定的名分与伦理准则的礼法体系。《管子·山至数》:"昔者周人有天下,诸侯宾服,名教通于天下,而夺于其下,何数也?"

【译文】

各位到这里来为的是什么呢?难道只是为了学学知识、写写文章?擅长一门微不足道的技艺,这便能算得上做学问的读书人了吗?其实对自己的要求就是推己及人,我们在现实生活中不过是处于儿子、大臣、弟弟、朋友等不同的角色,无论什么角色都要用自己的心去体谅和理解他们,尽到一个人在君臣、父子、兄弟、夫妻、朋友这五种关系中的责任和义务,才能使大家共同成为懂礼数、明教化的君子。

【源流】

清梁章钜《楹联丛话》卷八:"广州香山书院联云:'诸君到此何为,岂徒学问文章,擅一艺微长,便算读书种子;在我所求亦恕,不过子臣弟友,尽五伦本分,共成名教中人。'"

聪明用于正路，愈聪明愈好，而文学功名益成其美①；聪明用于邪路，愈聪明愈谬②，而文学功名适济其奸③。

【注释】

①文学：学问。功名：功业。

②谬（miù）：错误。此处指造成不好的影响。

③文学功名适济其奸：学问和功业恰好会助长他的邪恶。适，恰好，恰巧。济，帮助，助长。奸，恶行，不好的行为。

【译文】

人的聪明才智如果用在正道上，那么越聪明便越好，而学问和功业更会成就他的美德；人的聪明才智若用在了邪道上，那么越聪明便越糟糕，而学问和功业恰恰会助长他的邪恶。

【源流】

明冯从吾《少墟集》卷八《善利图说》："聪明用于正路，愈聪明愈好，而文学功名，益成其美。此处一差，则聪明用于邪路，愈聪明愈差，而文学功名，益济其恶，故不可不慎也。"

战虽有阵①，而勇为本。丧虽有礼②，而哀为本。士虽有学，而行为本③。

【注释】

①战虽有阵：作战虽然要有队形。阵，军队作战时的战斗队形。

②丧（sāng）虽有礼：办理丧事虽然要有一定的礼节。丧，办理丧事。礼，礼节，礼数。《论语·八佾》："丧，与其易也，宁戚。"

③行：品行，即道德修养。

【译文】

作战时虽然要讲究一些阵法，但勇敢是最为根本的。办理丧事虽然要有一些礼节，但哀伤是最为根本的。读书人虽然要有学问，但良好的品行是最为根本的。

【源流】

《墨子·修身》："君子战虽有阵，而勇为本焉；丧虽有礼，而哀为本焉；士虽有学，而行为本焉。"

飘风不可以调宫商^①，巧妇不可以主中馈^②，文章之士不可以治国家^③。

【注释】

①飘风不可以调宫商：回旋不定的风，是不可以作为依据来调定与节气对应的音律的。飘风，回旋不定的风。古人"候气定律"，依据季节变换来调定与之相配的不同音律，飘风回旋不定，不能代表季节的变化，所以不可依据它来调定音律。《礼记·月令》："律中大蔟。"汉郑玄注："律，候气之管，以铜为之。中犹应也。孟春气至，则大蔟之律应。应，谓吹灰也。"宫商，即宫、商、角、徵、羽，代指"五音"。

②巧妇不可以主中馈（kuì）：精明偷巧的妇人不可以让她主持家中事务。巧妇，精明偷巧的妇人。主，主管，掌管。中馈，原指家中饮食之事，这里代指家中事务。《周易·家人卦》："象曰：'六二，无攸遂，在中馈，贞吉。'"唐孔颖达正义："妇人之道，巽顺为常，无所必遂，其所职主，在于家中馈食供祭而已。"

③文章之士：只会写写诗词文章而没有真才实学的人。

【译文】

回旋不定的风不是季节更替的标志，所以不可以依据它来调整音律；办事偷巧的妇女不可以管理家中事务；只会写写文章的文人是不可以用来治理国家的。

【源流】

明刘基《诚意伯文集》中《〈拟连珠〉六十八首》："盖闻观形于声，未必见形；求实于名，未必得实。是故飘风不可以调宫商，巧妇不可以为家室。"按，《格言联璧》此句当化用明代刘基之语，然至清魏源《古微堂集》作"飘风不可以调宫商，巧妇不可以主中馈，文章之士不可以治国家。"故《格言联璧》似直接摘引自清人著述。

经济出自学问①，经济方有本原。心性见之事功②，心性方为圆满。舍事功更无学问③，求性道不外文章④。

【注释】

①经济：经世济民，即治理国家，救助百姓。

②心性见之事功：人在修炼自己心性的同时，进而实现了人生价值建功立业。心性，此处指对心志和性情的修炼。事功，事业和功绩。

③舍：除去。

④求性道不外文章：探求修炼心性之道，不外乎研读圣贤文章。性道，修炼心性之道。文章，此处指古圣先贤留下的经典文章。

【译文】

经世济民的方法只有源出于学问，那么这些方法才有了根本和源泉。修炼心性进而实现建功立业，那么心性的修炼才算得上圆满。天下除了建功立业的学问之外便没有其他的学问了，探求修炼心性之道不外乎多加研读古代圣贤的文章罢了。

何谓至行①，曰庸行②；何谓大人③，曰小心④；何以上达⑤，曰下学⑥；何以远到⑦，曰近思⑧。

【注释】

①至行：最高的品行。

②庸行：普通的日常行为。此处指做好普普通通的日常小事。庸，普通，平常。《周易·乾卦·文言》："九二曰：'见龙在田，利见大人。'何谓也？子曰：'龙德而正中者也。庸言之信，庸行之谨，闲邪存其诚，善世而不伐，德博而化。'《易》曰：'见龙在田，利见大人。'君德也。"唐孔颖达正义："庸，常也。从始至末，常言之信实，常行之谨慎。"

③大人：德行高尚的人。

④小心：小心谨慎。此处指时时刻刻不忘做人做事的规矩和礼数。

⑤上达：提升德行，向上发展。《论语·宪问》："子曰：'君子上达，小人下达。'"

⑥下学：留心学习身边的普通小事。《论语·宪问》："子曰：'不怨天，不尤人，下学而上达，知我者其唯天乎！'"

⑦远到：目光长远思虑周全。

⑧近思：充分思考当下自己的不足。《论语·子张》："子夏曰：'博学而笃志，切问而近思，仁在其中矣。'"宋邢昺疏："近思者，思己所未能及之事，不远思也。"

【译文】

什么才是最高的品行呢？即做好普通日常事务；什么才是德行高尚的人呢？即在日常生活中能够做到小心谨慎不忘规矩和礼数；怎样才能向上发展提升德行呢？即留心学习身边的普通小事；怎样才能目光长远思虑周全呢？即对当下自己的不足作充分地考虑。

竭忠尽孝，谓之人。治国经邦①，谓之学。安危定变②，谓之才。经天纬地③，谓之文④。霁月光风⑤，谓之度⑥。万物一体⑦，谓之仁⑧。

【注释】

①经：治理，管理。

②危：危险混乱的局面。变：变乱，叛乱。

③经天纬地：形容有治理天下的卓越才能。《逸周书·谥法》："经纬天地曰文。"

④文：文德。

⑤霁（jì）月：雨后的明月，比喻开朗的胸襟。霁，雨雪停止。光风：雨后日出吹拂的和风，比喻洒脱的气度。宋陈棣《郑倅生辰》："二十八宿罗心胸，霁月光风映眉宇。"

⑥度：气度，风度。

⑦万物一体：将自己与世间万物融为一体。《孟子·尽心上》："孟子曰：'万物皆备于我矣，反身而诚，乐莫大焉。'"

⑧仁：此处指关照天下苍生的大仁大爱。

【译文】

竭尽忠孝，可以称为人。善于治国安邦，可以称为有学问。能够稳定危局平定叛乱，可以称为有才干。治理天下国家的雄才大略，可以称为文德。犹如雨后之清风明月般开朗洒脱，可以称为风度。将自己和世间万物融为一体，这便是大仁大爱。

以心术为本根①，以伦理为桢干②，以学问为菑畬③，以文章为花萼④，以事业为结实⑤，以书史为园林⑥，以歌咏为鼓吹⑦，以义理为膏粱⑧，以著述为文绣⑨，以诵读为耕耘，以记问为居积⑩，以前言往行为师友⑪，以忠信笃敬为修持⑫，以作善降祥为受用⑬，以乐天知命为依归⑭。

【注释】

①心术：心思。此处指方正的内心。本根：根本。

②以伦理为桢（zhēn）干：将世间万物的条理当作主干。伦理，事物的条理。桢干，古代筑墙时所用的木柱，竖在两端的叫"桢"，竖在两旁的叫"干"。此处指主干。

③菑（zī）畬（yú）：土地，农田。菑，新开垦的田地；畬，开垦两年以上的田地。《周易·无妄卦》："六二，不耕获，不菑畬，则利有攸往。"汉郑玄注："一岁曰菑，二岁曰新田，三岁曰畬。"

④花萼（è）：花朵。

⑤结实：果实，成果。

⑥书史：书籍，即记载历代圣贤言行事迹的著作。

⑦鼓吹：音乐。

⑧膏粱：肥肉和细米，泛指精细的食物。膏，肥肉。粱，细粮。《孟子·告子上》："《诗》云：'既醉以酒，既饱以德。'言饱乎仁义也，所以不愿人之膏粱之味也；令闻广誉施于身，所以不愿人之文绣也。"

⑨以著述为文绣：把著书立说当作华美的衣裳。著述，著书立说。文绣，精美的纹饰。此处代指华美的衣裳。

⑩以记问为居积：把记录和求教当作积累。记问，记录和求教。居积，积累。

⑪前言往行：古圣先贤的言行。《周易·大畜卦》："君子以多识前言往行，以畜其德。"唐孔颖达正义："多记识前代之言，往贤之行，使多闻多见，以畜积己德。"

⑫以忠信笃（dǔ）敬为修持：把忠正、诚信、朴实、恭敬当作修身的标准。笃，朴实，质朴。敬，恭敬。修持，修身。《论语·卫灵公》："子张问行。子曰：'言忠信，行笃敬，虽蛮貊之邦行矣；言不忠信，行不笃敬，虽州里行乎哉？'"

⑬作善：行善，做好事。降祥：使上天降下祥瑞，即获福。《尚书·伊训》："作善降之百祥，作不善降之百殃。"受用：得到好处。此处指得到上天的恩赐。

⑭乐天知命：顺应天意安守本分且怡然自得。《周易·系辞下》："乐天知命，故不忧。"依归：此处指人生的宗旨。

【译文】

把方正的内心当作根本，把万事万物的条理当作主干，把学问当作良田；把文章当作花朵，把事业当作果实，把记载先贤言行的书籍当作园林；把歌咏圣贤遗作当作典雅的乐曲，把义理当作精美的食物，把著书立说当作华美的衣服；把诵读当作耕耘，把记录和求教当作积累，把古圣先贤的言行当作良师益友；把忠正、诚信、朴实、恭敬当作修身的标准，把行善获福当作上天的恩赐，把乐天知命当作人生的宗旨。

【源流】

明何乔远《名山藏》卷八十六《臣林记》"顾璘"条载："（顾）璘居恒言：'士大夫当以心术为本根，以伦理为植干，以学问为菑畬，以事业为结实，以文章为花萼。'"按，《格言联璧》此句当本于明代顾璘之语。

懔闲居以体独①，卜动念以知几②，谨威仪以定命③，敦大伦以凝道④，备百行以考旋⑤，迁善改过以作圣⑥。

【注释】

①懔（lǐn）闲居以体独：独居时要以严肃的态度体悟圣贤"慎独"的教诲。懔，严肃，令人敬畏。闲居，独居，独处。独，即"慎独"，中国古代儒家思想的重要概念。指人在无人监管的独处环境中，更要严格要求自己，使自己的言行合乎礼数。语出《礼记·中庸》："莫见乎隐，莫显乎微，故君子慎其独也。"

②卜动念以知几（jī）：心中若想有所行动，就要预先有所估计，善于发现事物发展变化的细微征兆和迹象。卜，预料，估计。几，事物发展变化的细微征兆和迹象。《周易·系辞下》："子曰：'知几其神乎？君子上交不谄，下交不渎，其知几乎！几者，动之微，

吉之先见者也。'"

③谨（jǐn）威仪以定命：细心注意自己庄重的容止仪态以掌握自己的命运。谨，谨慎，细心。威仪，庄严的容止和仪态。定命，掌握把控自己的命运。

④敦（dūn）大伦以凝（níng）道：尊崇伦常大道以求能够成为贤者。敦，尊崇。大伦，伦常大道，即传统社会中君臣、父子、兄弟、夫妻等人与人之间关系的基本准则。凝道，集道于身，即成为圣贤。凝，聚集，集中。

⑤备百行以考旋：使自己各种行为完备，进退交往无不圆融妥当。备，使……完备。百行，各种行为。考旋，实为化用《周易·履卦》"视履考祥，其旋元吉"，意在说明通过改善自己的行为，可以使人的日常进退交往处于圆融妥当的完美状态。

⑥迁善改过以作圣：改过向善成为圣贤。迁善，改过向善。圣，圣贤。《周易·益卦》："象曰：'风雷，益。君子以见善则迁，有过则改。'"

【译文】

一人闲居独处时应当以严肃的态度来体悟先贤"慎独"的教诲，内心若有动念便要预先有所估计，善于发现事物发展变化的细微征兆，细心注意自己庄重的容止仪态以此来掌握自己的命运；尊崇伦常大道使自己成为贤者，使自己的各种行为完备进退交往无不圆融妥当，内心向善并能改正自己的过失使自己成为圣贤。

【源流】

明刘宗周《人谱》"证人要旨"条下："一曰懔闲居以体独，二曰卜动念以知几，三曰谨威仪以定命，四曰敦大伦以凝道，五曰备百行以考旋。"

收吾本心在腔子里①，是圣贤第一等学问；尽吾本分在素位中②，是圣贤第一等工夫③。

【注释】

①收吾本心在腔子里：把自己的良心放在胸中。本心，指良心。《孟子·告子上》："乡为身死而不受，今为宫室之美为之；乡为身死而不受，今为妻妾之奉为之；乡为身死而不受，今为所识穷乏者得我而为之：是亦不可以已乎？此之谓失其本心。"宋孙奭疏曰："是谓失其本心者矣，是忘其义者矣，故本心即义也。"腔子，胸膛。

②尽吾本分在素位中：在当下自己的位置上尽到自己应尽的义务。尽，竭尽。本分，自己应尽的责任和义务。素位，当下自己所在的位置或职位。《礼记·中庸》："君子素其位而行，不愿乎其外。"

③工夫：此处指修养。

【译文】

把自己的良心放入胸中，这便是圣贤最高的学问；在自己的职位上尽到责任和义务，这便是圣贤最高的修养。

【源流】

宋程颐、程颢《二程遗书》卷七："心要在腔子里。"

　　万理澄澈①，则一心愈精而愈谨；一心凝聚②，则万理愈通而愈流。

【注释】

①万理澄澈：万事万物的道理都明白透彻。澄澈，明白，透彻。

②凝聚：专注，专心。

【译文】

如果万事万物的道理都明白透彻了，那么心思便愈加专精细密；如果心思能够专注，那么万事万物的道理便愈加通达流畅。

【源流】

清唐鉴《国朝学案小识》卷六《守道学案》"安丘刘先生"条："（刘

先生）又曰：'万理澄澈，则一心愈精而愈谨；一心凝聚，则万理愈通而愈流。'"按，"安丘刘先生"即刘源渌，《格言联璧》此句当本于清代刘源渌之语。

宇宙内事，乃己分内事①；己分内事，乃宇宙内事。

【注释】

①分（fèn）内：本分之内，即职责所在。

【译文】

宇宙内千千万万的事，都是自己的分内之事；自己的分内之事，就是宇宙内千千万万的事。

【源流】

清黄宗羲《宋元学案》卷五十八"文安陆象山先生九渊"条："他日读古书，至'宇宙'二字，解者曰：'四方上下曰宇，往古来今曰宙。'忽大省曰：'宇宙内事，乃己分内事。己分内事，乃宇宙内事。'"按，《格言联璧》此句当本于宋代陆九渊之语。

身在天地后，心在天地前；身在万物中，心在万物上。

【译文】

身体虽然在天地万物产生之后产生，但内心的思考已经追溯到了天地万物产生之前；身体虽然存在于世间万物之中，但内心却已升到了天地之上关照着这个世界。

【源流】

清金武祥《粟香随笔》卷六："'身在天地后，心在天地前'，邵康节先生诗也；'身在万物中，心在万物上'，陈白沙先生诗也；均于高超处有学问在。"按，《格言联璧》"身在天地后"二句当本于宋代邵雍之语；"身在万物中"二句当本于明代陈白沙之语。

观天地生物气象①，学圣贤克己工夫②。下手处是自强不息，成就处是至诚无息③。

【注释】

①天地生物：即天地万物。气象：景色，景象。

②克己：克制约束自己。《论语·颜渊》："子曰：'克己复礼为仁。一日克己复礼，天下归仁焉。'"

③至诚无息：达到道德修养的最高境界后仍坚持不懈。至诚，道德修养的最高境界。无息，不停息，坚持不懈。

【译文】

观察天地万物的景象，学习圣贤克己修身的功夫。从自强不息做起，达到道德修养的最高境界后仍坚持不懈方为圆满。

以圣贤之道教人易，以圣贤之道治己难。以圣贤之道出口易，以圣贤之道躬行难①。以圣贤之道奋始易②，以圣贤之道克终难③。圣贤学问是一套，行王道必本天德④；后世学问是两截，不修己只管治人⑤。

【注释】

①躬（gōng）行：亲自践行。《孔子家语·六本》："闻善必躬行之，然后导之。"

②奋始：开始。

③克终：能够坚持到最后。克，能够。《诗经·大雅·荡》："靡不有初，鲜克有终。"

④行王道必本天德：推行王道必须要以君主自己的德行作为根本。行，推行。本，以……为根本。天德，此处指君主自身的德行。

⑤不修己只管治人：不修养自己的德行却只顾着管理别人。修，修养德行。管，顾。治，管理。

【译文】

用圣贤之道来教育别人很容易，然而用圣贤之道来管理自己却很难。嘴里讲讲圣贤之道很容易，但要亲自践行圣贤之道却很难。践行圣贤之道刚开始的时候很容易，但要自始至终地践行却很难。圣贤之道是一套完整的学问，就像君主想要推行王道必须以其自身的德行作为根本。后代的学问将这套完整的体系割裂开来，不修养自己的德行只顾着管教别人。

【源流】

明吕坤《呻吟语》卷一："圣贤学问是一套，行王道必本天德。后世学问是两截，不修己，只管治人。"

明吕坤《呻吟语》卷二："以圣贤之道教人易，以圣贤之道治人难。以圣贤之道出口易，以圣贤之道躬行难。以圣贤之道奋始易，以圣贤之道克终难。以圣贤之道当人易，以圣贤之道慎独难。以圣贤之道口耳易，以圣贤之道心得难。以圣贤之道处常易，以圣贤之道处变难。过此六难，真到圣贤地步。区区六易，岂不君子路上人，终不得谓笃实之士也。"

口里伊周①，心中盗跖②，责人而不责己③，名为挂榜圣贤④；独懔明旦⑤，幽畏鬼神⑥，知人而复知天⑦，方是有根学问。

【注释】

①伊周：伊尹、周公，分别是商、周两朝开国贤臣。此处指品行高尚。

伊尹，名挚，商朝开国名臣，辅佐商汤成就王业。商汤离世之后，其孙太甲即位，太甲无道，伊尹流放太甲于桐宫，后来太甲悔过，伊尹将其迎回，恢复太甲王位，伊尹离世，商王葬以天子之礼。周公，姓姬，名旦，周文王之子，辅佐周武王伐纣建立周王朝。武王离世之后，周公摄政辅佐武王之子成王，平定叛乱，制礼作乐，为西周王朝统治奠定了坚实基础。

②盗跖（zhí）：相传为春秋末期大盗，生性残暴，后多泛指强盗。此处指内心险恶。《孟子·滕文公下》："孟子曰：'仲子所居之室，伯夷之所筑与？抑亦盗跖之所筑与？所食之粟，伯夷之所树与？抑亦盗跖之所树与？是未可知也。'"宋孙奭疏："盗跖最为贪利者。"

③责：要求。

④挂榜圣贤：徒有其表、没有真正才学德行的伪君子。

⑤独懔明旦：白天独处时能做到态度严肃。明旦，天亮。此处指白天。

⑥幽畏鬼神：夜晚时能够敬畏鬼神。幽，光线暗。此处指晚上。

⑦知人而复知天：不仅懂得人事，更懂得天道。

【译文】

嘴里说着伊尹、周公等圣贤高尚的德行，心中却如同盗跖那样的强盗一般卑劣不堪，只要求别人而不要求自己，这种人就叫"挂榜圣贤"；白天独处能够严肃不苟，夜晚能够敬畏鬼神，懂得人事更懂得天道，这才是有根底的学问。

无根本底气节，如酒汉殴人①，醉时勇，醒来退消②，无分毫气力；无学问底识见，如庖人炀灶③，面前明，背后左右，无一些照顾。

【注释】

①殴：打。

②退消：退却消散。

③庖（páo）人炀（yáng）灶：厨师面对着炉灶烧火。庖人，厨师。《墨
　　子·尚贤中》："伊挚，有莘氏女之私臣，亲为庖人，汤得之，举以
　　为己相。"炀，此处指烧火。灶，炉灶。

【译文】

没有根本的气节，就如同醉汉打人，酒醉时很勇敢，酒醒后勇气便消
退了，没有一点力气；没有学问的见识，就如同厨师面对着炉灶烧火，只
有面前光明，而背后左右，却都注意不到。

【源流】

明吕坤《呻吟语》卷四："无根本底气节，如酒汉殴人，醉时勇，醒时
索然无分毫气力；无学问底识见，如庖人炀灶，面前明，背后左右无一些
照顾。"

　　理以心得为精①，故当沉潜②，不然，耳边口头也；事以
典故为据③，故当博洽④，不然，臆说杜撰也⑤。

【注释】

①心得：用心领悟。

②沉潜：潜心、专注。《尚书·洪范》："沉潜刚克，高明柔克。"

③事以典故为据：事理要以有出处的文献作为根据。典故，此处指
　　有文献出处作为依托和根据。

④博洽：学识广博。《后汉书·杜林传》："林从竦受学，博洽多闻，
　　时称通儒。"

⑤臆（yì）说杜撰（zhuàn）：毫无根据的叙述和虚构。臆说，毫无根
　　据的叙述。杜撰，臆造，虚构。宋王楙《野客丛书·杜撰》："杜默
　　为诗，多不合律。故言事不合格者为杜撰……然仆又观俗有杜田、
　　杜园之说，杜之云者，犹言假耳。"

【译文】

道理要用心领悟才会理解得好，所以应当潜下心来体会，不然就会流于耳边口头的说教了；事理要以典故为依据，所以应当学识广博，不然就会流于毫无根据的叙述和虚构了。

【源流】

明吕坤《呻吟语》卷二："理以心得为精，故当沉潜，不然耳边口头也；事以典故为据，故当博洽，不然臆说杜撰也。"

只有一毫粗疏处①，便认理不真，所以说惟精②，不然，众论淆之而必疑③；只有一毫二三心④，便守理不定⑤，所以说惟一⑥，不然，利害临之而必变⑦。

【注释】

①粗疏：疏忽大意。

②惟精：唯有精益求精。《尚书·大禹谟》："人心惟危，道心惟微，惟精惟一，允执厥中。"精，精益求精。

③众论淆（xiáo）之而必疑：众说纷纭必定让人心生疑惑。众论，众人的言论。淆，混乱。

④二三心：三心二意，不专心。

⑤守理不定：坚守真理不够坚定。

⑥惟一：唯有专一。

⑦利害临之而必变：面临利害权衡时必然改变立场。利害，利害权衡。变，此处指改变自己坚守的真理。

【译文】

哪怕有那么一丝一毫的疏忽大意，便会认识道理认识得不真切，所以说唯有精益求精，如若不然，面对众说纷纭的混乱局面必然会犹豫不决；哪怕有那么一丝一毫的三心二意，便不能坚守真理，所以说唯有坚定专一，如若不然，面对利害权衡时必然改变原来的立场。

【源流】

明吕坤《呻吟语》卷一："只有一毫粗疏处，便认理不真，所以说'惟精'，不然众论淆之而必疑；只有一毫二三心，便守理不定，所以说'惟一'，不然，利害临之而必变。"

接人要和中有介^①，处事要精中有果^②，认理要正中有通^③。

【注释】

①接人：待人。和：宽和。介：耿直。此处指坚持原则。

②处事：处理事情。精：精细，周密。果：果断，果敢。

③正：严正。此处指坚持原则和立场。通：通达。此处指面对具体问题时要不失灵活与变通。

【译文】

对待他人要宽和而不失原则，处理事情要周密而不失果断，认识道理要严正而不失通达。

【源流】

明吕坤《呻吟语》卷三："接人要和中有介，处事要精中有果，认理要正中有通。"

在古人之后，议古人之失则易^①；处古人之位，为古人之事则难。

【注释】

①失：功过得失。

【译文】

生在古人之后，议论古人的功过得失很容易；如果自己处在古人的位置上，做古人所做的事就会发现很难。

【源流】

清张培仁《静娱亭笔记》卷二："薛文清公曰：'在古人后，议古人之事易；处古人地，为古人之事难。'"按，薛瑄谥文清，《格言联璧》此句当本于明代薛瑄之语。

古之学者，得一善言，附于其身①；今之学者，得一善言，务以悦人②。

【注释】

①附于其身：放在自己身上。此处指将"善言"付诸实践。

②务以悦人：竭力讨好他人。务，竭力，尽力。悦人，讨好他人。

【译文】

古时候的学者，得到一句有益的话，就会将它放到自己身上付诸实践；现在的学者，得到一句有益的话，却竭力用它来取悦他人。

【源流】

清刘宝楠《论语正义》卷十七"子曰：'古之学者为己，今之学者为人'"条注文："《北堂书钞》引《新序》云：'齐王问墨子曰：古之学者为己，今之学者为人，何如？对曰：古之学者，得一善言，以附其身；今之学者，得一善言，务以悦人。'"按，《格言联璧》此句当本于《新序》载录墨子之语。

古之君子，病其无能也①，学之；今之君子，耻其无能也，讳之②。

【注释】

①病：担忧，担心。

②讳（huì）：回避，忌讳。

【译文】

古时的君子，担心自己没有能力，所以努力学习；现在的君子，认为无能很可耻，所以极力掩饰。

【源流】

明吕坤《呻吟语》卷二："古之君子，病其无能也，学之；今之君子，耻其无能也，讳之。"

眼界要阔，遍历名山大川；度量要宏①，熟读五经诸史②。

【注释】

①宏：大。

②熟读五经诸史：熟读儒家经典和历代史书。五经，《诗》《书》《礼》《易》《春秋》五部儒家经典的合称。此处"五经"代指儒家经典。诸史，历代史书。

【译文】

要想眼界开阔，就要广泛游历各地名山大川；要想度量宏大，就要熟读儒家经典和历代史书。

先读经，后读史，则论事不谬于圣贤①；既读史，复读经，则观书不徒为章句②。

【注释】

①论事不谬于圣贤：讨论事情不会与圣贤的观点相违背。谬，错误，违背。

②章句：古诗文的章节和句子。

【译文】

先读经书，后读史书，讨论事情就不会与圣贤的观点相违背；读过了史书，再来读经书，看书就不会只停留在章节句子的层面了。

读经传则根柢厚，看史鉴则议论伟①；观云物则眼界宽②，去嗜欲则胸怀净③。

【注释】

①史鉴：《史记》与《资治通鉴》合称，后多代指史书。

②云物：景色，景物。此处指饱览名山大川美景。

③嗜（shì）欲：不良的嗜好和欲望。

【译文】

读圣贤经传，学问才会根底扎实；看历代史书，议论才会精辟奇伟；饱览山川美景，眼界才会开阔；戒除不良嗜好和欲望，心地才能纯洁干净。

一庭之内，自有至乐；六经以外①，别无奇书②。

【注释】

①六经：指《诗》《书》《礼》《乐》《易》《春秋》六部儒家经典。此处代指儒家经典。

②奇书：值得称道的书。

【译文】

家中庭院之内，总有些事物会带给人莫大的快乐；儒家六经之外，便没有值得称道的书了。

读未见书，如得良友；见已读书，如逢故人。

【译文】

读没有看过的书，就如同得到益友；读看过的书，就如同遇到故人。

【源流】

明陈继儒《陈眉公集》卷十四《读书十六观》："吾读未见书如得良友，见已读书如逢故人。"

何思何虑，居心当如止水①；勿助勿忘②，为学当如流水。

【注释】

①居心：内心。

②勿助勿忘：指学习既不要因急于求成而操之过急，又不要因不求上进而荒废学业。助，此处指操之过急。忘，此处指不思进取。这两种态度都是不可取的。《孟子·公孙丑上》："必有事焉而勿正，心勿忘，勿助长也。"

【译文】

何须过多地思考和忧虑呢？内心应当如止水一般平静；不要操之过急，也不要不思进取，学习当如流水一般持之以恒。

心不欲杂①，杂则神荡而不收②；心不欲劳③，劳则神疲而不入④。

【注释】

①杂：杂乱。此处指心中想法太多。

②神荡而不收：精神涣散无法集中精力。荡，涣散。收，集中精力。

③劳：劳累。

④神疲而不入：精神疲惫无法充分思考。入，此处指充分思考。

【译文】

心不要杂乱，内心杂乱就会心神涣散而不能集中精力；心不要劳累，内心劳累就会精神疲惫而不能充分思考。

【源流】

清毛德琦《白鹿书院志》卷六《学规》"参议葛寅亮课语"条："心不欲杂，杂则神荡而不收；心不欲劳，劳则神疲而不入。"按，《格言联璧》此句当本于明代葛寅亮之语。

心慎杂欲①，则有余灵②；目慎杂观③，则有余明④。

【注释】

①心慎杂欲：内心慎防各种杂念。慎，慎防，小心防备。

②余灵：更多精力。此处指思维敏捷。

③目慎杂观：眼睛慎防到处乱看。

④余明：更多目力。此处指目光敏锐。

【译文】

内心要慎防杂念，使心思保持纯净，这样才能思维敏捷；眼睛要慎防乱看，使眼睛得到休息，这样才能目光敏锐。

案上不可多书①，心中不可少书；鱼离水则鳞枯，心离书则神索②。

【注释】

①案：书桌，桌子。

②索：尽，无。

【译文】

书桌上的书不宜太多，心中的书却不能太少；鱼离开了水身体就会干枯，心离开了书精神便没了寄托。

【源流】

明缪昌期《从野堂存稿》卷八《论文》："案上不可多书，胸中不可少书。"

志之所趋①，无远勿届②，穷山距海不能限也③；志之所向，无坚不入④，锐兵精甲不能御也⑤。

【注释】

①志之所趋：心志所向。

②无远勿届：再远的地方也会到达。《尚书·大禹谟》："惟德动天，无远弗届。"届，到。

③穷山距海不能限也：高山大海也不能阻挡。穷山，极高的山。距海，即巨海，深广的大海。限，阻挡，阻隔。

④无坚不入：即无坚不摧。此处指任何困难都无法阻拦。入，攻占。

⑤锐兵精甲不能御也：再强大的军队也无法抵挡。锐兵精甲，代指强大的军队。锐兵，锋利的兵器。精甲，坚实的盔甲。御，抵御，抵挡。

【译文】

只要追求远大的志向，就没有到不了的地方，即便高山大海也无法阻挡；只要追求远大的志向，任何困难都无法阻拦，即便强大的军队也无法抵挡。

【源流】

宋真德秀《西山文集》卷三十三《志道字说》："志之所趋，亡远不达，穷山钜海不能限也；志之所向，无坚不入，锐兵精甲不能御也。"

把意念沉潜得下①，何理不可得；把志气奋发得起，何事不可做。

【注释】

①意念：心思。

【译文】

只要把心思沉潜下来，没有什么事理会弄不明白；只要能把志气激发起来，没有什么事情会做不好。

【源流】

明吕坤《呻吟语》卷一："把意念沉潜得下，何理不可得？把志气奋发得起，何事不可做？"

不虚心，便如以水沃石①，一毫进入不得；不开悟②，便如胶柱鼓瑟③，一毫转动不得。

【注释】

①沃：浇，灌。

②开悟：用心领悟。

③胶柱鼓瑟：鼓瑟时要依靠转动瑟上的弦柱来调节声音，如果用胶粘住弦柱就不能调节音的高低。比喻固执拘泥，不知变通。语出《史记·廉颇蔺相如列传》："王以名使括，若胶柱而鼓瑟耳。括徒能读其父书传，不知合变也。"

【译文】

求学不虚心，便像用水浇石头一样，水一点儿也进不去；学习不用心领悟，便像用胶粘住弦柱的瑟一样，一丝一毫都无法转动，没有收获。

不体认①，便如电光照物，一毫把捉不得②；不躬行，便如水行得车，陆行得舟，一毫受用不得。

【注释】

①体认：体察，认识。

②把捉：把握，掌握。

【译文】

学习不用心体察认识，便像闪电照过万物，一点儿也没掌握得到；学习不亲自实践，便像走水路却要用车，走旱路却要用船，一点儿作用都起不了。

　　读书贵能疑，疑乃可以启信①；读书在有渐②，渐乃克底有成③。

【注释】

①启信：启发人们探寻真理。信，此处指真知、真理。

②渐：循序渐进。

③克底有成：坚持到底，有所成就。

【译文】

读书贵在有怀疑精神，有怀疑才能启发人们探寻真理；读书要循序渐进，能循序渐进才能坚持到底有所成就。

　　看书求理，须令自家胸中点头①；与人谈理，须令人家胸中点头。

【注释】

①点头：认可，赞同。

【译文】

读书学习求取道理，应当得到自己内心的认可；和别人谈论道理，应当得到别人内心的认可。

　　爱惜精神，留他日担当宇宙①；蹉跎岁月②，问何时报答君亲③。戒浩饮④，浩饮伤神。戒贪色⑤，贪色灭神⑥。戒厚味⑦，厚味昏神⑧。戒饱食，饱食闷神⑨。戒多动，多动乱神。戒多言，多言损神⑩。戒多忧，多忧郁神⑪。戒多思，多思挠神⑫。戒久睡，久睡倦神。戒久读，久读苦神。

【注释】

①留他日担当宇宙：留待将来担当天下大任。留，留待。他日，将来。宇宙，此处代指天下。

②蹉（cuō）跎（tuó）岁月：虚度光阴，荒废时日。蹉跎，虚度，荒废。南朝齐谢朓《和王长史卧病》："日与岁眇邈，归恨积蹉跎。"

③君亲：君王与父母。

④浩饮：又作豪饮，即酗酒。

⑤贪色：贪恋美色。

⑥灭：销蚀，耗尽。

⑦厚味：美味，亦可指肉食。

⑧昏：神志迟缓。

⑨闷：精神懈怠，昏昏欲睡。

⑩损：损耗，减少。

⑪郁：郁结，压抑。

⑫挠（náo）：扰乱，打乱。

【译文】

　　爱惜自己的精神，以待将来担当天下大任；虚度光阴，试问何时才能报答君王和父母。戒酗酒，酗酒损伤神志。戒好色，好色销蚀神志。戒美味，美味使人神志迟钝不敏。戒饱食，饱食使人神志昏沉欲睡。戒多动，多动使人神志混乱。戒多言,多言使人神志损耗。戒多忧,多忧使人神志郁结。戒多思,多思使人神志扰乱。戒久睡,久睡使人神志疲乏。戒久读,久读使人神志劳顿。

【源流】

明董其昌《画禅室随笔》卷三《评文》:"只是这个人须要养起精神,戒浩饮,浩饮伤神。戒贪色,贪色灭神。戒厚味,厚味昏神。戒饱食,饱食闷神。戒多动,多动乱神。戒多言,多言损神。戒多忧,多忧郁神。戒多思,多思挠神。戒久睡,久睡倦神。戒久读,久读苦神。人若调养得精神完固,不怕文字无解悟,无神气,自是矢口动人,此是举业最上一乘。"

存养类

【题解】

"存养类"一章主要讲的是"存心养性"的问题。所谓"存心养性"即修养心性,编者站在中国古代儒家思想的传统立场上认为人性本善,因此要好好保有上天赋予的善良本心,要细心养护上天赋予的善良本性。一切美好的品行都蕴含在这本心本性之中。因此,本章的修养心性也主要是围绕如何能够充分地发扬这本心本性来谈的。"存心养性"一方面要努力发挥本心和本性,另一方面要努力克制各种情感和欲望。对自己的喜怒哀乐等情感要做到有所节制,对自己的各种欲望不仅要加以克制,更要努力去除。不仅要在与人交往时严格要求自己,更要在独处时不能有丝毫放松与懈怠,要用心体悟"慎独"的深刻意义并付诸实践。在修养心性的过程中,也要遵循循序渐进的原则,不可操之过急,重要的是能够持之以恒。在谈及修身之道的同时,还补充以处世之法。在编者看来,对于生活在社会之中的每个人而言,潜心修养心性、胸怀仁义与参透世事风霜、保持中和同等重要。所以,编者不厌其烦地强调控制愤怒等不良情绪的必要性,以及改正狭隘、自私、偏激、急躁等不良性格的紧迫性。将修身之法与处世之道有机地融合到了一起,使"存心养性"既有传统儒家思想中的超凡脱俗,又不失世俗社会层面的人间烟火气。最后,编者更不忘告诫人们,真正高尚的品格都是在漫长的点滴积累中养成的。修养身心应当达到的境界是心气平和、行事稳重、胸怀宽广，并且在生活中严于律己、宽以待人，处事圆融而不失原则，为人亲和而不失威严。

　　性分不可使不足①，故其取数也宜多：曰穷理②，曰尽性③，曰达天④，曰入神⑤，曰致广大⑥，极高明⑦；情欲不可使有余⑧，故其取数也宜少：曰谨言，曰慎行，曰约己⑨，曰清心⑩，曰节饮食，寡嗜欲⑪。

【注释】

①性分（fèn）：犹天性，本性。

②穷理：探究天下万事的道理。穷，探究。

③尽性：充分探究天下万物的本性。尽，充分探究，彻底了解。《周易·说卦》："穷理尽性，以至于命。"

④达天：洞悉天地变化的规律。达，洞悉，知晓。

⑤入神：探察自然万物内在的精妙与神奇。

⑥致广大：实现人生气象的宽广和博大。致，实现，达到。

⑦高明：指眼界高远与思想睿智。

⑧情欲：泛指人的嗜好和欲念。

⑨约己：约束自己，管束自己。约，约束，管束。

⑩清心：去除杂念，使内心平和安宁。

⑪寡嗜欲：戒除不良嗜好。寡，减少。此处指去除、戒除。嗜欲，感官上的享乐。

【译文】

　　对人天性的培养不可以不充分，所以应当充足些：探究天下万事之理，充分了解世间万物的本性，洞悉天地变化的规律，探察自然万物内在的精妙与神奇，实现人生气象的宽广和博大、眼界的高远与思想的睿智。嗜好和欲念不可以太多，所以应当减少些：说话谨慎，行事小心，约束自己，去除杂念，节制饮食，戒除不良嗜好。

【源流】

明吕坤《呻吟语》卷一："性分不可使亏欠，故其取数也常多：曰穷理，曰尽性，曰达天，曰入神，曰致广大、极高明；情欲不可使赢余，故其取数也常少：曰谨言，曰慎行，曰约己，曰清心，曰节饮食、寡嗜欲。"

大其心，容天下之物；虚其心①，受天下之善②；平其心③，论天下之事；潜其心④，观天下之理；定其心⑤，应天下之变。

【注释】

①虚：使……虚心。此处指谦虚。

②善：美德。

③平：使……平和。此处指平静。

④潜：使……潜心。此处指专注。

⑤定：使……安定。此处指沉稳。

【译文】

使心胸开阔，方能容纳天下万物；使内心谦虚，方能接受天下美德；使内心平和，方能纵论天下大事；使内心专注，方能观览世间道理；使内心沉稳，方能应对世事变迁。

【源流】

明吕坤《呻吟语》卷一："大其心，容天下之物；虚其心，受天下之善；平其心，论天下之事；潜其心，观天下之理；定其心，应天下之变。"

清明以养吾之神①，湛一以养吾之虑②，沉警以养吾之识③，刚大以养吾之气④，果断以养吾之才，凝重以养吾之器⑤，宽裕以养吾之量⑥，严冷以养吾之操⑦。

【注释】

①清明：清净明澈。

②湛（zhàn）一：精纯专一。湛，精纯。

③沉警以养吾之识：培养胆识，使之沉稳机警。沉警，沉稳机警。识，
　胆识，胆量。

④刚大：刚正宽宏。

⑤凝重：庄严稳重。

⑥宽裕：宽广豁达。

⑦严冷：严正肃穆。

【译文】

培养心神，使之清净明澈。培养思虑，使之精纯专一。培养胆识，使
之沉稳机警。培养心气，使之刚正宽宏。培养才干，使之果敢决断。培
养风度，使之庄严稳重。培养度量，使之宽广豁达。培养操守，使之严正
肃穆。

【源流】

明刘宗周《学言》："清明以养吾之神，湛一以养吾之虑，沉警以养吾
之识，刚大以养吾之气，果断以养吾之才，凝重以养吾之器，宽裕以养吾
之量，严冷以养吾之操。"

　　自家有好处，要掩藏几分，这是涵育以养深①；别人不
好处，要掩藏几分，这是浑厚以养大②。

【注释】

①涵育：涵养化育。此处指个人内心德行的修炼。深：深度。此处
　指有深厚的德行修养。

②浑厚：质朴敦厚,原指人心地淳朴。此处作动词,使人变得质朴敦
厚。大：大度,宽容。

【译文】

自己有优点,要掩饰一些,这是通过涵养化育来培养自己的深度;别
人有缺点,要掩饰一些,这是通过达到质朴敦厚来培养自己的大度。

【源流】

明吕坤《呻吟语》卷一："自家好处,掩藏几分,这是涵蓄以养深;别
人不好处,要掩藏几分,这是浑厚以养大。"

以虚养心①,以德养身②;以仁养天下万物,以道养天下
万世。

【注释】

①虚：谦虚,虚心。养：培养,修养。心：内心,心地思想。

②德：道德,德行。养：培养。此处指约束。身：此处指行为。

【译文】

用谦虚修养自己的内心,用道德约束自己的行为;用仁爱关照天下
万物,用天地大道感召世间万代。

【源流】

明吕坤《呻吟语》卷一："以虚养心,以德养身,以善养人,以仁养天
下万物,以道养万世。养之义,大矣哉!"

涵养冲虚①,便是身世学问②;省除烦恼③,何等心性
安和④。

【注释】

①涵养：修养内心。冲虚：淡泊谦逊。

②身世：人生在世。

③省除：排除，去除。

④心性：内心。安和：安宁平和。

【译文】

修养内心使之淡泊谦逊，这便是人生在世的学问；排除烦恼，内心是多么安宁平和。

　　颜子四勿①，要收入来②，闲存工夫③，制外以养中也④；孟子四端⑤，要扩充去⑥，格致工夫⑦，推近以暨远也⑧。

【注释】

①颜子四勿：所谓"四勿"，即孔子教诲颜回的四条戒律：非礼勿视，非礼勿听，非礼勿言，非礼勿动。语出《论语·颜渊》："颜渊问仁，子曰：'克己复礼为仁。一日克己复礼，天下归仁焉。为仁由己，而由人乎哉？'颜渊曰：'请问其目？'子曰：'非礼勿视，非礼勿听，非礼勿言，非礼勿动。'颜渊曰：'回虽不敏，请事斯语矣。'"

②收入：放在心里，牢记在心。

③闲存：闲暇时修养心性。闲，闲暇。存，存养，存心养性。此处指修身养性。

④制外以养中也：抵制外界的干扰以修养自己的内心。制，抵制。中，内心。

⑤孟子四端：所谓"四端"，即孟子提出人应当具备恻隐、羞恶、辞让、是非四条基本标准。语出《孟子·公孙丑上》："恻隐之心，仁之端也；羞恶之心，义之端也；辞让之心，礼之端也；是非之心，智之端也。人之有是四端也，犹其有四体也。"

⑥扩充：推广发扬。

⑦格致：格物致知。探寻事物本源，获取知识真理。《礼记·大学》：

　　"古之欲明明德于天下者，先治其国，欲治其国者，先齐其家；欲齐
　　其家者，先修其身；欲修其身者，先正其心；欲正其心者，先诚其
　　意；欲诚其意者，先致其知；致知在格物。物格而后知至，知至而
　　后意诚，意诚而后心正，心正而后身修，身修而后家齐，家齐而后
　　国治，国治而后天下平。"

⑧推近以暨（jì）远也：由近及远。此处指要从自己身边小事做起，
　　而后逐渐上升到家国天下的境界。

【译文】

　　颜子的"四勿"，要牢记心中，闲暇时修养心性，要通过抵制外界干
扰的方法来修养自己的内心；孟子的"四端"，要推广发扬，格物致知的锻
炼，要通过由近及远，从自己身边小事做起。

　　喜怒哀乐而曰未发①，是从人心直溯道心②，要他存养；
未发而曰喜怒哀乐，是从道心指出人心③，要他省察④。

【注释】

①发：表现，表露。《礼记·中庸》："喜怒哀乐之未发谓之中，发而
　　皆中节谓之和。中也者，天下之大本也；和也者，天下之达道也。"
②人心：人的本心本性。溯：此处指上升。道心：道德修为之性。
③指：此处指回归。
④省（xǐng）察：内省，用心体悟。

【译文】

　　虽有喜怒哀乐之情但并不表现出来，这是从人的本心本性直接上升
到道德修为之性的境界，这是需要人们潜心修养的；虽然没有任何情感
却要作出喜怒哀乐之情，这是从道德修为之性回归人之本心本性，这是
需要人们用心体悟的。

存养宜冲粹①,近春温②;省察宜谨严③,近秋肃④。

【注释】

①冲粹:中和纯正。

②近春温:好像春天般温暖和润。近,好比,好像。春温,春天般温
　暖和润。

③谨严:谨慎严格。

④近秋肃:好像秋天般严正肃穆。

【译文】

存心养性应当中和纯正,好像春天般温暖和润;反省自察应当谨慎
严格,好像秋天般严正肃穆。

　就性情上理会①,则曰涵养。就念虑上提撕②,则曰省
察。就气质上销熔③,则曰克治④。

【注释】

①性情:性格脾气。理会:关心,在意。

②念虑:念头,想法。此处指思想意识。提撕:提醒,注意。《诗经·大
　雅·抑》:"匪面命之,言提其耳。"汉郑玄注:"我非但对面语之,
　亲提撕其耳。此言以教道之,孰不可启觉。"

③气质:此处指品格德行。销熔:熔解。此处指改变、改善。

④克治:克己自制。

【译文】

性格脾气上需要在意的地方,要涵养心性。思想意识上需要注意的
地方,要反省自察。品格德行上需要改善的地方,要克己自制。

【源流】

　明刘宗周《学言》:"就性情上理会,则曰涵养。就念虑上提撕,则曰

省察。就气质上销熔，则曰克治。”

一动于欲^①，欲胜则昏；一任乎气^②，气偏则戾。

【注释】

① 动：萌动，萌生。

② 任乎气：即任气，意气用事。

【译文】

一旦萌生欲望，欲望强烈便会心智昏乱；一旦听任意气，气量褊狭便会性情乖戾。

人心如谷种，满腔都是生意，物欲锢之而滞矣^①，然而生意未尝不在也，疏之而已耳；人心如明镜，全体浑是光明，习染薰之而暗矣^②，然而明体未尝不存也，拭之而已耳。

【注释】

① 锢：禁锢，束缚。滞：使……停滞。此处指使……无法生长。

② 薰：熏染，习染。

【译文】

人心就像种子，心中满是勃勃生机，物欲禁锢使其无法生长，然而勃勃的生机并未消失，疏远那些物欲即可；人心就像镜子，全身都是光明洁净，恶习熏染它使其黯淡无光，然而光明的本质不曾逝去，拭去那些恶习即可。

【源流】

明刘宗周《学言》：“人心如谷种，满腔都是生意，物欲锢之而滞矣，然而生意未尝不在也，疏之而已耳；又如明镜，全体浑是光明，习染薰之而暗矣，然而明体未尝不存也，拂拭而已耳。”

　　果决人似忙①,心中常有余闲②;因循人似闲③,心中常有余忙④。

【注释】

①果决:果断坚决。

②余闲:闲暇,悠闲。

③因循:此处指迟延拖拉。

④余忙:忙碌,忙乱。

【译文】

　　处事果断坚决的人看上去好像很忙,其实心中常常很悠闲;迟延拖拉的人看上去好像很悠闲,其实心中常常很忙乱。

【源流】

　　明吕坤《呻吟语》卷三:"果决人似忙,心中常有余闲;因循人似闲,心中常有余累。"

　　寡欲故静①,有主则虚②。

【注释】

①寡欲:欲望少。静:此处指内心清净,没有杂念。

②主:主见。此处指远大的目标与坚定的志向。虚:虚心求教,虚怀若谷。

【译文】

　　欲望少所以内心清净,有主见才能虚怀若谷。

【源流】

　　宋黎靖德《朱子语类》卷十九:"如伊川云:'有主则实',又云:'有主则虚'。"按,程颐为洛阳伊川人,世称伊川先生。此处"有主则虚"句当本于宋代程颐之语。

无欲之谓圣①，寡欲之谓贤②，多欲之谓凡③，徇欲之谓狂④。

【注释】

①圣：圣人，指德行完备建立功业的人，如尧、舜、禹、周文王、周武王、周公、孔子等。

②贤：贤人，指德才兼备的人。

③凡：凡人，普通人。

④徇欲：纵欲，放纵欲望而不加节制。徇，顺从。狂：任性放荡之人。

【译文】

没有欲念的人称为圣人，欲念很少的人称为贤人，欲念多的人称为凡人，放纵欲望的人称为狂人。

【源流】

清孙奇逢《理学宗传》卷二十五《明儒考》"陈几亭龙正"条："无欲之谓圣，寡欲之谓贤，多欲之谓凡，徇欲之谓狂。"按，陈龙正，号几亭，《格言联璧》此句当本于明代陈龙正之语。

人之心胸，多欲则窄，寡欲则宽。人之心境，多欲则忙，寡欲则闲。人之心术①，多欲则险②，寡欲则平③。人之心事④，多欲则忧，寡欲则乐。人之心气⑤，多欲则馁⑥，寡欲则刚⑦。

【注释】

①心术：心思。

②险：阴险，狠毒。

③平：平和。

④心事：心绪。

⑤心气：此处指人的精神状态。

⑥馁（něi）：颓废，丧气。

⑦刚：此处指刚健有力，精神饱满。

【译文】

人的心胸，欲念多则狭窄，欲念少则宽广。人的心境，欲念多则忙乱，欲念少则悠闲。人的心术，欲念多则阴险，欲念少则平和。人的心绪，欲念多则忧愁，欲念少则快乐。人的精神状态，欲念多则颓废丧气，欲念少则刚健有力。

　　宜静默①，宜从容，宜谨严，宜俭约②，四者切己良箴③。忌多欲，忌妄动④，忌坐驰⑤，忌旁骛⑥，四者切己大病⑦。常操常存⑧，得一恒字诀⑨；勿忘勿助，得一渐字诀。

【注释】

①静默：沉静少言。静，沉静。默，少言。

②俭约：勤俭节约。

③切己良箴（zhēn）：与自身密切相关的劝诫良言。切己，与自身密切相关。箴，劝诫之言。

④妄动：草率行事。

⑤坐驰：终日安坐空想。《庄子·人间世》："瞻彼阕者，虚室生白，吉祥止止。夫且不止，是之谓坐驰。"晋郭象注："此为以应坐之日而驰骛不息也。"

⑥旁骛（wù）：心神不专。

⑦病：缺点，问题。

⑧常操常存：长久地坚持与存养。

⑨得一恒字诀：诀窍在一个"恒"字。恒，恒久，持久。诀，诀窍，秘诀。

【译文】

应当沉静少言，从容不迫，谨慎严肃，勤俭节约，这四点都是与自身密切相关的良言。切忌欲念过多,草率行事,终日空想,心神不专,这四点都是与自身密切相关的大问题。好的原则要长久地坚持与存养,诀窍在一个"恒"字;在坚持的过程中既不要懈怠也不要冒进,诀窍在一个"渐"字。

敬守此心①,则心定;敛抑其气②,则气平。

【注释】

①敬:恭敬谨慎。守:坚守。此心:人之本心。

②敛抑:收敛抑制。气:此处指人的虚妄浮躁之气。

【译文】

恭敬谨慎地坚守人的本心,则内心安定;收敛抑制虚妄浮躁之气,则心平气和。

人性中不曾缺一物①,人性上不可添一物。

【注释】

①人性:此处指人的本性。

【译文】

人的本性中本来就不缺少什么,因此人的本性中亦不可再添加什么。

君子之心不胜其小①,而器量涵盖一世②;小人之心不胜其大③,而志意拘守一隅④。

【注释】

①不胜:极其,非常。小:此处指思虑周全细密。

②涵盖：包举，包容。一世：此处指全世界。

③大：此处指念头夸大空洞。

④志意：志向，志趣。拘守：拘泥，局限。一隅：一角。此处指狭小。

【译文】

君子的心思非常细密，但器量却可以包举天地；小人的心思极其夸大，但志向却局限一隅。

【源流】

清习包《潜室札记》卷上："君子之心不胜其小，而器量涵盖一世；小人之心不胜其大，而志意拘守一隅。"

怒是猛虎，欲是深渊。

【译文】

愤怒好比猛虎，欲望好似深渊。

忿如火①，不遏则燎原②；欲如水③，不遏则滔天④。

【注释】

①忿（fèn）：愤怒。

②不遏则燎原：不加遏制则难以控制。遏，遏制，控制。燎原，大火蔓延原野。此处指愤怒情绪难以控制。

③水：此处指洪水，水灾。

④滔天：大水弥漫无际。此处指欲望泛滥无法控制。

【译文】

愤怒好比烈火，不加遏制便会大火燎原；欲望恰似洪水，不加遏制便会大水滔天。

惩忿如摧山^①,窒欲如填壑^②;惩忿如救火,窒欲如防水^③。

【注释】

①惩:控制。摧:平夷。此处指铲平。

②窒:遏制。壑:沟壑,深谷。

③水:此处指洪水,水灾。

【译文】

控制愤怒如同铲平高山,遏制欲望如同填平沟壑;控制愤怒如同救火,遏制欲望如同防洪。

【源流】

宋黎靖德《朱子语类》卷第七十二:"只是惩忿如摧山,窒欲如填壑,迁善如风之迅,改过如雷之烈。"

宋黎靖德《朱子语类》卷第七十二:"惩忿如救火,窒欲如防水。"按,《格言联璧》此句皆本于朱子之语。

心一松散^①,万事不可收拾^②。心一疏忽^③,万事不入耳目^④。心一执着^⑤,万事不得自然^⑥。

【注释】

①松散:松懈,懈怠。

②收拾:整治。此处指做好。

③疏忽:粗疏大意。

④不入耳目:看不到听不到,注意不到。

⑤执着:此处指固执拘泥,做事不够灵活变通。

⑥自然:此处指顺其自然,即事物按照其自身规律发展。

【译文】

内心一懈怠,什么事都做不好。内心一疏忽,什么事都注意不到。

内心一固执，什么事都无法使之顺其自然。

【源流】

明吕坤《呻吟语》卷一："心一松散，万事不可收拾。心一疏忽，万事不入耳目。心一执着，万事不得自然。"

一念疏忽①，是错起头②；一念决裂③，是错到底。

【注释】

①一念疏忽：此处指一念之间造成错误。

②起头：起点，开始。

③决裂：此处指坚定错误不思悔改。

【译文】

一念之间造成错误而不加在意，这是犯错的开始；一念之间造成错误而坚决不改，这是一错到底。

古之学者，在心上做工夫①，故发之容貌②，则为盛德之符③；今之学者，在容貌上做工夫，故反之于心④，则为实德之病⑤。

【注释】

①心：此处指内心修养。

②发：外化，表现。

③盛德之符：高尚德行的标志。盛德，此处指高尚的德行。符，标志，表征。

④反：此处指反观。

⑤实德之病：高尚德行的祸害。实德，广德，即高尚的德行。病，损害，祸害。

【译文】

古时的学者，在内心修养上下功夫，所以外化到容貌仪表上，就成了高尚德行的标志；如今的学者，只在容貌仪表上下功夫，所以反观他们的内心，就成了高尚德行的损害。

【源流】

明吕坤《呻吟语》卷二："古之学者，在心上做工夫，故发之外面者，为盛德之符；今之学者，在外面做工夫，故反之于心，则为实德之病。"

处逆境心①，须用开拓法②；处顺境心，要用收敛法③。

【注释】

①处逆境心：对待逆境的心态。

②开拓：此处指心态积极乐观。

③收敛：此处指心态内敛克制。

【译文】

对待逆境的心态，要用积极乐观的方法；对待顺境的心态，要用内敛克制的方法。

世路风霜①，吾人炼心之境也②。世情冷暖③，吾人忍性之地也④。世事颠倒⑤，吾人修行之资也⑥。

【注释】

①世路：世间，社会。风霜：风霜雨雪。此处指人生坎坷、世态炎凉。

②炼心：修炼内心。

③世情冷暖：人情冷暖。

④忍性：坚忍性情。此处指磨炼性情意志。《孟子·告子下》："所以动心忍性，曾益其所不能。"

⑤颠倒：人生坎坷，命运不佳。

⑥修行之资：修为进步的资本。

【译文】

世间风霜雨雪，是我磨炼心性的地方。社会人情冷暖，是我坚忍性情的地方。人生坎坷命运不佳，是我修为进步的资本。

青天白日的节义，自暗室屋漏中培来①；旋乾转坤的经纶②，自临深履薄处得力③。

【注释】

①"青天白日的节义"二句：青天白日般的节操道义，从隐秘深暗的独处之处中培养而来。此二句意在说明，一切高尚品行皆根植于独处之时亦能严格约束自己，即"慎独"。青天白日，原指晴朗的天空和耀眼的太阳。此处形容人的品行高洁傲岸。暗室，隐秘独处的房间。屋漏，房间的深暗之处。《诗经·大雅·抑》："相在尔室，尚不愧于屋漏。"毛传："西北隅谓之屋漏。"

②旋乾转坤：此处指治理国家。经纶：治理国家的才干和能力。

③临深履薄：靠近深渊脚踩薄冰，后指做事小心谨慎。临，靠近，接近。深，深渊，深潭。履，踩，踏。薄，薄冰。得力：受益，获得。《诗经·小雅·小旻》："战战兢兢，如临深渊，如履薄冰。"

【译文】

青天白日般的节操道义，从隐秘深暗的独处之中培养而来；治理国家的才干能力，从做事小心谨慎中获得。

【源流】

明洪应明《菜根谭》"前集"："青天白日的节义，自暗室漏屋中培来；旋乾转坤的经纶，从临深履薄处操出。"

名誉自屈辱中彰^①，德量自隐忍中大^②。

【注释】

①彰：彰显。

②大：扩大，提升。

【译文】

名望和声誉在忍受屈辱中得到彰显，德行和度量在克制忍耐时得到提升。

谦退是保身第一法^①，安详是处事第一法^②，涵容是待人第一法^③，洒脱是养心第一法^④。

【注释】

①谦退：谦逊退让。保身：保全自身。

②安详：从容稳重。

③涵容：宽容和善。

④洒脱：简单自然。

【译文】

谦逊退让是保全自身的首要方法，从容稳重是为人处世的首要方法，宽容和善是待人接物的首要方法，简单自然是修养身心的首要方法。

【源流】

明吕坤《呻吟语》卷一："宁耐是思事第一法，安详是处事第一法，谦退是保身第一法，涵容是处人第一法，置富贵、贫贱、死生、常变于度外，是养心第一法。"

喜来时，一检点^①。怒来时，一检点。怠惰时，一检点。

放肆时^②,一检点。

【注释】

①检点:谨言慎行,注意举止。

②放肆:此处指放纵任性。

【译文】

喜出望外时,应当谨言慎行。怒不可遏时,应当谨言慎行。懒散懈怠时,应当谨言慎行。放纵任性时,应当谨言慎行。

【源流】

明吕坤《呻吟语》卷二:"喜来时一点检,怒来时一点检,怠惰时一点检,放肆时一点检,此是省察大条款。"

　　自处超然^①,处人蔼然^②;无事澄然^③,有事斩然^④;得意淡然^⑤,失意泰然^⑥。

【注释】

①自处:独处。

②处人蔼(ǎi)然:与人相处时和气友善。处人,与人相处。蔼然,和气友善。

③澄然:内心清净,心无杂念。

④斩然:坚决果断,干脆利落。

⑤淡然:平淡面对,心气平和。

⑥泰然:安然自若,内心宁静。

【译文】

独处时超然脱俗,与人相处时和气友善;闲来无事时内心清净,处理事情时坚决果断;春风得意时平淡面对,失意落魄时安然自若。

【源流】

明耿定向《耿天台先生文集》卷十九："自处超然,处人蔼然。无事澄然,有事斩然。得意淡然,失意泰然。"

静能制动①,沉能制浮②,宽能制褊③,缓能制急④。

【注释】

①制:克制,克服。动:此处指妄动,盲目行动。

②沉:沉稳,稳重。浮:浮躁,急躁。

③褊(biǎn):心胸狭窄,气量狭小。

④急:急躁,焦虑。

【译文】

平静能够克制妄动,沉稳能够克制浮躁,宽宏大量能够克制心胸狭窄,安闲舒缓能够克制焦虑急躁。

【源流】

明薛瑄《读书录》卷七:"静能制动,沉能制浮,宽能制褊,缓能制急。"

天地间真滋味①,惟静者能尝得出②;天地间真机括③,惟静者能看得透。

【注释】

①滋味:味道。此处指奥秘,即深刻的道理。

②尝:品味。此处指领会。

③机括:原为弩上发射箭矢的机件,后指事物的关键。此处指大道。

【译文】

天地间真正的奥秘,唯有内心平静的人方能领会得到;天地间真正的大道,唯有内心平静的人方能参悟得透。

【源流】

明吕坤《呻吟语》卷一："天地间真滋味，惟静者能尝得出；天地间真机括，惟静者能看得透；天地间真情景，惟静者能题得破。"

有才而性缓①，定属大才；有智而气和②，斯为大智。

【注释】

①性缓：性情稳重。

②气和：心气平和。

【译文】

有才华且性情稳重，这样的人必定是有大才华的人；有智慧且心气平和，这样的人必定是有大智慧的人。

气忌盛①，心忌满②，才忌露③。

【注释】

①盛：盛气凌人。

②满：骄傲自满。

③露：显露炫耀。

【译文】

气势切忌盛气凌人，内心切忌骄傲自满，才华切忌显露炫耀。

【源流】

明吕坤《呻吟语》卷二："气忌盛，心忌满，才忌露。"

有作用者①，器宇定是不凡②；有智慧者，才情决然不露③。

【注释】

①作用：作为，成就。

②器宇：胸襟，气度。

③才情：此处指才华。

【译文】

有作为的人，胸襟必定不同于凡夫俗子；有智慧的人，才华必然不会轻易显露炫耀。

意粗性躁，一事无成；心平气和，千祥骈集①。

【注释】

①千祥骈（pián）集：好运连连。千祥，众多的吉祥好运。骈集，众多且接连不断地到来。

【译文】

粗心大意性情急躁，终究一事无成；内心平静性情和顺，必定好运连连。

世俗烦恼处，要耐得下①。世事纷扰处②，要闲得下。胸怀牵缠处③，要割得下④。境地浓艳处⑤，要淡得下。意气忿怒处，要降得下。

【注释】

①要耐得下：要耐得下性子，即要有耐心。

②纷扰：纷繁琐碎。

③胸怀：此处指心中。牵缠：牵挂。

④要割得下：要割舍得下。

⑤境地浓艳处：身处美色之中。浓艳，浓妆艳抹，多指美色。

【译文】

世间尘俗烦恼，要耐得下性子。世事纷繁琐碎，要保持闲适的心情。

心中有所牵挂，要割舍得下。身处美色之中，要淡然面对。任性发怒之时，要克制得住。

【源流】

明耿定向《耿天台先生文集》卷十九："俗情浓酽处澹得下，俗情苦恼处耐得下，俗情劳扰处闲得下，俗情牵缠处斩得下，斯为学问得力处也。"按，《格言联璧》此句当化用明代耿定向之语。

以和气迎人^①，则乖沴灭^②。以正气接物^③，则妖氛消^④。以浩气临事^⑤，则疑畏释^⑥。以静气养身^⑦，则梦寐恬^⑧。

【注释】

①迎人：待人。

②乖沴（lì）：冲突，纷争。

③接物：交往。

④妖氛：不祥的事情。此处指麻烦与灾祸。

⑤浩气：浩然之气，刚正之气。《孟子·公孙丑上》："我知言，我善养吾浩然之气。"临事：做事，处理事情。

⑥疑畏：疑虑，担忧。释：消散，消失。

⑦静气：沉静之气。养身：修养身心。

⑧则梦寐（mèi）恬：则夜里睡觉自然安稳。梦寐，梦中。此处指睡觉。恬，安稳。

【译文】

以和善之气待人，则冲突纷争自会消灭。以正直之气交往，则麻烦灾祸自会消失。以浩然之气做事，则疑虑担忧自会消散。以沉静之气修养身心，则夜里睡觉自然安稳。

观操存^①，在利害时^②。观精力，在饥疲时^③。观度量，

在喜怒时。观镇定，在震惊时④。

【注释】

①操存：操守，修养。

②利害：此处指危难。

③饥疲：饥饿疲惫。

④震惊：震撼惊骇。

【译文】

看一个人的操守，要在他身处危难的时候。看一个人的精力，要在他饥饿疲惫的时候。看一个人的度量，要在他高兴或愤怒的时候。看一个人的镇定，要在他震撼惊骇的时候。

【源流】

明吕坤《呻吟语》卷四："观操存在利害时，观精力在饥疲时，观度量在喜怒时，观存养在纷华时，观镇定在震惊时。"

　　大事难事看担当，逆境顺境看襟度①，临喜临怒看涵养，群行群止看识见②。

【注释】

①襟度：胸襟，气度。

②群行群止：与众人同处。识见：见识。

【译文】

面对大事难事时，可以看出一个人是否有担当。遭逢逆境顺境时，可以看出一个人是否有胸襟。遇到喜悦或发怒时，可以看出一个人是否有修养。与众人一起时，可以看出一个人是否有见识。

【源流】

明吕坤《呻吟语》卷二："大事难事看担当，逆境顺境看襟度，临喜临怒看涵养，群行群止看识见。"

　　轻当矫之以重①，浮当矫之以实②，褊当矫之以宽③，执当矫之以圆④，傲当矫之以谦，肆当矫之以谨，奢当矫之以俭，忍当矫之以慈⑤，贪当矫之以廉，私当矫之以公⑥。放言当矫之以缄默⑦，好动当矫之以镇静⑧，粗率当矫之以细密，躁急当矫之以和缓⑨，怠惰当矫之以精勤⑩，刚暴当矫之以温柔⑪，浅露当矫之以沉潜⑫，溪刻当矫之以浑厚⑬。

【注释】

①轻：此处指轻浮，不庄重。矫：纠正，改正。重：此处指稳重。

②浮：此处指浮躁。实：此处指踏实。

③褊：心胸狭窄，气量狭小。宽：此处指宽宏大量。

④执：此处指固执。圆：此处指圆融。

⑤忍：此处指残忍。

⑥公：公义，正直无私。

⑦放言：言语放纵，随意发表言论。

⑧镇静：沉静。

⑨躁急：躁动急切。和缓：平和舒缓。

⑩精勤：专心勤勉。

⑪刚暴：刚猛粗暴。温柔：温和柔顺。

⑫浅露：浅薄直率。沉潜：此处指深沉内敛。

⑬溪刻：刻薄挑剔。浑厚：朴实敦厚。

【译文】

　　轻浮应当用稳重来纠正，浮躁应当用踏实来纠正，心胸狭窄应当用宽宏大量来纠正，固执应当用圆融来纠正，傲慢应当用谦逊来纠正，任意应当用严谨来纠正,奢侈应当用俭朴来纠正,残忍应当用仁慈来纠正,贪婪应当用廉洁来纠正,自私应当用公义来纠正。言语放纵应当用沉默少言来纠正,好动应当用沉静来纠正,粗心大意应当用心思细密来纠正,躁动急切应当用平和舒缓来纠正,懈怠懒惰应当用专心勤勉来纠正,刚猛粗暴应当用温和柔顺来纠正,浅薄直率应当用深沉内敛来纠正,刻薄挑剔应当用朴实敦厚来纠正。

持躬类

　　"持躬类"一章主要讲的是具体的律己修身之法。这一章中的"律己"有两重意思,狭义上针对个人,讲的是如何严格约束自己;广义上针对家庭,讲的是如何管理家中事务。这一章与"存养类"一章的区别在于,"存养类"侧重面对外物时的内心修炼,而"持躬类"则侧重在内心修炼的同时如何更好地应对外物。从篇幅上也可发现这一章是整部书的重点。首先,严格约束自己就是在修养身心的基础上追求一种中和的境界,即享受生活顺境的同时要能充分预见将会面临的逆境,在承受生活逆境的同时更要坚信会迎来顺境。只有这样,人处在顺境才会时刻谨慎、冷静地面对眼前的快乐,而处在逆境也会时刻积极、乐观地对待眼前的困苦。个人荣辱、家族兴衰都是这个道理。其次,在应对外物时不仅要树立高尚的道德和节操,更要时刻小心谨慎,处处宽和待人。只有这样才能生活平安,与人关系融洽。最后,在日常与人的交往中,编者又再次提醒人们,最重要的是培养高尚的道德,使内心纯洁没有各种不良欲念,无论与谁相处都要遵守规矩、谨慎小心。面对人生和事业时,要顺从天道保持中和,切不可把事情做得过了头。只有这样,自己和家人才能获得长久的平安和幸福。"持躬类"一章的这些思想都在告诫人要时刻保持一种"中"的状态。这种对"中"的追求既体现了对我国传统儒家"中庸"思想的传承，又兼有些许道家的哲思与睿智。此外，篇中为导人向善也加入了佛教"因果报应"的思想元素。虽然有一定的时代局限，但不可否认在当时的时代确有其积极的价值与作用。篇中的一些"持中""守拙"等思想，都是对人生况味的深刻理解和体悟，需要用心慢慢揣摩。

聪明睿知[1]，守之以愚[2]。功被天下[3]，守之以让[4]。勇力振世[5]，守之以怯[6]。富有四海[7]，守之以谦[8]。

【注释】

①睿知（zhì）：睿智。知，同"智"。

②守之以愚：用朴实敦厚来保全自己。愚，此处指朴实敦厚。

③功被天下：功劳盖世。功，功劳。被，盖。

④让：此处指谦逊退让。

⑤勇力振世：勇猛有力威震天下。振，同"震"，威震。

⑥怯：此处指小心谨慎。

⑦富有四海：富有天下，形容极其富有。四海，天下。

⑧谦：此处指谦卑恭敬。

【译文】

聪明睿智之人，应当用朴实敦厚来保全自己。功劳盖世之人，应当用谦逊退让来保全自己。勇猛有力威震天下之人，应当用小心谨慎来保全自己。富有四海之人，应当用谦卑恭敬来保全自己。

【源流】

《孔子家语》卷二："子曰：'聪明睿智，守之以愚。功被天下，守之以让。勇力振世，守之以怯。富有四海，守之以谦。此所谓损之又损之之道也。'"按，《格言联璧》此句当本于孔子之语。

不与居积人争富[1]，不与进取人争贵[2]，不与矜饰人争名③，不与少年人争英俊，不与盛气人争是非④。

【注释】

①居积：囤积财货。争：攀比，比较。

②进取：汲汲功名，追逐官位。贵：高贵，地位高。

③矜饰：自夸粉饰。

④不与盛气人争是非：不与盛气凌人之人争论对错。盛气，盛气凌
　人。争是非，争论对错。

【译文】

不与囤积财货之人攀比财富多少，不与汲汲功名之人攀比地位高
低，不与自夸粉饰之人攀比名气大小，不与年轻俊朗之人攀比相貌美丑，
不与盛气凌人之人争论对错。

【源流】

明吕坤《呻吟语》卷三："余行年五十，悟得五不争之味，人问之，曰：
'不与居积人争富，不与进取人争贵，不与矜饰人争名，不与简傲人争礼
节，不与盛气人争是非。'"

富贵，怨之府也①。才能，身之灾也。声名，谤之媒也②。
欢乐，悲之渐也。

【注释】

①怨之府也：怨恨产生的根源。府，保存文书或财物的地方。此处
　指根源。

②谤之媒也：招致毁谤的缘由。谤，毁谤，诋毁。媒，使双方发生关
　系的人或事物。此处指缘由。

【译文】

荣华富贵，常常是怨恨产生的根源。才华能力，往往为自己招来灾

祸。声望名誉，大多成为招致毁谤的缘由。高兴快乐，往往导致悲伤之事随之产生。

【源流】

明吕坤《呻吟语》卷三："富贵，家之灾也。才能，身之殃也。声名，谤之媒也。欢乐，悲之藉也。"

浓于声色①，生虚怯病②。浓于货利③，生贪饕病④。浓于功业⑤，生造作病⑥。浓于名誉⑦，生矫激病⑧。

【注释】

①浓于声色：沉溺于歌舞美色。浓，此处指沉溺。声色，歌舞美色。

②虚怯：心虚胆怯。

③浓于货利：贪财好利。浓，此处指贪慕。货利，财货利益。

④贪饕（tāo）：贪婪，贪得无厌。《汉书·礼乐志》："夫承千岁之衰周，继暴秦之余敝，民渐渍恶俗，贪饕险诐，不闲义理。"唐颜师古注："贪甚曰饕，言行险曰诐。"

⑤浓于功业：热衷于建功立业。浓，此处指热衷。

⑥造作：矫揉造作。

⑦浓于名誉：醉心于声望名誉。浓，此处指醉心。

⑧矫激：矫情偏激，违背常理。

【译文】

沉溺于歌舞女色，便会造成心虚胆怯的毛病。贪财爱利，便会造成贪得无厌的毛病。热衷于建功立业，便会造成矫揉造作的毛病。醉心声誉名望，便会造成矫情偏激的毛病。

【源流】

清徐士銮《医方丛话》卷八："《澄怀园语》引他山石曰：'万病之毒，皆生于浓。浓于声色，生怯虚病。浓于货利，生贪饕病。浓于功业，生造作病。浓于名誉，生矫激病。吾一味解之，曰淡。'"按，《医方丛话》成书于光绪十二年（1886），晚于《格言联璧》，而成书于乾隆丙寅（1746）的《澄怀园语》中载录此句亦是作者张廷玉摘自他处，足见此句在彼时传诵之广，故《格言联璧》此句似摘自《澄怀园语》抑或他书。

想自己身心①，到后日置之何处②；顾本来面目③，在古时像个甚人④。

【注释】

①身心：此处指所作所为，即一个人的行为和思想。

②后日：将来。置之何处：此处指被人如何评价。

③顾：反观。本来：真实。

④甚：什么。

【译文】

想想自己的所作所为，到将来被人如何评价；反观自己的真实面目，在古时像个什么人。

莫轻视此身①，三才在此六尺②；莫轻视此生，千古在此一日③。

【注释】

①此身：此处指自己。

②三才在此六尺：天地三才的精华都蕴藏在这六尺之躯里。三才，指天、地、人。《三字经》："三才者，天地人。"六尺，指人的身躯。

③千古：此处指流传千古的功业。一日：此处指当下。

【译文】

不要轻视自己，要知道天地三才的精华都蕴藏在这六尺之躯里；不要轻视这一生,要知道流传千古的功业都是从当下做起。

【源流】

明高攀龙《高子遗书》卷八下:"莫轻视此身,三才在此六尺;莫轻视此生,千古在此一日。"

　　醉酒饱肉[1],浪笑恣谈[2],却不错过了一日[3];妄动胡言[4],昧理纵欲[5],却不作孽了一日[6]。

【注释】

①醉酒:此处指饮酒不加节制。饱肉:饱食荤肉。

②浪笑恣(zì)谈:放纵大笑肆意谈论。《诗经·国风·终风》:"终风且暴,顾我则笑。谑浪笑敖,中心是悼。"毛传:"言戏谑不敬"。

③却:此处表反问。错过:此处指荒废。

④妄动:盲目行动。

⑤昧理纵欲:违背天理放纵欲望。昧,违背。

⑥却不作孽了一日:岂不是做了一整天的恶事。却,表反问,难道。作孽,作恶。

【译文】

饮酒不节饱食荤肉,放纵大笑肆意谈论,难道不是荒废一天大好时光呢?盲目行动胡乱讲话,违背天理放纵欲望,难道不是做了一整天的恶事?

【源流】

明吕坤《呻吟语》卷二:"若醉酒饱肉,恣谈浪笑,却不错过了一日;乱言妄动,昧理纵欲,却不作孽了一日。"

　　不让古人[1],是谓有志[2];不让今人,是谓无量[3]。

【注释】

①不让：不亚于，不逊于。此处指一争高下。

②志：此处指志气。

③无量：没有度量。

【译文】

同古时建功立业之人一较高下，是有志气；同当下有所成就之人一较高下，是没度量。

一能胜千，君子不可无此小心①；吾何畏彼②，丈夫不可无此大志。

【注释】

①"一能胜千"二句：一人有时能够战胜千人，君子不可不对此多加小心。此二句意在说明，即便再弱小的人，也有爆发出强大能量的可能，因此君子在待人之时应当小心谨慎。

②吾何畏彼：我何必怕他。《孟子·滕文公上》："成覸谓齐景公曰：'彼丈夫也，我丈夫也，吾何畏彼哉！'"

【译文】

一个人有时能够战胜千个人，因此君子不可不对此多加小心；我何必畏惧他，大丈夫不能没了这股志气。

怪小人之颠倒豪杰①，不知惟颠倒方为小人。惜君子之受世折磨②，不知惟折磨乃见君子。

【注释】

①颠倒：此处指陷害，迫害。

②折磨：困苦磨难。

【译文】

人们常常责怪小人陷害英雄豪杰,其实人们不知道只有做陷害人勾当的才是小人。人们常常怜惜君子遭受困苦磨难,其实人们不知道只有在困苦磨难中才能体现出真正的君子。

经一番挫折,长一番识见。容一番横逆①,增一番器度。省一分经营②,多一分道义。学一分退让,讨一分便宜③。去一分奢侈,少一分罪过。加一分体贴④,知一分物情⑤。

【注释】

①容一番横（hèng）逆:忍一番强暴无理。横逆,强暴无理。《孟子·离娄下》:"有人于此,其待我以横逆,则君子必自反也,我必不仁也,必无礼也,此物奚宜至哉!"汉赵岐注:"横逆者,以暴虐之道来加我也。"

②省一分经营:少一分盘算。省,少。经营,此处指盘算。

③讨一分便宜:得一分方便。讨,得。便宜,此处指方便。

④体贴:此处指体悟,用心体会。

⑤物情:世道人情。

【译文】

经一番困苦磨难,方能长一番见识。忍一番强暴无理,方能增一分器量。少一分盘算,方能多一分道义。学会一分退让,方能讨得一分方便。减去一分奢侈,方能少一分罪过。对社会多一分用心体会,方能多了解一分世道人情。

【源流】

清陈弘谋《五种遗规》之"史搢臣《愿体集》":"经一番挫折,长一番识见。多一分享用,减一分福泽。加一分体贴,知一分物情。"按,史搢臣,名典,《格言联璧》此句当本于清代史典编撰之文句。

不自重者取辱^①，不自畏者招祸^②，不自满者受益，不自是者博闻^③。

【注释】

①自重：自尊自爱，谨言慎行。取辱：自取其辱。

②自畏：心怀畏惧。

③自是：自以为是。博闻：见闻广博，见多识广。

【译文】

不自尊自爱的人往往自取其辱，不心怀畏惧的人多会招致灾祸，不骄傲自满的人方能获益良多，不自以为是的人才能见闻广博。

【源流】

宋李邦献《省心杂言》："不自重者取辱，不自畏者招祸，不自满者受益，不自是者博闻。吉凶悔吝自天然，无有不由己者。"

有真才者，必不矜才^①；有实学者^②，必不夸学^③。

【注释】

①矜才：恃才傲物，因有才能而骄傲自大。

②实学：真正有学问。

③夸学：夸耀自己的学问。

【译文】

有真正才能的人，必定不会恃才傲物；有真正学问的人，必定不会夸耀自己的学问。

盖世功劳，当不得一个矜字^①；弥天罪恶，最难得一个悔字^②。

【注释】

①当不得：承担不起。矜：此处指骄傲自大。

②弥天：漫天。此处指巨大。

【译文】

纵然有盖世功劳，也承担不起一丝自大之念；纵然有弥天大罪，最难得的是一颗悔过之心。

【源流】

明洪应明《菜根谭》："盖世功劳，当不得一个矜字；弥天罪过，当不得一个悔字。"

　　诿罪掠功①，此小人事。掩罪夸功，此众人事。让美归功②，此君子事。分怨共过③，此盛德事④。

【注释】

①诿（wěi）：推脱，推诿。掠：争抢，争夺。

②让美归功：把好事让给他人、把功劳归于他人。美，好事。归功，将功劳归于他人。

③分怨共过：主动分担他人遭受的责备、与他人共同承担过错。

④盛德：此处指德行高尚之人。

【译文】

推脱罪责、争抢功劳，这是小人做的事。掩饰罪过、夸耀功劳，这是普通人做的事。能把好事让给他人、将功劳归于他人，这是君子做的事。能够主动分担他人遭受的责备、与他人共同承担过错，这是德行高尚之人做的事。

　　毋毁众人之名①，以成一己之善②；毋役天下之理③，以护一己之过。

【注释】

①毁：诋毁。

②成：成就。善：此处指美名。

③役：征引，借用。

【译文】

不要通过诋毁众人的名声，来成就自己一个人的美名，不要通过征引世间所有的道理，来维护自己一个人的过错。

【源流】

清陈弘谋《五种遗规》之"魏叔子《日录》"："毋毁众人之名，以成一己之善；毋役天下之理，以护一己之过。"按，魏叔子，名禧，《格言联璧》此句当本于明末清初魏禧编撰之文句。

大著肚皮容物①，立定脚跟做人②。实处著脚③，稳处下手④。

【注释】

①大著肚皮：此处指敞开胸怀。容物：容纳天下万物。

②立定脚跟：站稳脚跟。此处指做人摆正自己的身心。

③实处著（zhuó）脚：从实处落脚，即脚踏实地。

④稳处下手：从稳妥处入手，即沉稳处事。

【译文】

敞开胸怀容纳天下万物，摆正身心做人。脚踏实地，沉稳处事。

【源流】

明徐石麒《可经堂集》卷十一："大著肚皮容人，立定脚跟做事。"

明吕坤《呻吟语》卷三："实处著脚，稳处下手。"

读书有四个字最要紧，曰"阙疑好问"①；做人有四个字最要紧，曰"务实耐久"②。

【注释】

①阙疑好问：疑问之处暂且留置，不懂之处多多请教。阙疑，遇到疑惑，暂时留置而不作臆测。《论语·为政》："子曰：'多闻阙疑，慎言其余，则寡尤。'"好问，遇到不懂之处多向人请教。《尚书·仲虺之诰》："好问则裕，自用则小。"汉孔安国注："问则有得，所以裕。不问专固，所以小。"

②务实耐久：踏踏实实，始终如一。务实，此处指做人踏踏实实。耐久，此处指做人始终如一，经久不变。

【译文】

读书有四个字是最重要的，这四个字就是"阙疑好问"；做人有四个字最重要，这四个字是"务实耐久"。

事当快意处须转①，言到快意时须住②。

【注释】

①快意：此处指顺心得意，欢快高兴。转：此处指有所收敛。

②住：停住，停止。

【译文】

处理事情在顺心得意时应当有所收敛，与人谈话在欢快高兴时应当适时停住。

【源流】

明沈佳胤《翰海》卷十二"陈眉公《杂纪》"："事当快意处须转，言当快意时须住。"按，陈继儒，号眉公，《格言联璧》此句当本于明代陈继儒编撰之文句。

物忌全胜①,事忌全美②,人忌全盛③。

【注释】

①全胜:只盛不衰。

②全美:尽善尽美,过于完美。

③全盛:此处指做人过于刚强,只知进取而不懂退让。

【译文】

自然万物不会只盛不衰,世间之事不应苛求完美,生而为人不可只知进取而不懂退让。

【源流】

明吕坤《呻吟语》卷二:"物忌全盛,事忌全美,人忌全名。"

尽前行者地步窄①,向后看者眼界宽②。

【注释】

①尽前行:一味前行,即只知道进取而不懂退让。地步:境地,境况。

②向后看:懂得退让。

【译文】

一味前行的人,他的境地会愈加狭窄;懂得退让的人,他的眼界和胸怀会愈加广阔。

【源流】

清陈弘谋《五种遗规》之"史搢臣《愿体集》":"尽前行者地步窄,向后看者眼界宽。"按,史搢臣,名典,《格言联璧》此句当本于清代史典编撰之文句。

留有余不尽之巧,以还造化①。留有余不尽之禄②,以还朝廷。留有余不尽之财,以还百姓。留有余不尽之福,以贻子孙③。

【注释】

①"留有余不尽之巧"二句：将发挥不完的多余聪明才智回报天地。巧，此处指聪明才智。还，回报，回赠。造化，此处指天地自然。《庄子·大宗师》："今一以天地为大炉，以造化为大冶，恶乎往而不可哉！"

②禄：俸禄，朝廷拨发给大臣的俸银和禄米。

③贻(yí)：留给，传给。

【译文】

将发挥不完的多余聪明才智回报天地，将使用不完的多余俸银禄米回报朝廷，将花费不完的多余钱财物品回报百姓，将享用不完的多余福气好运留给子孙。

【源流】

宋无名氏《湖海新闻夷坚续志》"王参政伯大，号留耕，尝作《四留铭》于座右云：'留有余不尽之巧，以还造化。留有余不尽之禄，以还朝廷。留有余不尽之财，以还百姓。留有余不尽之福，以还子孙。'贴于壁间，忽一日云雾四起，霞光照耀，失其书所在。"按，《格言联璧》此句当本于宋代王伯大之座右铭。

四海和平之福，只是随缘①；一生牵惹之劳②，总因好事③。

【注释】

①随缘：此处指顺应自然，即道家思想中"无为而治"的理念。

②牵惹：牵挂。此处指忧虑。

③好(hào)事：此处指爱参与他人事务。

【译文】

四海之内和平安宁，不过是顺其自然的结果；一生忧虑劳苦，多半是因为爱参与他人事务。

花繁柳密处拨得开①，方见手段②；风狂雨骤时立得定③，才是脚跟④。

【注释】

①花繁柳密：此处指各种诱惑。拨得开：此处指不为所动。

②手段：此处指本领。

③风狂雨骤：此处指危难。立得定：此处指守得住节操和底线。

④脚跟：此处指做人的原则和根本。

【译文】

身处各种诱惑之中而不为所动，这才能体现出一个人的本领；面对危难之时守得住节操底线，这才是做人有原则和根本的体现。

步步占先者①，必有人以挤之；事事争胜者，必有人以挫之②。

【注释】

①占先：争先。

②挫：打击，挫败。

【译文】

事事都要争先的人，必然会遭到他人的排挤；事事都争强好胜的人，必然会遭到他人的打击。

能改过，则天地不怒①；能安分②，则鬼神无权③。

【注释】

①怒：此处指怪罪，降罪。

②安分：安分守己。

③鬼神无权：无须向鬼神祈福保祐。权，此处指鬼神的庇护和保祐。

【译文】

人如果能改过自新，那么天地神明也不会怪罪；人如果能安分守己，那么便无须向鬼怪神仙祈福保祐了。

言行拟之古人①，则德进②。功名付之天命③，则心闲。报应念及子孙④，则事平⑤。受享虑及疾病⑥，则用俭。

【注释】

①拟：此处指学习。

②德进：德行精进，德行提高。

③付之天命：此处指顺应天命，顺应自然。

④报应：中国传统社会中一种劝人向善的因果逻辑，人所做之事都会在将来得到回报，认为善有善报，恶有恶报。念及：想到。

⑤事平：此处指办事公正。

⑥受享：享受，享用。虑及：考虑到。

【译文】

言行学习古人，德行自然精进提高。功名利禄顺应天命，内心自然闲适安宁。想到因果报应会影响子孙后代，办事自然公平公正。考虑到过度享受会导致疾病，生活用度自然节俭朴素。

【源流】

明顾璘《顾璘诗文集》之《凭几集续编》卷二："言行拟之古人，则德进。功名付之天命，则心闲。报应念及子孙，则事平。受享虑及疾病，则用俭。"

安莫安于知足，危莫危于多言，贵莫贵于无求，贱莫贱于多欲，乐莫乐于好善①，苦莫苦于多贪，长莫长于博谋②，短莫短于自恃③，明莫明于体物④，暗莫暗于昧几⑤。

【注释】

①好（hào）善：乐于向善。

②博谋：广泛听取他人意见。

③自恃：自以为是，骄傲自大。

④明：此处指聪明。体物：体察、洞悉事物。

⑤暗莫暗于昧几：最大的愚蠢就是对事物细微的发展变化浑然不知。暗，此处指愚蠢。昧几，无法发现事物细微的发展变化。昧，暗，此处指无法发现。几，征兆，事物细微的发展变化。《周易·系辞下》："几者，动之微，吉之先见者也。"

【译文】

人生最大的平安就是知足，最大的危险就是多言，最高贵的心态就是无所求，最低贱的心态就是欲望多，最大的快乐就是乐于向善，最大的痛苦就是贪婪，最大的优点就是广泛听取他人意见，最大的缺点就是自以为是、骄傲自大，最大的聪明就是能够细致入微地体察、洞悉事物，最大的愚蠢就是对事物的发展变化浑然不知。

【源流】

汉黄石公《素书·本德宗道章》："安莫安于忍辱，先莫先于修德，乐莫乐于好善，神莫神于至诚，明莫明于体物，吉莫吉于知足，苦莫苦于多愿，悲莫悲于精散，病莫病于无常，短莫短于苟得，幽莫幽于贪鄙，孤莫孤于自恃，危莫危于任疑，败莫败于多私。"明高攀龙《高子遗书》卷一："安莫安于知足，危莫危于多言，贵莫贵于不求，贱莫贱于多欲。"按，《格言联璧》此句当化用秦汉时黄石公及明代高攀龙之语。

能知足者，天不能贫。能忍辱者①，天不能祸。能无求者，天不能贱。能外形骸者②，天不能病。能不贪生者，天不能死。能随遇而安者，天不能困③。能造就人材者④，天不能孤。能以身任天下后世者⑤，天不能绝⑥。

【注释】

①忍辱：忍受屈辱。

②外形骸：不过分爱惜养护自己身体。

③困：困顿。

④造就：培养，培育。

⑤身：自己。任：承担。

⑥绝：后继无人。

【译文】

能够知足的人，上天不会让他贫穷。能够忍受屈辱的人，上天不会降给他灾祸。能够无所求的人，上天不会让他卑贱。能够不过分爱惜养护自己身体的人，上天不会让他有疾病。能够不贪生怕死的人，上天不会让他死于灾祸。能够随遇而安的人，上天不会让他艰难困顿。能够培养人才的人，上天不会让他孤独无助。能够以自己一身来担当天下后世的人，上天定会让他儿孙满堂后继有人。

【源流】

清魏禧《魏叔子文集》："能知足者，天不能贫。能无求者，天不能贱。能外形骸者，天不能病。能不贪生者，天不能死。能随遇而安者，天不能困。能造就人才者，天不能孤。能以身任天下后世者，天不能绝。"按，魏叔子，名禧，《格言联璧》此句当本于明末清初魏禧编撰之文句。

天薄我以福①，吾厚吾德以迓之②。天劳我以形③，吾逸吾心以补之④。天厄我以遇⑤，吾亨吾道以通之⑥。天苦我以境⑦，吾乐吾神以畅之⑧。

【注释】

①薄：少，不足。

②迓(yà)：迎接，接受。《尚书·盘庚中》："予迓续乃命于天。"汉
　　孔安国注："迓，迎也。"

③劳：劳苦，劳累。形：身体。

④逸：安闲，闲适。

⑤厄：困顿艰难。遇：际遇，遭遇。

⑥亨：此处指运用。道：此处指聪明才智。《周易·乾卦》："乾，元
　　亨利贞。"唐孔颖达正义："亨，通也。"

⑦境：处境，境地。

⑧乐：打起精神，振奋精神。畅：此处指乐观面对。

【译文】

上天赐给我的福分不多，我便提升自己的道德修养来迎接它。上天
使我身体劳累，我便使自己的内心闲适来弥补它。上天使我际遇困顿，
我便用自己的聪明才智来打通它。上天使我处境艰苦，我便打起精神去
乐观面对它。

【源流】

明洪应明《菜根谭》："天薄我以福，吾厚吾德以迓之。天劳我以形，
吾逸吾心以补之。天厄我以遇，吾亨吾道以通之。天且奈我何哉？"

　　吉凶祸福，是天主张①。毁誉予夺②，是人主张。立身
行己③，是我主张。

【注释】

①主张：主宰，掌握。

②毁誉予夺：诋毁赞誉，奖励惩罚。予夺，奖励与惩罚。

③立身行己：修养自身，行为有度。

【译文】

吉凶祸福，是上天主宰的。诋毁称赞，奖励惩罚，是别人掌握的。如何修养自身，行为有度，却是我自己能够掌握的。

【源流】

明吕坤《呻吟语》卷二："吉凶祸福，是天主张。毁誉予夺，是人主张。立身行己，是我主张。此三者不相夺也。"

要得富贵福泽①，天主张，由不得我；要做贤人君子，我主张，由不得天。

【注释】

①福泽：福气。

【译文】

能否得到富贵福气，那是上天决定的，不是自己能够做主的。是否要做贤人君子，这是我来决定的，不是上天能够左右的。

富以能施为德①，贫以无求为德，贵以下人为德②，贱以忘势为德③。

【注释】

①施：施舍。

②下人：此处指待人谦和。《周易·系辞上》："子曰：'劳而不伐，有功而不德，厚之至也。语以其功下人者也。'"唐孔颖达正义："能以其有功卑下于人者也。"

③忘势：此处指不追慕权势。

【译文】

富有的人以能施舍穷人为美德，贫穷的人以无所奢求为美德，尊贵的人以待人谦和为美德，低贱的人以不追慕权势为美德。

【源流】

明吕坤《呻吟语》卷二："富以能施为德，贫以无求为德。贵以下人为德，贱以忘势为德。"

护体面^①，不如重廉耻。求医药，不如养性情。立党羽^②，不如昭信义。作威福^③，不如笃至诚^④。多言说，不如慎隐微^⑤。博声名，不如正心术。恣豪华^⑥，不如乐名教^⑦。广田宅^⑧，不如教义方^⑨。

【注释】

①护体面：爱护面子。体面，此处指面子。

②党羽：拉帮结派。

③作威福：即作威作福，倚仗权势欺压他人。《尚书·洪范》："惟辟作福，惟辟作威，惟辟玉食。"唐孔颖达正义："惟君作福，得专赏人也。惟君作威，得专罚人也。"

④笃至诚：为人宽厚诚实。笃，此处指为人宽厚。至诚，诚实。

⑤慎隐微：谨小慎微。隐微，隐约细微，指细小琐碎之事。

⑥恣豪华：放纵享乐。恣，放纵。豪华，此处指享乐。

⑦乐名教：乐于修习名教礼法。名教，名分与教化，指以传统儒家思想为根据制定的名分与伦理准则的礼法体系。

⑧广田宅：广置田宅。广，广置，大量购买。田宅，田地宅院。

⑨教义方：学习为人处事的规范和道理。教，此处指学习。义方，为人处世应当遵守的规范和道理。《大戴礼记·文王官人》："省其居处，观其义方。省其丧哀，观其贞良。"

【译文】

与其爱护面子,不如注重廉耻。与其求医问药,不如修养性情。与其树立党羽,不如广昭信义。与其作威作福,不如宽厚诚实。与其言语过多,不如谨小慎微。与其博取名声,不如端正心术。与其放纵享乐,不如乐于修习名教礼法。与其广置田宅,不如学习为人处事的规范和道理。

【源流】

清陈弘谋《五种遗规》之"史搢臣《愿体集》":"护体面,不如重廉耻。求医药,不如养性情。立党羽,不如昭信义。作威福,不如笃至诚。多言说,不如慎隐微。求声名,不如正心术。恣豪华,不如乐名教。广田宅,不如教义方。"按,史搢臣,名典,《格言联璧》此句当本于清代史典编撰之文句。

行己恭①,责躬厚②,接众和③,立心正④,进道勇⑤,择友以求益,改过以全身⑥。

【注释】

①行己恭:此处指行为恭敬。语出《论语·公冶长》:"子谓子产,'有君子之道四焉:其行己也恭,其事上也敬,其养民也惠,其使民也义。'"

②责躬厚:力求做到品行敦厚。责,责备、责问。此处指力求。躬,亲自、亲身。此处指做到。厚,品行敦厚。语出《论语·卫灵公》:"子曰:'躬自厚而薄责于人,则远怨矣。'"

③接众和:待人和善。接众,待人。

④立心正:心思端正。

⑤进道:即进修道业,指不断深入地修习圣贤之道。勇:此处指果敢坚定。

⑥全身:使自身修养不断完善。

【译文】

为人应当行为恭敬，力求做到品行敦厚，待人和善，心思端正，修习圣贤之道坚定而不动摇，选择良友以求能有助于自身德行的提高，改掉过错以求能够实现自身修养的完善。

敬为千圣授受真源①，慎乃百年提撕紧钥②。

【注释】

①敬为千圣授受真源：恭敬是历来圣贤待人接物的根本。敬，恭敬。千圣，此处指古今历来圣人。授受，此处指待人接物。真源，根本。

②慎乃百年提撕紧钥（yuè）：谨慎是千百年来教导人的关键。慎，谨慎。提撕，改正，改过。此处指自我完善。《诗经·大雅·抑》："匪面命之，言提其耳。"汉郑玄注："我非但对面语之，亲提撕其耳。此言以教道之，孰不可启觉。"紧钥，关键。

【译文】

恭敬是历来圣贤与人相处的根本，谨慎是千百年来自我完善的关键。

度量如海涵春育①，应接如流水行云②，操存如青天白日③，威仪如丹凤祥麟④，言论如敲金戛石⑤，持身如玉洁冰清⑥，襟抱如光风霁月⑦，气概如乔岳泰山⑧。

【注释】

①海涵：如同大海一样包容一切。此处指人胸怀宽广。春育：如同春风一样化育万物。此处指待人温和。

②应接：此处指处事。流水行云：流动的水和飘动的白云。此处指超脱自然。

③操存：操守。青天白日：原指晴朗的天空和耀眼的太阳。此处形

容人的品行高洁傲岸。

④威仪如丹凤祥麟：威仪当如凤凰麒麟般庄重威严。此句意在说明
君子威仪应当如凤凰、麒麟这些瑞兽一样，内心充满仁爱而外表
又不失庄重威严。丹凤，凤凰，传说中的瑞兽之一，状如鸡而稍大，
长尾，身有五彩花纹，雄称"凤"，雌称"凰"，统称"凤凰"。祥麟，
麒麟，传说中的瑞兽之一，形似鹿，但体形稍大，牛尾，马蹄，头上
独角，背上五彩花纹，腹部黄色，雄称"麒"，雌称"麟"，统称"麒
麟"。因其性情温和，不践草木，不伤人畜，故称"仁兽"。

⑤言论如敲金戛石：言论当如敲钟击磬般平和雅正。言论，此处指
言谈。金，青铜。此处指古代由青铜铸造而成的"钟"。戛，击打，
敲打。石，石头。此处指古代由石头制造而成的乐器"磬"。钟、
磬皆为庙堂雅乐乐器，演奏乐曲节奏舒缓，主旨高雅，故此句意在
说明德行高尚之人的言谈当如钟磬般平和雅正。

⑥持身：修身。

⑦襟抱：胸襟。

⑧气概：气节。乔：高大，巍峨。岳：高山，大山。

【译文】

度量当如同大海般宽广、春天般温和，处事当如流水行云般超脱自
然，操守当如青天白日般高洁傲岸，威仪当如凤凰麒麟般庄重威严，言谈
当如敲钟击磬般平和雅正，修身当如白玉冰雪般清澈干净，胸襟当如明
月和风般开朗洒脱，气概当如巍峨高山般雄伟崇高。

海阔从鱼跃，天空任鸟飞，非大丈夫不能有此度量。振
衣千仞冈①，濯足万里流②，非大丈夫不能有此气节。珠藏泽
自媚③，玉韫山含晖④，非大丈夫不能有此蕴藉⑤。月到梧桐
上，风来杨柳边，非大丈夫不能有此襟怀⑥。

【注释】

①振衣:抖去衣上灰尘。此处指清白做人。仞:古代长度单位,一仞约合周尺七尺。冈:山岗,高山。

②濯(zhuó)足万里流:不落尘俗品行犹如大江大河。濯足,洗脚。此处指清除尘俗,保持高洁。《文选·左太冲〈咏史八首〉》:"振衣千仞岗,濯足万里流。"唐吕向注:"振衣、濯足,欲去世尘也。"

③珠:宝珠。藏:埋藏。泽:水泽,深泽。媚:此处指光彩夺目。

④玉韫(yùn)山含晖:美玉即便蕴藏深山依旧熠熠生辉。玉,美玉。韫,蕴藏。晖,此处指光辉。

⑤蕴藉:此处指含而不露的品格。

⑥襟怀:胸襟,胸怀。

【译文】

广阔的大海任凭鱼儿畅游腾跃,浩瀚的天空任凭鸟儿自由高飞,不是大丈夫不会有这样的度量。清白做人身躯犹如千仞高山,不落尘俗品行犹如大江大河,不是大丈夫不会有这样的气节。宝珠即便埋藏深泽仍旧光彩夺目,美玉即便蕴藏深山依旧熠熠生辉,不是大丈夫不会有这样含而不露的品格。明月照彻梧桐般的爽朗,清风吹拂杨柳般的和煦,不是大丈夫不会有这样的胸襟。

【源流】

清赵翼《陔余丛考》卷四十三:于"海阔从鱼跃,天空任鸟飞"条下附注文:"见《古今诗话》,本大历诗僧元览诗,谓:'大海从鱼跃,长空任鸟飞。'"

宋朱熹《晦庵集》卷第四《斋居感兴二十首》:"珠藏泽自媚,玉韫山含晖。"

宋邵雍《击壤集》卷之十二《月到梧桐上吟》:"月到梧桐上,风来杨柳边。"

处草野之日①，不可将此身看得小；居廊庙之日②，不可将此身看得大③。

【注释】

①草野：荒野。此处指民间，未得到重用。

②廊庙：朝堂。此处指在朝为官，得到重用。

③看得大：此处指骄傲自大。

【译文】

身处民间之时，不可轻视自己；在朝为官之时，不可骄傲自大。

只一个俗念头，错做了一生人；只一双俗眼目，错认了一生人。

【译文】

只因为一个庸俗的念头，便做人做错了一辈子；只因为用了庸俗的眼光去看待他人，便一辈子都没有认清人。

【源流】

明吕坤《呻吟语》卷二："只一个俗念头，错做了一生人；只一双俗眼目，错认了一生人。"

心不妄念①，身不妄动②，口不妄言③，君子所以存诚④。内不欺己⑤，外不欺人，上不欺天，君子所以慎独⑥。不愧父母，不愧兄弟，不愧妻子⑦，君子所以宜家⑧。不负天子⑨，不负生民⑩，不负所学，君子所以用世⑪。

【注释】

①妄念：非分之想。

②妄动：草率行事。

③妄言：随口胡言。

④存诚：心存诚信。《周易·乾卦》："文言：庸言之信，庸行之谨，闲邪存其诚。"唐孔颖达正义："言防闲邪恶，当自存其诚实也。"

⑤欺己：欺骗自己。

⑥慎独：独处时谨慎守礼。《礼记·中庸》："莫见乎隐，莫显乎微，故君子慎其独也。"汉郑玄注："慎独者，慎其闲居之所为。"

⑦妻子：妻子儿女。

⑧宜家：此处指使家庭和睦。《诗经·国风·桃夭》："桃之夭夭，灼灼其华。之子于归，宜其室家。"

⑨负：辜负。

⑩生民：百姓。《尚书·毕命》："道洽政治，泽润生民。"

⑪用世：为世所用，委以重任。

【译文】

心中没有非分之想，身体不草率行事，嘴不随口胡言，所以君子常常心存诚信。对内不欺骗自己，对外不欺骗他人，对上不欺骗苍天，所以君子独处时才能谨慎守礼。不愧对父母，不愧对兄弟，不愧对妻儿，所以君子能够使家庭和睦。不辜负君王，不辜负百姓，不辜负自己平生所学，这就是君子能够被委以重任的原因。

【源流】

南北朝无名氏《女青鬼律》卷四："目不妄视，口不妄言，心不妄念，足不妄游，亲善远恶，与体自然。"按，《格言联璧》"心不妄念"三句当化用南北朝《女青鬼律》之戒条。

宋净善《禅林宝训》卷一《答荆公书》："黄龙曰：'夫人语默举措，自谓上不欺天，外不欺人，内不欺心，诚可谓之得矣。'"按，《格言联璧》"内不欺己"四句当化用唐代黄龙禅师之语。

以性分言①，无论父子兄弟，即天地万物②，皆一体耳③，何物非我④，于此信得及⑤，则心体廓然矣⑥；以外物言⑦，无论功名富贵，即四肢百骸⑧，亦躯壳耳⑨，何物是我⑩，于此信得及，则世味淡然矣⑪。

【注释】

①性分：犹天性，本性。

②即：同"及"，以及，还是。

③一体：一个整体。

④何物非我：哪些是真正与我不同的呢？即与我哪有什么不同呢？

⑤信得及：能够相信。此处指能够体会。

⑥则心体廓（kuò）然矣：内心便会变得豁然开朗。心体，此处指内心。廓然，豁然开朗。

⑦外物：身外之物，多指功名利禄之类。

⑧四肢百骸：身体四肢。百骸，人体全身骨骼。此处指全身。骸，骨。

⑨躯壳：肉体，相对精神而言。

⑩何物是我：哪些是真正属于我的呢？

⑪世味：此处指功名富贵，世俗人情。

【译文】

就天性而言，无论父子兄弟，还是天地万物，都是一个整体，与我哪有什么不同呢，体会到这一点，内心便会豁然开朗。就身外之物而言，无论功名富贵，还是身体四肢，都是主观精神之外的躯壳肉身而已，哪些是真正属于我的呢？认识到这一点，所有的功名富贵世俗人情都会变得淡然超脱了。

【源流】

明耿定向《耿天台先生文集》卷十九："万物皆我一体，何物非我？于此信得及，心体廓然矣。"

有补于天地曰功①，有关于世教曰名②，有学问曰富，有廉耻曰贵，是谓功名富贵。无为曰道③，无欲曰德，无习于鄙陋曰文④，无近于暧昧曰章⑤，是谓道德文章。

【注释】

①补：益处，功绩。天地：此处指国家社会。

②世教：社会的礼法和教化。

③无为：中国古代道家的重要思想，指出人要顺应自然和社会规律，做好分内之事，不要盲目作为。《老子》第三十七章："道常无为而无不为，侯王若能守之，万物将自化。"

④习：此处指渐染，受影响。鄙陋：世俗鄙陋不良的风气。

⑤无近于暧昧曰章：处事态度坚决而有原则称为"章"。暧昧，此处指处事没有原则。

【译文】

有益于国家社会称为"功"，关于社会教化方面的（贡献）称为"名"，有学问称为"富"，有廉耻称为"贵"，这就是所说的功名富贵。无为称为"道"，无欲称为"德"，不受世俗鄙陋风气的影响称为"文"，处事态度坚决而有原则称为"章"，这就是所说的道德文章。

【源流】

清丁宜曾《农圃便览》："有补于天地曰功，有关于世教曰名，有精神曰富，有廉耻曰贵，是之谓功名富贵。"

困辱非忧①，取困辱为忧②；荣利非乐③，忘荣利为乐。

【注释】

①困辱：困苦屈辱。

②取困辱：自取其辱。

③荣利：荣华富贵。

【译文】

困苦屈辱并不值得担忧，自取其辱才值得担忧；荣华富贵并不是真正的快乐，只有忘却荣华富贵才是真正的快乐。

【源流】

宋熊节《性理群书句解》卷十三"《正蒙》横渠先生"："困辱非忧，取困辱惟忧；荣利非乐，忘荣利为乐。"按，张载，号横渠，《格言联璧》此句当本于宋代张载之语。

热闹荣华之境，一过辄生凄凉；清真冷淡之为①，历久愈有意味②。

【注释】

①清真：纯真朴素。冷淡：素净淡雅。

②历久：过去很久。愈：越，更。

【译文】

热闹繁华的景象，过后心中便会感到冷清凄凉；而那些纯真淡雅的行为，过得越久越有意味。

心志要苦①，意趣要乐②。气度要宏，言动要谨③。

【注释】

①心志：此处指内心。

②意趣：此处指精神状态。

③言动：言语行动，说话做事。

【译文】

内心要经历困苦磨难，精神状态要积极乐观。气度要宏大宽和，说话做事要小心谨慎。

心术以光明笃实为第一①,容貌以正大老成为第一②,言语以简重真切为第一③。

【注释】

①光明笃实:光明磊落忠厚朴实。笃实,忠厚朴实。

②正大老成:端正大方成熟稳重。正大,此处指端正大方。老成,此处指成熟稳重。

③简重真切:言简意赅真实可信。简重,言简意赅。

【译文】

心思以光明磊落忠厚朴实为第一,容貌以端正大方成熟稳重为第一,说话以言简意赅真实可信为第一。

【源流】

明吕坤《呻吟语》卷二:"心术以光明笃实为第一,容貌以正大老成为第一,言语以简重真切为第一。"

勿吐无益身心之语①,勿为无益身心之事,勿近无益身心之人,勿入无益身心之境,勿展无益身心之书②。

【注释】

①吐:说,讲。

②展:打开。此处指观看。

【译文】

不说不利于身心健康的话,不做不利于身心健康的事,不交往不利于身心发展的人,不去不利于身心健康的地方,不看不利于身心健康的书。

【源流】

明过庭训《本朝分省人物考》卷二十三"张基"条："尝铭座右曰：'勿展无益身心之书，勿吐无益身心之语，勿近无益身心之人，勿涉无益身心之境。'"按，《格言联璧》此句当本于明代张基之座右铭。

此生不学一可惜，此日闲过二可惜，此身一败三可惜①。

【注释】

①败：此处指一事无成。

【译文】

一生没有认真学习，这是一可惜；一天闲过，这是二可惜；自己一事无成，这是三可惜。

【源流】

明过庭训《本朝分省人物考》卷二十五"夏寅"条："尝曰：'君子有三惜：此生不学一可惜，此日闲过二可惜，此身一败三可惜。'"按，《格言联璧》此句当本于明代夏寅之语。

君子胸中所常体①，不是人情是天理。君子口中所常道，不是人伦是世教②。君子身中所常行，不是规矩是准绳③。

【注释】

①体：体悟。此处指思考。

②世教：社会的礼法和教化。

③"君子身中所常行"二句：君子亲身长久践行的，不是道德规矩而是社会规范的准绳。此二句意在说明，君子身体力行不仅要合乎道德规矩，更要以实实在在的优良行为为世人做楷模。行，躬行，践行。

【译文】

君子心中长久思考的，不是人情而是天理。君子口中一直讲的，不是人伦而是礼法教化。君子亲身践行的不是简单的道德规矩而是致力于成为社会规范的准绳。

【源流】

明吕坤《续小儿语》："君子口里没乱道，不是人伦是世教。君子脚跟没乱行，不是规矩是准绳。君子胸中所常体，不是人情是天理。"

休诿罪于气化①，一切责之人事②。休过望于世间③，一切求之我身④。

【注释】

①诿罪：归罪，归咎。气化：此处指运气。

②责：此处指要求。人事：此处指个人努力。

③过望：奢望，过高的期望。世间：此处指社会和他人。

④我身：自己。

【译文】

不要将个人的不顺归罪于运气不佳，一切事情还应求诸个人努力。不要对社会和他人抱有过高的期望，一切事情还应严格要求自己。

【源流】

清唐鉴《学案小识》卷九"河内夏先生"条："《醉古堂格言》云：'休诿罪于气化，一切责之人事。休过望于世间，一切求之我身。'此知道者之言！"按，河内夏先生即夏锡畴，唐鉴《学案小识》卷九载夏锡畴援引之《醉古堂格言》当作《醉古堂剑扫》，且详考其文，《格言联璧》此句确系《醉古堂剑扫》卷一"集醒"之文，故《格言联璧》此句当本于《醉古堂剑扫》作者明代陆绍珩（一说陈继儒）编撰之语。

自责之外^①，无胜人之术^②；自强之外，无上人之术^③。

【注释】

①自责：此处指严格要求自己。

②胜人：战胜他人。

③上人：超越他人。

【译文】

严格要求自己之外，没有能够战胜他人的办法了；自强不息之外，没有能够超越他人的办法了。

书有未曾经我读，事无不可对人言。

【译文】

书有我不曾读过的，事没有不可以对他人讲的。

【源流】

清王昶《（嘉庆）直隶太仓府志》卷十二："王恭先，字孝伯，临晋人，顺治八年乡试第一，十六年进士。康熙七年以河间推官裁缺改补，政尚宽简，公余手不释卷，斋联云：'书有未曾经我读，事无不可对人言。'"按，《格言联璧》此句当本于清代王恭先之斋联。

闺门之事可传，而后知君子之家法矣^①；近习之人起敬，而后知君子之身法矣^②。

【注释】

①"闺门之事可传"二句：意在说明通过了解家中之事，便可知晓君子的治家之法。闺门，内室的门。此处指家中。《礼记·仲尼燕居》："以之居处有礼，故长幼辨也；以之闺门之内有礼，故三族和也。"

传,告诉。

②"近习之人起敬"二句:意在说明通过家中亲近之人肃然起敬的严谨态度,便可知晓君子的修身之法。近习,近亲,身边。身法,修身之法。

【译文】

家中之事可以告诉他人,而后人们便知道君子的治家之法;身边亲近之人肃然起敬,而后人们便知道君子的修身之法。

【源流】

明吕坤《呻吟语》卷二:"闺门之事可传,而后知君子之家法矣;近习之人起敬,而后知君子之身法矣。其作用处只是无不敬。"

门内罕闻嬉笑怒骂①,其家范可知;座右遍书名论格言②,其志趣可想。

【注释】

①门内:家门之内,家中。罕:少。

②座右:即座右铭,古人常将名言佳句抄录置于座右案端,用以自警自律。书:写,抄录。名论格言:名言佳句。

【译文】

家门之内很少听到嬉笑怒骂之声,此家族的家法严明是可以知道的;座右案头抄录名言佳句,此人的志向旨趣是可以想见的。

【源流】

清陈弘谋《五种遗规》之"史搢臣《愿体集》":"门内罕闻嬉笑怒骂,其家范可知;座右多书名语格言,其志趣可想。"按,史搢臣,名典,《格言联璧》此句当本于清代史典编撰之文句。

慎言动于妻子仆隶之间①,检身心于食息起居之际②。

【注释】

①言动：言语行动，说话做事。仆隶：仆人。

②检：约束。身心：此处指思想和行为。食息：吃饭休息。起居：日
　常生活作息。

【译文】

即便是与妻子儿女、家中仆人相处时，也要谨言慎行；即便是日常饮
食起居这些小事，也要约束自己的思想和行为。

【源流】

明吕坤《去伪斋文集》卷八："慎言动于妻子仆隶之间，检身心于食
息起居之际。"

语言间尽可积德[①]，妻子间亦是修身。

【注释】

①语言：谈话，交谈。积德：此处指积累德行，提升德行。

【译文】

与人谈话中完全可以提升自己的德行，与妻子儿女相处时也是在完
善自己。

【源流】

明徐树丕《识小录》卷之一："淡泉先生曰：'语言间尽可积德，淡泊
中皆能长生。'"按，郑晓，号淡泉，《格言联璧》"语言间尽可积德"句当
本于明代郑晓之语。

昼验之妻子[①]，以观其行之笃与否也[②]；夜考之梦寐，以
卜其志之定与否也[③]。

【注释】

①验：考察。

②与否：是否。

③卜：预料。此处指判断。

【译文】

白天考察妻子儿女，观察他们的言行是否忠厚质朴；夜晚考察自己的睡梦，判断自己的意志是否坚定不移。

【源流】

宋吕祖谦《丽泽论说集录》卷第十："常以昼验之妻子，以观其行之笃与否也；夜考之梦寐，以卜其志之定与未也。须于此等处常常体察，唯此最可验学力。"

欲理会七尺①，先理会方寸②。欲理会六合，先理会一腔③。

【注释】

①理会：了解。七尺：身躯，人身长约相当于古尺七尺。此处指人。

②方寸：人心。

③"欲理会六合"二句：想要了解世界，先要了解自己的内心。此二句意在说明，君子胸怀天下，要了解世界，理当从了解胸中的圣贤之道开始。六合，上下和四方，代指天地或宇宙。《庄子·齐物论》："六合之外，圣人存而不论。"唐成玄英疏："六合者，谓天地四方也。"腔，此处指内心。宋代著名理学家陆九渊提出"宇宙便是吾心，吾心即是宇宙"。在对待个人和宇宙的关系上认为"吾身立于其中，须大做一个人"。将个人与自然万物融合为一个整体。

【译文】

想要了解人，先要了解人心。想要了解这个世界，先要了解自己的内心。

【源流】

明吕坤《呻吟语》卷一："欲理会七尺，先理会方寸。欲理会六合，先理会一腔。"

世人以七尺为性命^①，君子以性命为七尺^②。

【注释】

①世人以七尺为性命：寻常百姓将肉体身躯视为性命所在。此句意在说明普通人珍视自己的身体，而完全忽略了上天赋予人的本心本性。世人，普通人。

②君子以性命为七尺：有道君子将良知善性视为存世之本。此句意在说明，在君子看来，上天赋予的本心本性要比自己的身躯更加珍贵。性命，此处指上天赋予的人的本性。

【译文】

寻常百姓将肉体身躯视为性命所在，有道君子将良知善性视为存世之本。

【源流】

明刘宗周《刘蕺山集》卷八："而在世人以七尺为性命，君子以性命为七尺。"

气象要高旷^①，不可疏狂^②。心思要缜密，不可琐屑^③。趣味要冲淡^④，不可枯寂^⑤。操守要严明，不可激烈^⑥。

【注释】

①气象：气度。高旷：高远旷达。

②疏狂：狂放不羁。

③琐屑：此处指流于琐碎，拘泥于小节。

④趣味:志趣。冲淡:平和淡泊。

⑤枯寂:枯燥无聊。

⑥激烈:此处指苛刻酷烈。

【译文】

做人气度要高远旷达,不可狂放不羁;心思要谨慎细密,不可流于琐碎。志趣要平和淡泊,不可枯燥无聊;操守要公正严明,不可苛刻酷烈。

【源流】

明洪应明《菜根谭》:"气象要高旷而不可疏狂,心思要缜密而不可琐屑,趣味要冲淡而不可偏枯,操守要严明而不可激烈。"

聪明者戒太察①,刚强者戒太暴②,温良者戒无断③。

【注释】

①戒:戒除,不要。 察:明察,目光敏锐,观察细致入微。《大戴礼记·子张问入官》:"故水至清则无鱼,人至察则无徒。"

②暴:强硬暴躁。

③温良:温和善良。无断:优柔寡断,犹豫不决。

【译文】

聪明的人不要太过明察秋毫,刚强的人不要太过强硬暴躁,温和善良的人不要太过优柔寡断。

勿施小惠伤大体①,毋借公道遂私情②。以情恕人③,以理律己④。

【注释】

①小惠:小恩小惠。 大体:大局,全局。

②遂私情:徇私情。

③情：此处指人之常情。恕：推己及人，发自内心地理解他人，即孔

　　子的"忠恕"之道。《论语·里仁》："曾子曰：'夫子之道，忠恕

　　而已矣。'"

④理：是非道理。

【译文】

不要因为施舍小恩小惠而伤害到了大局，不要假借为公的名义来徇

私情。要以人之常情来体谅他人，要以是非道理来约束自己。

【源流】

明王同轨《耳谈类增》卷三十五"洪阳先生名言二首"条："毋借公

道遂私情，勿施小惠伤大体。"按，张位，号洪阳，《格言联璧》"毋借公

道遂私情"二句当本于明代张位之语。

以恕己之心恕人，则全交①；以责人之心责己，则寡过②。

【注释】

①全交：保全了友谊。

②寡过：少犯错误。

【译文】

以原谅自己的心去原谅他人，便保全了友谊；以要求他人的心来要

求自己，便会少犯错误。

【源流】

宋李邦献《省心杂言》："以责人之心责己，则寡过；以恕己之心恕人，

则全交。"

力有所不能，圣人不以无可奈何者责人①；心有所当尽，

圣人不以无可奈何者自诿②。

【注释】

①无可奈何：此处指无能为力。责：责备。

②诿：推脱，推卸。

【译文】

总有些事是能力不及的，所以圣人不会因为那些无能为力的事而责备他人；无论做什么事都应尽心竭力，所以圣人不会因为那些无能为力的事而推脱逃避。

【源流】

明吕坤《呻吟语》卷二："力有所不能，圣人不以无可奈何者责人；心有所当尽，圣人不以无可奈何者自诿。"

　　众恶必察，众好必察，易；自恶必察，自好必察，难。

【译文】

要查明众人的优点和缺点，这是很容易的；要查明自己的优点和缺点，这是很难的。

【源流】

《论语·卫灵公》："子曰：'众恶之必察焉，众好之必察焉。'"

　　见人不是①，诸恶之根②；见己不是，万善之门。

【注释】

①不是：过错，错误。

②诸恶：万恶。

【译文】

总能发现他人的过错，这是万恶的根源；总能发现自己的过错，这是万善之门。

【源流】

清黄宗羲《明儒学案》卷三十五"恭简耿天台先生定向"条:"见人不是,诸恶之根;见己不是,万善之门。"按,《格言联璧》此句当本于明代耿定向之语。

不为过三字[1],昧却多少良心[2];没奈何三字[3],抹却多少体面。

【注释】

①不为过:即不足为过,这根本算不上什么错误。

②昧:掩藏,欺骗。

③没奈何:即无可奈何,无能为力。

【译文】

"不为过"这三个字,掩藏了多少良心;"没奈何"这三个字,抹去了多少体面。

【源流】

清陈弘谋《五种遗规》之"史搢臣《愿体集》":"不为过三字,昧却多少良心;没奈何三字,抹却多少体面。"按,史搢臣,名典,《格言联璧》此句当本于清代史典编撰之文句。

品诣常看胜如我者[1],则愧耻自增[2];享用常看不如我者[3],则怨尤自泯[4]。

【注释】

①品诣(yì):品行。胜如:此处指超过。

②愧耻:惭愧羞耻。

③享用:享受用度。

④怨尤：埋怨责怪。泯：消灭，消失。

【译文】

品行修养上常常去看那些超过我的人，心中的惭愧羞耻自会增加；享受用度上常常去看那些不如我的人，心中的埋怨责怪自会消失。

【源流】

明沈佳胤《翰海》卷十二"陈眉公《杂纪》"："品诣常看胜于我者，则心愧耻自增；享用常看不及我者，则怨尤自息。"按，陈继儒，号眉公，《格言联璧》此句当本于明代陈继儒编撰之文句。

家坐无聊①，亦念食力担夫红尘赤日②；官阶不达③，尚有高才秀士白首青衿④。

【注释】

①家坐：家中闲坐。

②食力：靠出力谋生。担夫：挑夫。红尘：此处指因烈日炙烤而滚烫的尘土。赤日：此处指炎炎烈日。

③官阶不达：官运不畅。此句意在说明因官运不畅而内心压抑不平。官阶，此处指官运。达，畅。此处指升迁。

④高才：才华横溢。白首：满头白发，指年事已高。青衿：青色交领的长衫，古代学子和明清秀才的常服，此处指没有考取功名。语出《诗经·郑风·子衿》："青青子衿，悠悠我心。"毛传："青衿，青领也。学子之所服。"

【译文】

家中闲坐觉得无聊时，想想那些靠出力谋生的挑夫，他们头顶炎炎烈日，脚踩滚烫尘土；官运不畅心中不平时，还有那些才华横溢的秀才，他们满头白发却仍未考取功名。

将啼饥者比①，则得饱自乐②。将号寒者比③，则得暖自乐④。将劳役者比⑤，则优闲自乐。将疾病者比，则康健自乐。将祸患者比⑥，则平安自乐。将死亡者比，则生存自乐。

【注释】

①啼饥：因饥饿而啼哭。

②得饱：吃得饱。

③号（háo）寒：因寒冷而号哭。

④得暖：穿得暖。

⑤劳役：承受繁重劳役。

⑥祸患：此处指灾祸。

【译文】

与因饥饿而啼哭的人相比，吃得饱就是快乐。与因寒冷而号哭的人相比，穿得暖就是快乐。与承受繁重劳役的人相比，悠闲安逸就是快乐。与饱受疾病折磨的人相比，健康就是快乐。与遭受灾祸劫难的人相比，平安就是快乐。与死去的人相比，活着就是快乐。

常思终天抱恨①，自不得不尽孝心。常思度日艰难，自不得不节费用。常思人命脆薄②，自不得不惜精神③。常思世态炎凉，自不得不奋志气④。常思法网难漏⑤，自不得不戒非为⑥。常思身命易倾⑦，自不得不忍气性⑧。

【注释】

①终天：终身。一般指死丧永别、遗恨无穷等情况。此处指父母离世。唐白居易《祭微之文》："然以我尔之身，为终天之别。"抱恨：抱憾，心存遗憾。晋陶渊明《停云》："愿言不获，抱恨如何！"

②脆薄：脆弱。

③精神：精神元气。

④奋志气：此处指发奋立志。

⑤法网难漏：法网难逃。语出《老子》第七十三章："天网恢恢，疏而不失。"

⑥非为：为非作歹，做坏事。

⑦身命：身家性命。此处指功业声名。倾：倾覆，衰败。

⑧气性：脾气性情。

【译文】

　　常常想到因父母离世尚未尽孝而抱憾终身，自然就不会不尽孝心了。常常想到度日艰难，自然就不会不节省用度了。常常想到世事无常生命脆弱，自然就不会不爱惜精神元气了。常常想到人情冷暖世态炎凉，自然就不会不奋发立志了。常常想到天网恢恢法网难逃，自然就不会为非作歹了。常常想到功业声名容易倾覆，自然就不会不忍耐克制脾气性情了。

　　以媚字奉亲①，以淡字交友，以苟字省费②，以拙字免劳③，以聋字止谤④，以盲字远色⑤，以吝字防口⑥，以病字医淫⑦。以贪字读书，以疑字穷理⑧，以刻字责己⑨，以迂字守礼⑩，以狠字立志⑪，以傲字植骨⑫，以痴字救贫⑬，以空字解忧⑭，以弱字御侮⑮，以悔字改过，以懒字抑奔竞风⑯，以惰字屏尘俗事⑰。

【注释】

①媚：逢迎，迎合。此处指讨父母欢心。奉：奉养。亲：双亲，父母。

②苟：此处指随便，不挑剔。省费：节省开支。

③以拙字免劳：以"拙"字免受操劳。此句意在说明故作愚钝反而可以免去许多操劳。

④止谤：平息诽谤。

⑤远色：远离美色。

⑥吝（lìn）：吝惜。此处指少说话。防口：防止多言。

⑦医淫：医治享乐无度。医，医治。淫，此处指享乐无度。

⑧穷理：探究天下万事的道理。穷，穷尽，探究。

⑨刻：苛刻，严格。责：约束，要求。

⑩以迂字守礼：以"迂"字恪守礼法。此句意在说明，在遵守礼法上，应当坚持原则态度恭谨，乃至迂腐固执都不为过。迂，迂腐，不知变通。

⑪狠：此处指全力以赴，不遗余力。

⑫植骨：树立骨气。

⑬痴：此处指长久且不遗余力。

⑭空：虚空。此处指看淡一切。

⑮以弱字御侮：以"弱"字免遭侮辱。此句意在说明，为人处世不争强好胜，保持弱而不争的姿态，就会免于遭受侮辱。御侮，抵御侮辱。此处指免遭侮辱。《老子》第四十章："弱者道之用。"

⑯抑奔竞风：制止追名逐利的风气。抑，制止。奔竞，奔走竞争，追名逐利。

⑰屏：排除，除去。

【译文】

以"媚"字奉养父母，以"淡"字交友，以"苟"字节省开支，以"拙"字免受操劳，以"聋"字平息诽谤，以"盲"字远离美色，以"吝"字防止多言，以"病"字医治享乐无度。以"贪"字读书，以"疑"字探究事理，以"刻"字约束自己，以"迂"字恪守礼法，以"狠"字立下志向，以"傲"字树立骨气，以"痴"字救助贫困，以"空"字解除烦忧，以"弱"字免遭侮辱，以

"悔"字改正过错，以"懒"字制止追名逐利，以"惰"字除去尘俗琐事。

对失意人，莫谈得意事；处得意日，莫忘失意时。

【译文】

面对失意的人，不要大谈那些得意的事；身处得意之时，不要忘记曾经失意的那些日子。

【源流】

清陈弘谋《五种遗规》之"史搢臣《愿体集》"："对失意人，不谈得意事；处得意日，莫忘失意时。"按，史搢臣，名典，《格言联璧》此句当本于清代史典编撰之文句。

贫贱是苦境①，能善处者自乐②；富贵是乐境，不善处者更苦。

【注释】

①贫贱：贫穷卑贱。

②善处：善于对待。自乐：自得其乐。

【译文】

贫穷卑贱本是困苦境地，善于对待它的人却能自得其乐；富有高贵本是快乐境地，不善于对待它的人反而会自讨苦吃，甚至比普通人的痛苦还要多。

恩里由来生害①，故快意时须蚤回头②；败后或反成功，故拂心处莫便放手③。

【注释】

①恩：恩泽，恩情。由来：往往，向来。害：此处指仇恨。

②快意：此处指相交甚欢。蚤：同"早"。回头：此处指因有所觉悟而改正。

③拂心：违逆心意，不顺心。放手：此处指放弃。

【译文】

深恩厚意中往往会滋生仇恨，因此相交甚欢之时应当及早觉悟改正；失败之后或许反而能够成功，因此不顺心时不要轻言放弃。

【源流】

明洪应明《菜根谭》："恩里由来生害，故快意时须早回头；败后或反成功，故拂心处切莫放手。"

深沉厚重，是第一等资质①。磊落雄豪，是第二等资质。聪明才辩，是第三等资质。

【注释】

①资质：天资气质。

【译文】

心思沉稳敦厚稳重，是第一等天资气质。光明磊落豪迈有力，是第二等天资气质。聪明睿智能言善辩，是第三等天资气质。

【源流】

明吕坤《呻吟语》卷一："深沉厚重，是第一等资质。磊落豪雄，是第二等资质。聪明才辩，是第三等资质。"

上士忘名①，中士立名②，下士窃名③。

【注释】

①上士忘名：上等的读书人忘却功名。士，士大夫，读书人。忘，忘却，不在乎。名，功名，名望。

②立名：树立功名。

③窃名：窃取功名。

【译文】

上等的读书人忘却功名，中等的读书人努力树立功名，下等的读书人窃取功名。

【源流】

南北朝颜之推《颜氏家训》卷上："上士忘名，中士立名，下士窃名。忘名者，体道合德，享鬼神之福佑，非所以求名也；立名者，修身慎行，惧荣观之不显，非所以让名也；窃名者，厚貌深奸，干浮华之虚称，非所以得名也。"

上士闭心①，中士闭口②，下士闭门③。

【注释】

①闭心：此处指思想上严格自律，心中没有杂念。

②闭口：此处指谨慎言语，不胡乱讲话。

③闭门：闭门不出。

【译文】

上等的读书人心无杂念，中等的读书人谨慎言语，下等的读书人只会闭门不出。

【源流】

宋王应麟《困学纪闻》卷十："龚氏注《中说》引古语云：'上士闭心，中士闭口，下士闭门。'"按，龚氏即龚鼎臣，《格言联璧》此句当本于宋代龚鼎臣注《中说》援引之古语。

好讦人者身必危①，自甘为愚，适成其保身之智②；好自夸者人多笑③，自舞其智④，适见其欺人之愚⑤。

【注释】

①讦（jié）：揭发别人的隐私或攻击别人的短处。《论语·阳货》："恶讦以为直者。"南朝梁皇侃疏："讦，谓面发人之阴私也。"

②适：恰好，正好。保身：保全自身。

③笑：此处指耻笑。

④舞：卖弄，耍弄。

⑤欺人：自欺欺人。

【译文】

喜好攻击他人短处的人必然遭致灾祸，如果自己能够甘心做个愚钝的人，恰好成就了他保全自身的睿智。喜好夸耀自己的人必然遭到他人耻笑，自己卖弄自己的小聪明，恰好体现了他自欺欺人的愚蠢。

闲暇出于精勤①，恬适出于祗惧②。无思出于能虑③，大胆出于小心。

【注释】

①闲暇：此处指悠闲。精勤：专心勤勉。

②恬适：恬静安适，安闲自然。祗（zhī）惧：此处指因心怀畏惧而恭敬谨慎。

③无思：不假思索，不过多思虑。能虑：善于思考。

【译文】

悠闲自然源于专心勤勉，安闲自然源于恭敬畏惧，不假思索源于善于思考，胆大无畏源于小心谨慎。

平康之中^①，有险阻焉^②。衽席之内^③，有鸩毒焉^④。衣食之间^⑤，有祸败焉^⑥。

【注释】

①平康：平安祥和。

②险阻：此处指阴谋和危险。

③衽（rèn）席：卧席，睡觉的地方。此处指身边左右亲近之人。

④鸩（zhēn）毒：毒酒，此处指毒计。

⑤衣食：穿衣吃饭。

⑥祸败：灾祸与衰变。

【译文】

平安祥和之中，可能蕴藏阴谋与危险。卧榻帷幄之内，可能暗藏毒计与杀机，穿衣吃饭之间，可能萌生灾祸与衰败。

【源流】

明刘宗周《学言》："平康之中，有险阻焉。衽席之内，有鸩毒焉。衣饮之间，有祸败焉。"

居安虑危^①，处治思乱^②。

【注释】

①居安虑危：也作"居安思危"。虑，思考，想到。《左传·襄公十一年》："《书》曰：'居安思危。思则有备，有备无患。'"

②治：治世，太平盛世。《礼记·乐记》："是故治世之音安以乐，其政和。"

【译文】

身处和平安宁之时要想到危险灾难，处于太平盛世之中要想到天下变乱。

天下之势,以渐而成①;天下之事,以积而固②。

【注释】

①渐:渐进,逐渐。

②积:积累。固:稳固。

【译文】

天下大势,都是在渐进中逐步实现的;天下大事,都是在积累中逐步走向稳固的。

祸到休愁①,也要会救②;福来休喜,也要会受③。

【注释】

①休:不要。

②救:补救。

③受:消受,享用。

【译文】

灾祸到来时不要发愁,要会补救;好事到来时不要高兴,要懂得如何消受。

【源流】

明吕坤《续小儿语》:"祸到休愁,也要会救;福来休喜,也要会受。"

天欲祸人①,先以微福骄之②;天欲福人,先以微祸儆之③。

【注释】

①祸人:使人遭受灾祸。

②先以微福骄之:先会给他一点甜头使其骄横自大。微福,小甜头。

　骄,使人骄横自大。

③儆(jǐng):使人警醒而不会犯错。

【译文】

上天如果想让谁遭受灾祸，会先给他一点甜头使其骄横自大；上天如果想让谁享有福气，会先给他一点苦头使其警醒而不会犯错。

傲慢之人骤得通显[1]，天将重刑之也[2]；疏放之人艰于进取[3]，天将曲赦之也[4]。

【注释】

①骤：突然。通显：升为高官且声名显赫。《后汉书·应奉传》："自是诸子宦学，并有才名，至场七世通显。"

②刑：惩罚，惩戒。

③疏放：放纵散漫。艰：努力奋斗。

④曲赦：法外开恩，特赦。《宋书·孝武帝本纪》："甲午，曲赦京邑二百里内，并蠲今年租税。"

【译文】

傲慢的人如果突然官运亨通声名显赫，那么上天将会重重地惩罚他；放纵散漫的人如果能够艰苦奋斗努力进取，那么上天将会对他法外开恩宽容相待。

小人亦有坦荡荡处[1]，无忌惮是已[2]；君子亦有长戚戚处[3]，终身之忧是已[4]。

【注释】

①坦荡荡：坦荡大气。与下文"长戚戚"均出自《论语·述而》："君子坦荡荡，小人长戚戚。"这里反其意而用之。

②忌惮：顾虑畏惧而不敢妄为。《礼记·中庸》："君子之中庸也，君子而时中；小人之中庸也，小人而无忌惮也。"

③长戚戚：忧惧，忧伤。

④终身之忧：此处指因思念父母而终身忧伤。

【译文】

小人也有坦荡大气之处，只不过是因为无所畏惧。君子也会常常心怀忧伤，其实是因为思念父母。

【源流】

明吕坤《呻吟语》卷一："小人亦有坦荡荡处，无忌惮是已；君子亦有长戚戚处，终身之忧是已。"

　　水，君子也。其性冲①，其质白，其味淡，其为用也，可以浣不洁者而使洁②，即沸汤中投以油③，亦自分别而不相混，诚哉君子也④。油，小人也。其性滑⑤，其质腻⑥，其味浓⑦，其为用也，可以污洁者而使不洁，倘滚油中投以水，必至激搏而不相容⑧，诚哉小人也。

【注释】

①冲：冲淡，平和淡泊。

②浣：洗涤，漂洗。

③沸汤：沸腾的开水。

④诚哉：确实，加强语气。

⑤滑：油滑精明。

⑥腻：污秽肮脏。

⑦浓：浓稠油腻。

⑧激搏：激烈争斗。

【译文】

君子如水，性情平和淡泊，本质清白，给人以清新淡雅之感，君子的作用,可以洗涤那些不干净的东西而使之干净清洁,即便往沸腾的开水中倒入油,也会各自分开不相混淆,这便是君子啊!小人如油,性情油滑精明,本质污秽,给人以浓稠油腻之感,小人的作用,可以污染本来干净的东西使之肮脏不堪,倘若向翻滚的油中倒入水,必然激烈争斗而无法相容,这便是小人啊!

【源流】

清王士禛《池北偶谈》之"魏尚书格言":"偶见水与油而得君子小人之情状焉。水,君子也。其性凉,其质白,其味冲,其为用也,可以瀚不洁者而使洁,即沸汤中投以油,亦自分别而不相混,诚哉君子也。油,小人也。其性滑,其质腻,其味浓,其为用也,可以污洁者而使不洁。倘滚油中投以水,必至搏激而不相容,诚哉小人也。"按,魏尚书即魏象枢,字环溪,《格言联璧》此句当本于清代魏象枢之语。

凡阳必刚①,刚必明②,明则易知;凡阴必柔③,柔必暗④,暗则难测⑤。

【注释】

①阳:此处指性格外向。刚:直率,刚直。

②明:此处指做事无所隐瞒,没有过多思考。

③阴:此处指性格内向。柔:柔和,温和。

④暗:此处指做事有所保留,心思谨慎细密。

⑤测:揣测,把握。

【译文】

大凡性格外向的人必定为人刚直,为人刚直必定做事无所隐瞒,做事无所隐瞒则容易知晓了解。大凡性格内向的人必定为人柔和,为人柔和必定做事有所保留,做事有所保留则难于揣测把握。

【源流】

宋朱熹代刘共父作《王梅溪文集序》:"盖天地之间有自然之理:凡

阳必刚,刚必明,明则易知;凡阴必柔,柔必暗,暗则难测。故圣人作《易》,遂以阳为君子,阴为小人。"

称人以颜子^①,无不悦者,忘其贫贱而夭^②;指人以盗跖^③,无不怒者,忘其富贵而寿。

【注释】

①颜子:颜回,字子渊,春秋末期鲁国人,孔子弟子中德行最高者,孔子对颜回称赞有加:"贤哉,回也! 一箪食,一瓢饮,在陋巷,人不堪其忧,回也不改其乐。"后不幸早卒。

②夭:夭折,早卒。

③盗跖:先秦文献中的大盗,生性暴虐,率众数千人,驱人牛马,夺人妻女,横行天下,诸侯亦惧其威势。《荀子·劝学》:"其善者少,不善者多,桀、纣、盗跖也。"唐杨惊注:"盗跖……聚徒九千人,于太山之傍,侵诸侯。"

【译文】

称他人为颜回,没有人不高兴,但却都忘记了颜回的贫穷卑微而且早卒;称他人为盗跖,没有人不生气,但却都忘记了盗跖富有尊贵而且长寿。

【源流】

明吕坤《呻吟语》卷六:"称人以颜子,无不悦者,忘其贫贱而夭;称人以桀、纣、盗跖,无不怒者,忘其富贵而寿。"

事事难上难,举足常虞失坠^①;件件想一想,浑身都是过差。

【注释】

①举足:开始。虞:担忧。此处指小心谨慎。

【译文】

每件事情都很难，因此开始之时常常多加小心以免有所失误；每件事情都要认真想想，以免处处产生过错。

【源流】

明吕坤《呻吟语》卷一："不存心，看不出自家不是。只于动静语默、接物应事时，件件想一想，便见浑身都是过失。"

怒宜实力消融①，过要细心检点②。

【注释】

①实力：此处指切实有力。消融：消除。

②检点：检查改正。

【译文】

怒气应当切实用力消除，过错应当细心检查改正。

探理宜柔①，优柔涵泳②，始可以自得③；决欲宜刚④，勇猛奋迅⑤，始可以自新⑥。

【注释】

①柔：此处指柔和渐进。

②优柔：从容不迫。涵泳：深入体会。

③始可以自得：才能有所收获。自得，有所收获。

④决欲宜刚：斩断欲望应当坚决果断。决欲，斩断欲望。

⑤奋迅：行动迅速。

⑥自新：改过自新。

【译文】

探究事理应当柔和渐进，从容探索深入领会，这样才能有所收获；斩断欲望应当坚决果断，勇敢有力行动迅速，这样才能改过自新。

惩忿窒欲①，其象为《损》②，得力在一忍字③；迁善改过④，其象为《益》⑤，得力在一悔字。

【注释】

①惩：此处指压制。窒：此处指控制。《周易·损卦》："象曰：'山下有泽，损，君子以惩忿窒欲。'"

②《损》："损"卦，《易经》六十四卦的第四十一卦，其主要思想是告诉人们要适当割舍有所克制，才能有所收获和保全。

③得力：此处指关键的，最重要的。

④迁善：向善。《周易·益卦》："象曰：'风雷，益；君子以见善则迁，有过则改。'"

⑤《益》："益"卦，《易经》六十四卦的第四十二卦，其主要思想是告诉人们通过改正和克制自己，才能有更大的发展和收获。

【译文】

压制愤怒控制欲望，就像"损"卦所表示的那样，关键在于忍耐。改正错误一心向善，就像"益"卦所表示的那样，关键在于悔悟。

富贵如传舍①，惟谨慎可得久居；贫贱如敝衣②，惟勤俭可以脱卸③。

【注释】

①传舍：古时供旅人休息住宿的处所，即旅店。《史记·平原君虞卿列传》："邯郸传舍吏子李同说平原君曰：'君不忧赵亡邪？'"

②敝（bì）衣：破旧的衣服。

③脱卸：脱掉，卸掉。

【译文】

富贵就好比旅店，唯有谨慎才可长久居住下去；贫贱就好比破衣，唯有勤俭才能将它脱去。

【源流】

明沈佳胤《翰海》卷十二"陈眉公《杂纪》"："富贵如传舍，惟谨慎可得久居。"按，陈继儒，号眉公，《格言联璧》"富贵如传舍"二句当本于明代陈继儒编撰之文句。

俭则约①，约则百善俱兴②；侈则肆③，肆则百恶俱纵④。

【注释】

①约：此处指约束，限制。

②百善：此处指诸多美好的德行。《吕氏春秋·孝行览》："夫执一术而百善至、百邪去、天下从者，其惟孝也。"

③侈：生活奢侈。肆：此处指傲慢放纵。

④百恶：此处指诸多丑恶的行径。纵：放任。

【译文】

人的生活勤俭了，对自己便多有约束，有了对自己的约束，诸多美好的德行便会产生；人的生活奢侈了，便会变得傲慢放纵，一旦变得傲慢放纵，诸多丑恶的行径便会更加放任。

【源流】

明吕坤《呻吟语》卷一："俭则约，约则百善俱兴；侈则肆，肆则百恶俱纵。"

奢者富不足①，俭者贫有余②；奢者心常贫，俭者心常富。

【注释】

①奢者：奢侈的人。富不足：此处指虽然生活富裕却仍感不足。

②贫有余：此处指虽然生活贫困却仍感有余。

【译文】

奢侈的人虽然生活富裕却仍然感到不足，俭朴的人虽然生活贫穷却仍能感到有余；奢侈的人心里常常感到贫穷，节俭的人心里常常感到富足。

【源流】

五代谭峭《化书·俭化·天牧》："奢者富不足，俭者贫有余；奢者心常贫，俭者心常富。"《化书·俭化·清静》："奢者好动，俭者好静；奢者好难，俭者好易；奢者好繁，俭者好简；奢者好逸乐，俭者好恬淡。"

贪饕以招辱①，不若俭而守廉。干请以犯义②，不若俭而全节③。侵牟以聚怨④，不若俭而养心。放肆以逐欲⑤，不若俭而安性⑥。

【注释】

①贪饕：贪得无厌。《说文解字》："饕，贪也。"《左传·文公十八年》："天下之民以比三凶，谓之饕餮。"晋杜预注："贪财为饕，贪食为餮。"

②干请：请托他人以求取官职。犯义：损害道义。

③全节：保全节操。

④侵牟：侵害掠夺。聚怨：招来怨恨。聚，聚集。此处指招致。

⑤放肆：此处指放纵任性。

⑥安性：使性情安定平和。

【译文】

因贪得无厌而招致侮辱，不如勤俭生活坚守清廉。因请托他人而损害道义，不如勤俭生活保全节操。因侵夺财物而招致怨恨，不如勤俭生活修养身心。因放纵任性而追逐欲望，不如勤俭生活安定性情。

【源流】

宋王应麟《困学纪闻》卷二十:"季元衡《俭说》:'贪饕以招辱,不若俭而守廉。干请以犯义,不若俭而全节。侵牟以聚仇,不若俭而养福。放肆以逐欲,不若俭而安性。'皆要言也。"按,《格言联璧》此句当本于宋代季元衡之语。

　　静坐,然后知平日之气浮①。守默②,然后知平日之言躁③。省事④,然后知平日之心忙。闭户,然后知平日之交滥⑤。寡欲⑥,然后知平日之病多⑦。近情⑧,然后知平日之念刻⑨。

【注释】

①气浮:心浮气躁。

②守默:闭口沉默。

③言躁:说话急躁。

④省事:反省自己做过的事。

⑤交滥:交友不加选择。

⑥寡欲:清心寡欲,减少欲望。

⑦病:缺点,不足。此处指心中的各种欲望。

⑧近情:近人情。此处指思考问题从人之常情出发。

⑨刻:此处指苛刻,刻薄。

【译文】

　　静心安坐,然后才能体会到平时心浮气躁。闭口沉默,然后才能体会到平时说话急躁。反省过往,然后才能体会到平时内心忙乱。闭门谢客,然后才能体会到平时交友不加选择。清心寡欲,然后才能体会到平时心中存有太多欲望。立足人之常情,然后才能体会到平时想法的刻薄。

【源流】

明樊良枢《密庵卮言》卷六:"静坐,然后知平日之气浮。守默,然后知群居之言躁。寡欲，然后知夙昔之病多。近情，然后知已往之念刻。闭户，然后知往来之交滥。省事，然后知终日之费闲。"按，该条后附"陈眉公长者言"注文，故《格言联璧》此句当本于明代陈继儒之语。

无病之身，不知其乐也，病生始知无病之乐；无事之家，不知其福也，事至始知无事之福。

【译文】

身体没有疾病，意识不到这就是快乐，一旦生了病才意识到没病的快乐；家里平安无事，意识不到这就是幸福，一旦出了事才意识到平安无事才是幸福。

【源流】

清陈弘谋《五种遗规》之"史搢臣《愿体集》"："无病之身，不知其乐也，病生始知无病之乐；无事之家，不知其福也，事至始知无事之福。"按，史搢臣，名典，《格言联璧》此句当本于清代史典编撰之文句。

欲心正炽时①，一念著病②，兴似寒冰③；利心正炽时，一想到死，味同嚼蜡④。

【注释】

①欲心：欲望。炽：热烈，旺盛。

②念著：想起，想到。

③兴（xìng）：兴致，兴头。

④嚼蜡：比喻索然无味。

【译文】

欲望正盛时，一想到会因纵欲而生病，兴致便如同寒冰一样骤然冷却下来;贪心正盛时,一想到将来终会死去,心中便会变得索然无味。

有一乐境界,即有一不乐者相对待^①;有一好光景^②,便有一不好底相乘除^③。

【注释】

①对待:相对,对应。

②光景:光阴,时光。

③乘除:天地自然中的盛衰变化,此消彼长。此处指对应。

【译文】

有一令人快乐的境况,便有一令人不快的境况与之相对;有一段美好的时光,便有一段不美好的时光与之对应。

【源流】

明洪应明《菜根谭》:"有一乐境界,就有一不乐的相对待;有一好光景,就有一不好的相乘除。只是寻常家饭,素位风光,才是个安乐窝巢。"

事不可做尽,言不可道尽,势不可倚尽^①,福不可享尽。

【注释】

①倚:倚仗,依靠。

【译文】

做事不可做尽做绝,说话不可说尽说绝,权势不可过分依仗,福气不可享用殆尽。

【源流】

明刘万春《守官漫录》卷二:"张无尽见雪窦,教以惜福之说曰:'事不可做尽,势不可倚尽,言不可道尽,福不可享尽。'"按,张商英,号无尽居士,《格言联璧》此句当本于宋代张商英之语。

不可吃尽，不可穿尽，不可说尽；又要懂得，又要做得，又要耐得①。

【注释】

①耐得：坚持得住，忍耐得了。

【译文】

不可吃尽，不可穿尽，不可说尽；这些道理不但要懂，而且还要去做，更重要的是要能坚持得住。

【源流】

明郭良翰《问奇类林》卷十三："胡文定公语杨训曰：'……'，又曰：'人生天地间，话不可说尽，事不可做尽，心不可使尽，衣不可穿尽，食不可吃尽，福不可享尽，留此不尽者以贻子孙。'"按，胡安国，谥文定，《格言联璧》此句当本于宋代胡安国之语。

难消之味休食①，难得之物休蓄②，难酬之恩休受③，难久之友休交④，难再之时休失⑤，难守之财休积，难雪之谤休辩⑥，难释之忿休较⑦。

【注释】

①消：消化。味：此处指食物。

②蓄：储藏，囤积。

③酬：报答。受：接受。

④久：此处指交往时间长。

⑤再：重来。

⑥雪：洗刷。辩：辩解。

⑦释：消除。较：计较。

【译文】

难以消化的食物不要吃，难以获得的东西不要储藏，难以报答的恩情不要接受。难以长久的朋友不要交往，难以重来的时光不要失去，难以守护的财物不要积攒，难以洗刷的诽谤不要辩解，难以消除的愤怒不要计较。

饭休不嚼便咽，路休不看便走，话休不想便说，事休不思便做，衣休不慎便脱①，财休不审便取②，气休不忍便动③，友休不择便交。

【注释】

①不慎：不小心，不在意。此处指不假思索。

②不审：不仔细思量。

③动：发作。

【译文】

饭不要不嚼烂就往下咽，路不要不看就往前走，话不要不想就随口说，事不要不想就开始做，衣服不要不假思索就脱，财物不要不仔细思量就拿，怒气不要不加忍耐就发作，朋友不要不加选择就交往。

【源流】

明吕坤《呻吟语》卷三："饭休不嚼就咽，路休不看就走，人休不择就交，话休不想就说，事休不思就做。"

为善如负重登山①，志虽已确②，而力犹恐不及；为恶如乘骏走坂③，鞭虽不加，而足不禁其前④。

【注释】

①负重：背负重物。

②确：确立，确定。

③乘骏走坂：骑着骏马跑下山坡。乘骏，骑着骏马。走，奔跑。坂，山坡。

④而足不禁其前：马蹄却仍向前不止。足，此处指马蹄。不禁，不停，不止。

【译文】

做好事就好比背着重物登山，志向虽然已经确立，但仍担心力量不足；做恶事就好比骑着骏马跑下山坡，即使不用鞭子努力策马，马蹄却仍然向前不止。

【源流】

宋李邦献《省心杂言》："为善如负重登山，志虽确而力犹恐不及；为恶如乘骏走坂，虽不加鞭策而足亦不能止。"

防欲如挽逆水之舟①，才歇手②，便下流③；为善如缘无枝之树④，才住脚⑤，便下坠。

【注释】

①防欲：控制欲望。挽：拉，牵。逆水之舟：逆流而上的船。

②歇手：停手。

③下流：此处指顺流向下。

④缘：沿着，顺着。此处指攀爬。无枝之树：没有枝杈的树。

⑤住脚：停脚。

【译文】

控制欲望就好比拉着逆流而上的船，手一停下来，船便顺流向下了；做好事就好比攀爬没有旁枝侧叉的大树，脚一停下来，身体便向下坠落了。

【源流】

明吕坤《呻吟语》卷一："防欲如挽逆水之舟，才歇力，便下流；为善如缘无枝之树，才住脚，便下坠。是以君子之心无时而不敬畏也。"

胆欲大[①]，心欲小[②]，智欲圆[③]，行欲方[④]。

【注释】

①欲：此处指要，应当。

②心：此处指心思。

③智：此处指思想。圆：圆融。

④行：品行。方：方正。

【译文】

胆量要大，心思要细密，思想要圆融，品行要方正。

【源流】

明李乐《见闻杂纪》卷四："郑端简公教子曰：'胆欲大，心欲小，志欲圆，行欲方。'"按，郑晓，谥端简，《格言联璧》此句当本于明代郑晓之语。

真圣贤，决非迂腐；真豪杰，断不粗疏。

【译文】

真正的圣贤，决不是迂腐之人；真正的豪杰，断然不是粗疏之人。

龙吟虎啸，凤翥鸾翔[①]，大丈夫之气象[②]；蚕茧蛛丝[③]，蚁封蚓结[④]，儿女子之经营[⑤]。

【注释】

①翥（zhù）：高飞。鸾：传说凤凰一类的神鸟。

②气象：气度，气派。

③蚕茧：野蚕吐茧。蛛丝：蜘蛛吐丝。皆指格局过小的作为。

④封：此处指蚁穴。结：此处指蜷缩，屈曲。

⑤儿女子：妇孺小人。经营：筹划，盘算。

【译文】

龙吟虎啸，凤飞鸾翔，这是大丈夫的气度；野蚕结茧、蜘蛛吐丝、蚂蚁筑穴、蚯蚓蜷缩，这是妇孺小人的盘算。

格格不吐①，刺刺不休②，总是一般语病③，请以莺歌燕语疗之④；恋恋不舍，忽忽若忘⑤，各有一种情痴⑥，当以鸢飞鱼跃化之⑦。

【注释】

①格格不吐：心事重重闭口不言。清何焯《义门读书记》："《上欧阳舍人书》文弱而碎，其论事又格格不吐，此少作故也。"格格，犹耿耿。此处指心中有事。不吐，不说话，闭口不言。

②刺刺不休：唠唠叨叨说个没完。刺刺，犹喋喋。此处指唠唠叨叨。唐韩愈《送殷员外序》："持被入直三省，丁宁顾婢子，语刺刺不能休。"

③总是：都是。一般：此处指平时，平常。语病：此处指说话爱犯的毛病。

④莺歌燕语：原指黄鹂歌唱，燕子呢喃，形容春天的美好景象。此处指说话适可而止，恰到好处。莺，黄鹂。

⑤忽忽若忘：此处指漫不经心。忽忽，草率，不经心。《说苑·谈丛》："忽忽之谋，不可为也。"

⑥情痴：痴情，痴迷。

⑦鸢飞鱼跃：原指鹰在天空飞翔，鱼在水中腾跃，形容万物各得其所。此处指顺其自然心态平淡。鸢，老鹰。《诗经·大雅·旱麓》：

"鸢飞戾天，鱼跃于渊。岂弟君子，遐不作人。"

【译文】

心事重重闭口不言，唠唠叨叨说个没完，都是平常说话爱犯的毛病，请借鉴恰到好处的莺歌燕语将其改正；恋恋不舍，漫不经心，各是一种痴迷的状态，应当以各得其所的鸢飞鱼跃予以化解。

问消息于蓍龟①，疑团空结；祈福祉于奥灶②，奢想徒劳。

【注释】

①问：此处指卜问，占卜。消息：此处指吉凶祸福。蓍（shī）龟：蓍草与龟甲，古人用以占卜吉凶的工具。

②奥灶：此处指神明。奥，屋内西南角，古时祭祀供神之处。《仪礼·少牢馈食礼》："司宫筵于奥，祝设几于筵上，右之。"汉郑玄注："布陈神坐也，室中西南隅谓之奥，席东面近南为右。"灶，灶神。《礼记·祭法》："王为群姓立七祀，曰司命，曰中溜，曰国门，曰国行，曰泰厉，曰户，曰灶。"汉郑玄注："灶主饮食之事。"

【译文】

向蓍草和龟甲卜问吉凶，只会结下更多疑团；向奥神和灶神祈求福祉，不过是奢望，最终徒劳无功。

谦，美德也，过谦者怀诈①；默，懿行也②，过默者藏奸③。

【注释】

①怀诈：心怀欺骗。《汉书·汲黯传》："黯常毁儒，面触弘等徒怀诈饰智以阿人主取容。"

②懿（yì）行：美好的品行。《新唐书·柳公绰传》："实艺懿行，人未必信。"

③藏奸：藏有恶意。

【译文】

谦逊是一种美德，但太过谦逊就有可能心怀欺骗；沉默是一种美好的品行，但太过沉默就有可能藏有恶意。

【源流】

清方濬师《蕉轩随录》卷二："华闻修《书绅要语》云：'谦，美德也，过谦者多诈；默，懿行也，过默者藏奸。'此二语非真有阅历者不能道破。"按，华淑，字闻修，《格言联璧》此句当本于明代华淑编撰之语。

直不犯祸①，和不害义②。

【注释】

①真：率真，正直。犯：此处指招致，招来。

②和：和善，温和。

【译文】

为人正直但不要因此而招致灾祸，为人和善但不要因此而损害道义。

【源流】

宋吕本中《官箴》："当官大要：直不犯祸，和不害义。"

圆融者无诡随之态①，精细者无苛察之心，方正者无乖拂之失②，沉默者无阴险之术，诚笃者无椎鲁之累③，光明者无浅露之病④，劲直者无径情之偏⑤，执持者无拘泥之迹⑥，敏练者无轻浮之状⑦。

【注释】

①诡随：不顾是非而逢迎他人。《诗经·大雅·民劳》："无纵诡随，以谨无良。"毛传："诡随，诡人之善，随人之恶。"

②乖拂：性格乖张离经叛道。

③诚笃：诚实敦厚。椎（chuí）鲁：愚钝。宋苏轼《六国论》：“其力耕以奉上，皆椎鲁无能为者。”

④浅露：言语过于直接而不婉转。

⑤径情：任意，任性。《鹖冠子·著希》：“夫义，节欲而治；礼，反情而辨者也，故君子弗径情而行也。”

⑥执持者：有操守的人。执持，操守。

⑦敏练者：思维敏捷，行事干练。状：样子。

【译文】

真正圆融随和的人不会有不顾是非曲直而逢迎他人的态度，真正精明细密的人不会有苛刻挑剔的想法，真正品行方正的人不会有性格乖张离经叛道的缺点，真正沉默寡言的人内心不会有阴险狡诈的念头，真正诚实敦厚的人不会有愚钝笨拙的苦恼，真正光明磊落的人不会有浅露的毛病，真正刚直的人不会有任性的问题，真正有操守的人不会有不知变通的表现，真正敏捷干练的人不会有轻浮的样子。

【源流】

明吕坤《呻吟语》卷二：“圆融者无诡随之态，精细者无苛察之心，方正者无乖拂之失，沉默者无阴险之术，诚笃者无椎鲁之累，光明者无浅露之病，劲直者无径情之偏，执持者无拘泥之迹，敏练者无轻浮之状，此是全才，有所长而矫其长之失。”

才不足则多谋，识不足则多事①，威不足则多怒，信不足则多言，勇不足则多劳，明不足则多察②，理不足则多辩③，情不足则多仪④。

【注释】

①识：见识。

②明：明察。此处指目光敏锐，观察细致入微。

③理：理据，道理。

④情：情义。仪：此处指外在的形式。

【译文】

才能不足的人反而好出谋划策，见识不足的人反而爱多生事端，威严不足的人反而爱大发雷霆，诚信不足的人反而爱夸夸其谈，勇气不足的人反而爱夸耀功劳，明察不足的人反而在意细枝末节，理据不足的人反而好争执辩论，情义不足的人反而爱注重形式。

私恩煦感，仁之贼也①。直往轻担②，义之贼也。足恭伪态③，礼之贼也。苛察歧疑④，智之贼也。苟约固守⑤，信之贼也。

【注释】

①贼：伤害。《论语·阳货》："乡原，德之贼也。"

②直往：草率行事。轻担：不承担责任。

③足恭：过度谦敬，以取媚于人。《论语·公冶长》："巧言、令色、足恭，左丘明耻之，丘亦耻之。"汉孔安国注："足恭，便僻之貌。"伪态：虚伪的神态。

④苛察：苛刻细察。《庄子·天下》："君子不为苛察，不以身假物。"歧疑：多疑。

⑤苟约：随便立约。固守：信守，遵守。此处指要求他人信守。

【译文】

以私人的名义施舍恩惠使人感到温暖，这是对仁的伤害。草率行事而不负责任，这是对义的伤害。过度谦敬神态虚伪，这是对礼的伤害。苛刻细察内心多疑，这是对智的伤害。随便立约要求他人信守，这是对信的伤害。

【源流】

明吕坤《呻吟语》卷一："私恩煦感,仁之贼也。直往轻担,义之贼也。足恭伪态,礼之贼也。苛察歧疑,智之贼也。苟约固守,信之贼也。此五贼者,破道乱正,圣门斥之,后世儒者往往称之以训世,无识也欤?"

　　有杀之为仁,生之为不仁者①。有取之为义,与之为不义者。有卑之为礼②,尊之为非礼者③。有不知为智,知之为不智者。有违言为信④,践言为非信者⑤。

【注释】

①生:使他生,使他活下来。

②卑:此处指用卑贱的方式对待他。

③尊:此处指用尊敬的方式对待他。

④违言:违背诺言。

⑤践言:履行诺言。

【译文】

　　有那么一种人,杀掉他是仁而让他活下来反而是不仁。有那么一种人,夺取他的财物是义而给予他财物反而是不义。有那么一种人,用卑贱的方式对待他合于礼数,而用尊敬的方式对待他却不合礼数。有那么一种人,对他而言什么都不知道才是智,而一旦他什么都知道便是不智了。有那么一种情况,违背诺言是守信,履行诺言反而是不守信用。

【源流】

明吕坤《呻吟语》卷一："有杀之为仁,生之为不仁者。有取之为义,与之为不义者。有卑之为礼,尊之为非礼者。有不知为智,知之为不智者。有违言为信,践言为非信者。"

　　愚忠愚孝①,实能维天地纲常②,惜不遇圣人裁成③,未尝入室^④；大诈大奸，偏会建世间功业^⑤，倘非有英主驾驭^⑥，终必跳梁^⑦。

【注释】

①愚忠愚孝：盲目地尽忠尽孝。

②维：维系。纲常：即"三纲五常"，"三纲"即"君为臣纲，父为子纲，夫为妻纲"。"五常"为"仁、义、礼、智、信"，代指封建社会的伦理道德体系。

③裁成：点拨，指点。

④入室：学问或技能达到更高的境界。语出《论语·先进》："由也升堂矣，未入于室也。"

⑤偏：反而。

⑥驾驭：控制，支配。

⑦跳梁：即跳梁小丑，形容猖狂捣乱而没有多大能耐的丑恶之徒。《庄子·逍遥游》："子独不见狸狌乎？卑身而伏，以候敖者，东西跳梁，不避高下，中于机辟，死于罔罟。"

【译文】

盲目地尽忠尽孝，的确能够维系社会的伦理道德体系，只可惜没有得到圣人指点，无法上升到更高的境界。无比奸诈的人，反而能够建功立业，倘若没有英明君主的驾驭，最终必定会成为跳梁小丑。

知其不可为而遂委心任之者^①，达人智士之见也；知其不可为而犹竭力图之者^②，忠臣孝子之心也。

【注释】

①委心：把心放下。任之：听任事情自然发展。

②竭力：用尽全力。图之：努力实现。

【译文】

知道事情不可能完成，于是便放下了心任其自然，这是通达智慧之人的见解；知道事情不可能完成，但仍用尽全力去努力实现，这是忠臣孝子的心意。

【源流】

明吕坤《呻吟语》卷四："知其不可为而遂安之者，达人智士之见也；知其不可为而犹极力以图之者，忠臣孝子之心也。"

　　小人只怕他有才①，有才以济之②，流害无穷③；君子只怕他无才，无才以行之④，虽贤何补⑤。

【注释】

①只怕：就怕。

②济：助。

③流害：为害，造成危害。

④行：此处指有所作为。

⑤何补：有什么用呢？

【译文】

就怕小人有才能，如果得到才能辅助，便会为害无穷；就怕君子没有才能，君子将要有所作为却没有才能，纵然贤德又有什么用呢？

【源流】

明吕坤《呻吟语》卷五："小人只怕他有才，有才以济之，流害无穷；君子只怕他无才，无才以行之，斯世何补。"

摄生类

【题解】

　　"摄生类"一章主要讨论的是如何保养身体的问题。编者承袭了中国古代传统的医学和养生思想,将"养心"和"养身"并举,并结合顺应外部节气变化的五行思想,总结出了一套养生心得。在编者看来,"养心"就是使心气平和、宁静安详,从心中去除各种不好的欲望。"养身"主要指顺应外界自然时节的变化来调节生活,并懂得有所节制,从生活中去除各种不好的欲望。当然,无论"养心"还是"养身"都是既可以在宁静独居时完成,又可以在喧闹吵杂中实现,只要内心能够平静下来,外界环境便不那么重要了。编者在告诫人们谨慎、节制的时候,更从长远的角度提醒人们,现在的放纵享乐和不加节制往往会导致将来年老时的疾病缠身。中医五行思想在本章也有提及,编者将人的五种情绪借助五行思想与人的五脏相对,进而提醒人们,每一种情绪一旦过度就会对相应的脏器造成伤害。其中心思想还是要告诉人们,不仅要在饮食、欲望等方面需要节制,情绪对人的健康也存在着重要的影响,所以情绪也要有所节制。"摄生类"一章的许多养生心得都有中医理论作为依据,时至今日仍是我们应当遵行的养生守则。养生中的"五行"思想,实际上还是提醒人们在产生五种情绪时要尽量保持一种平和的"中"的心态,只有这样才不会使身心因某种情绪过度而受到伤害,这也是人们在日常生活中应当努力做到的。

　　慎风寒①,节饮食②,是从吾身上却病法③;寡嗜欲,戒烦恼④,是从吾心上却病法。

【注释】

　①慎:小心,注意。风寒:冷风寒气。《黄帝内经·素问·玉机真藏论》:"今风寒客于人,使人毫毛毕直,皮肤闭而为热。"

　②节:节制。

　③却:去除。

　④戒:消除。

【译文】

　注意冷风寒气,节制饮食,这是从自己身上去除疾病的方法;减少欲望享乐,消除烦恼,这是从自己心里去除疾病的方法。

【源流】

　清陈弘谋《五种遗规》之"史擂臣《愿体集》":"慎风寒,节嗜欲,是从吾身上却病法;省忧愁,戒烦恼,是从吾心上却病法。"按,史擂臣,名典,《格言联璧》此句当本于清代史典编撰之文句。

　　少思虑以养心气①,寡色欲以养肾气,勿妄动以养骨气,戒嗔怒以养肝气②,薄滋味以养胃气③,省言语以养神气④,多读书以养胆气,顺时令以养元气⑤。

【注释】

　①养:使身心得到滋补和休息。

　②嗔(chēn)怒:愤怒。

③薄滋味：饮食清淡。

④神气：此处指精神。

⑤顺时令：人的行为要顺应时节的变换。时令，时节。元气：中医术
　　语。人体的"正气"，与"邪气"相对。

【译文】

　　减少思虑来养护心气，减少色欲来养护肾气，不草率行动来养护骨
气，戒除愤怒来养护肝气，饮食清淡来养护胃气，少说话来养护精神，多
读书来养护胆气，顺应时令来养护元气。

【源流】

　　明王樵《方麓集》卷十六："节饮食以养脾气，节言语以养肺气，戒暴
怒以养肝气，省思虑以养心气，绝房欲以养肾气，此五者尤为至要。"

　　忧愁则气结①，忿怒则气逆②，恐惧则气陷③，拘迫则气
郁④，急遽则气耗⑤。

【注释】

①气结：气血阻塞。

②气逆：气血不畅。逆，不顺畅。

③气陷：气血亏虚。

④拘迫：束缚，限制。此处指压抑。气郁：气血郁结。

⑤急遽（jù）：急切，急迫。气耗：气血耗损。

【译文】

　　忧愁则气血阻塞，愤怒则气血不畅，恐惧则气血亏虚，压抑则气血郁
结，急切则气血耗损。

　　行欲徐而稳①，立欲定而恭②，坐欲端而正，声欲低而和③。

【注释】

①行：此处指走路。徐：缓慢，舒缓。

②定：笔直，正直。恭：恭敬。

③声：此处指说话的声音。低：声音低沉而不尖厉。

【译文】

走路应当缓慢而稳重，站立应当笔直而恭敬，坐着应当端庄而方正，话音应当低沉而温和。

【源流】

明李中梓《颐生微论》卷一："行欲徐而稳，立欲定而恭，坐欲端而直，声欲低而和，常于动中习静，使此身常在太和元气中，久久自有圣贤气象。"

心神欲静，骨力欲动①。胸怀欲开，筋骸欲硬②。脊梁欲直，肠胃欲净。舌端欲卷③，脚跟欲定④。耳目欲清，精魂欲正⑤。

【注释】

①骨力：体力。此处指身体。动：此处指运动。

②筋骸：筋骨。硬：此处指强健。

③舌端欲卷：舌头应当卷曲。此处指应当沉默少言。

④脚跟欲定：立定脚跟，站稳脚跟。此处指做人摆正自己的身心。

⑤精魂：心思，思想。

【译文】

心神应当保持平静，身体应当多加运动。胸怀应当开阔豁达，筋骨应当保持强健硬朗。脊梁应当摆正挺直，肠胃应当通畅干净。舌头常卷，沉默少言；脚跟站稳，摆正身心。耳目应当清净，心思应当放正。

多静坐以收心①，寡酒色以清心，去嗜欲以养心，玩古训以警心②,悟至理以明心。

【注释】

①收心:把放纵散漫的心思收敛起来。

②玩:体会,领悟。警心:使内心受到警醒。

【译文】

经常静坐使心思得到收敛,少贪杯好色使内心得到清静,去除欲望使内心得到修养,体会历代古训使内心受到警醒,感悟至理名言使内心变得明朗。

宠辱不惊①,肝木自宁②。动静以敬③,心火自定。饮食有节,脾土不泄④。调息寡言⑤,肺金自全。恬淡寡欲⑥,肾水自足。

【注释】

①宠辱不惊:受宠或受辱都不放在心上,指不因外物得失而动心。晋潘岳《在怀县》诗:"宠辱易不惊,恋本难为思。"

②肝木:即肝,中医以金、木、水、火、土五行对应肺、肝、肾、心、脾五脏。下句中的心火、脾土、肺金、肾水,即为此意。

③敬:此处指严格遵守礼法。

④泄:此处指损耗,损伤。

⑤调息:调节呼吸。

⑥恬淡:平和淡泊。

【译文】

不因外物得失而动心,肝气自然平静。行动休息谨遵礼法,内心自然安定。饮食有节制,脾胃自然不会受到损伤。调节呼吸少说话,肺气自然得以保全。平和淡泊减少欲望,肾气自然充足。

【源流】

明高濂《遵生八笺》卷之二："宠辱不惊,肝木自宁。动静以敬,心火自定。饮食有节,脾土不泄。调息寡言,肺金自全。恬然无欲,肾水自足。此皆吾生药石,人当请事斯语。"

道生于安静,德生于卑退①,福生于清俭,命生于和畅②。

【注释】

①卑退:谦卑。

②和畅:和顺舒畅。晋王羲之《兰亭集序》:"是日也,天朗气清,惠风和畅。"

【译文】

道是在安静中体悟出来的,德是在谦卑中培养出来的,福是在清俭中积累起来的,命是在和顺舒畅中造就的。

【源流】

明高濂《遵生八笺》卷之二《洗心说》:"福生于清俭,德生于卑退,道生于安静,命生于和畅,患生于多欲,祸生于多贪,过生于轻慢,罪生于不仁。"

天地不可一日无和气①,人心不可一日无喜神②。

【注释】

①和气:天地间阴阳调和而化生万物之气。此处指生机勃勃之气。

②喜神:能带来吉祥好运的神。此处指积极乐观的态度。

【译文】

天地万物不可一日无生机勃勃之气,人心中不可一日无积极乐观之态度。

【源流】

明洪应明《菜根谭》："疾风怒雨,禽鸟戚戚;霁月光风,草木欣欣;可见天地不可一日无和气,人心不可一日无喜神。"

拙字可以寡过①,缓字可以免悔,退字可以远祸②,苟字可以养福③,静字可以益寿。

【注释】

①拙:此处指为人诚实质朴。

②退:此处指谦逊退让。

③苟:此处指随遇而安。

【译文】

为人诚实质朴可以使人少犯错误,办事从容不迫可以使人没有悔恨,谦逊退让可以使人远离灾祸,随遇而安可以使人拥有幸福,宁静平和可以使人长寿。

毋以妄心戕真心①,勿以客气伤元气②。

【注释】

①戕(qiāng):伤害,损害。

②客气:中医术语。指侵害人体的"邪气"。语出《黄帝内经·素问·标本病传论》:"人有客气,有同气。"自然界六淫之气中,与人体六经之气相合者为同气,不与六经之气相合者为客气。

【译文】

不要让虚妄荒谬的念头伤害了自己的本心,不要让外界的湿邪之气伤害到自己的元气。

【源流】

明吴与弼《康斋文集》卷十一："毋以妄想戕真心，客气伤元气。"

拂意处要遣得过①，清苦日要守得过②，非理来要受得过③，忿怒时要耐得过，嗜欲生要忍得过。

【注释】

①拂意：不顺心。拂，违背，不顺。遣：排解，排遣。

②守：坚守。

③非理：意外。受：承受。

【译文】

处境不顺时要排遣得了，日子清苦时要坚持得住，遭遇意外时要承受得起，怒气冲天时要忍耐得下，欲望萌生时要克制得住。

言语知节①，则愆尤少②。举动知节③，则悔吝少④。爱慕知节，则营求少⑤。欢乐知节，则祸败少⑥。饮食知节，则疾病少。

【注释】

①知节：懂得节制。

②愆（qiān）尤：过失，错误。唐李白《古风》："功成身不退，自古多愆尤。"

③举动：此处指行动，行事。

④悔吝：追悔，后悔。

⑤营求：谋求，要求。

⑥祸败：灾祸。

【译文】

说话懂得节制，便会少犯错。行动懂得节制，便会少后悔。爱慕懂得节制，便会少要求。欢乐懂得节制，便能少灾祸。饮食懂得节制，便会少疾病。

人知言语足以彰吾德，而不知慎言语乃所以养吾德[1]；人知饮食足以益吾身，而不知节饮食乃所以养吾身。

【注释】

①慎言语：此处指说话谨慎。《周易·颐卦》："象曰：君子以慎言语，节饮食。"

【译文】

人们都知道说话可以彰显自己的德行，却不知道说话谨慎是对自身德行的修养；人们都知道饮食对自己身体有益，却不知道节制饮食是对自己身体的养护。

闹时炼心，静时养心，坐时守心[1]，行时验心[2]，言时省心[3]，动时制心[4]。

【注释】

①守心：此处指使心思沉静专一，没有私心杂念。

②验心：检查自己的内心。

③省心：反省自己的内心。

④制心：控制自己的内心。

【译文】

喧闹时锻炼内心，安静时养护内心，静坐时坚守内心，行动时检查内心，说话时反省内心，做事时控制内心。

荣枯倚伏①，寸田自开惠逆②，何须历问塞翁③；修短参差④，四体自造彭殇⑤，似难专咎司命⑥！

【注释】

①荣枯：比喻人世盛衰。倚伏：互相依存。

②寸田：内心。惠逆：顺境和逆境。

③何须历问塞翁：何必事事询问聪明睿智之人。历问，遍问。塞翁，《淮南子》中的人物，因对自身及家人经历的灾祸与好运皆有冷静客观的认识，且见解独到目光敏锐，故而被人称为智者。衍生自成语"塞翁失马，焉知非福"。此处指聪明睿智之人。

④修短：长短。此处指人的寿命长短。汉王充《论衡·命义》："故寿命修短皆禀于天，骨法善恶皆见于体。"参差：不齐。

⑤四体：四肢。此处指身体。彭殇（shāng）：长寿和短命。晋王羲之《兰亭集序》："固知一死生为虚诞，齐彭殇为妄作。"彭，彭祖，传说他善养生，有导引之术，活到七八百岁。因封于彭城，故称"彭祖"。后比喻长寿。殇，夭折，短命。

⑥咎（jiù）：责怪，怪罪。司命：掌管生死寿命的神。

【译文】

盛衰祸福互相依存，顺境逆境皆源自内心，何必事事询问智者；寿命长短不齐，寿夭都是自己身体决定的，似乎没理由去怪罪天神。

节欲以驱二竖①，修身以屈三彭②，安贫以听五鬼③，息机以弭六贼④。

【注释】

①节欲以驱二竖：节制欲望祛除疾病。驱，此处指祛除。二竖，即病魔。《左传·成公十年》载："公疾病，求医于秦。秦伯使医缓为之。

未至。公梦疾为二竖子，曰：'彼良医也，惧伤我，焉逃之？'其一曰：'居肓之上，膏之下，若我何？'医至，曰：'疾不可为也。在肓之上，膏之下，攻之不可，达之不及，药不至焉，不可为也。'"

②三彭：道教中的"三尸神"，彭姓，分别是彭倨、彭质和彭娇，故称"三彭"，居于人体之中作祟，探查人的过错并向上天报告。此处指心中的邪念。

③五鬼：指智穷、学穷、文穷、命穷、交穷五种穷鬼。中国民间正月初五有送穷风俗，其意就是祭送穷鬼。

④息机以弭六贼：忘却机巧以消除欲望。息机，息灭心机，忘却机巧。弭，平息，消除。六贼，亦作"六尘"，佛教语。即色、声、香、味、触、法六尘，此六尘能以眼、耳等为媒介，损害善性。此处指各种欲望。

【译文】

节制欲望以祛除疾病，修养身心以消灭邪念，安于贫困以顺其自然，忘却机巧以消除欲望。

衰后罪孽①，都是盛时作的；老来疾病，都是壮年招的②。

【注释】

①衰：衰败。罪孽（niè）：此处指苦难。

②招：引发。

【译文】

衰败后遭受的苦难，都是繁荣时不知收敛而作下的。老时得的各种疾病，都是青壮年时不知爱惜身体而引发的。

【源流】

明洪应明《菜根谭》："老来疾病，都是少时招的；衰时罪孽，都是盛时作的。故持盈履满，君子尤兢兢焉。"

败德之事非一①，而酗酒者德必败②；伤生之事非一③，而好色者生必伤。

【注释】

①败德：败坏德行。非一：不只一个，很多。

②酗（xù）酒：无节制地饮酒。

③伤生：伤害身体。

【译文】

败坏德行的事有很多，而酗酒之人的德行必定败坏。伤害身体的事有很多，而好色之人的身体必定损伤。

【源流】

宋李焘《续资治通鉴长编》卷二百八十六："张方平上书言：'臣闻好兵犹好色也，伤生之事非一，而好色者必死；贼民之事非一，而好兵者必亡。此理之必然者也。'"按，《格言联璧》此句当化用宋代张方平之语。

木有根则荣①，根坏则枯。鱼有水则活，水涸则死②。灯有膏则明③，膏尽则灭。人有真精④，保之则寿，戕之则夭。

【注释】

①荣：此处指茂盛。

②涸：干涸，干枯。

③膏：油脂。

④精：精气，元气。

【译文】

树木有根才会茂盛，如果根朽坏树木就会枯萎。鱼儿有水才能存活，如果水干涸鱼儿就会死掉。灯有油脂才会明亮，如果油脂耗尽灯就会熄灭。人有真精元气，好好加以保护才会长寿，如果遭到损害就会早亡。

敦品类

【题解】

　　"敦品类"一章主要讨论的是良好品行的培养。在编者看来,人的品格和德行是最重要的,然而高尚的品格和德行培养起来却并非易事。首先,编者指出品德的培养是一个漫长而艰苦的过程,任何一点小的过失和动摇都会损害高尚品德的最终养成。无论是古代还是现代,优良的品格都是在长久的培养中逐渐形成的。其次,编者在这一章里着力将君子和小人的品行进行了比较,高尚、卑劣自然有了分别,也使人对品格的高下有了更加直观的体会。最后,编者还列举了一些具体生活中与人交往时,身处不同的情况、面对不同的人,如何为人处世才能坚守节操的有效办法。归根结底是要保持内心正直,为人坦荡,待人宽和,处世通达。并且,编者还提出了对"士大夫"即读书人的一种期望,就是在现实生活中,要尽力将读书明理和修身养性相结合,实现品学兼优。不仅要成为踏实的治学之人,更要成为时代的道德楷模,成为关照天下苍生责任感和使命感的大气之人,切不可沦为只顾个人得失、只为自家谋财的庸俗之人。"敦品类"一章中论及品行培养的三个方面,时至今日对我们每个人良好品格的形成都有着深刻的指导意义。而编者的期望更是让每个读书明理的人都在心中明确这一种责任和担当,无论时代变换,这种荣誉感和使命感都会成为推动人们不断自我完善的力量。

欲做精金美玉的人品①，定从烈火中锻来②；思立揭地掀天的事功③，须向薄冰上履过④。

【注释】

①精金美玉：比喻纯洁完美的人或事物。

②烈火：此处指烈火般艰苦的环境。

③揭地掀天：犹翻天覆地。事功：功业。

④薄冰：很薄的冰层，引申为凶险的环境。履过：走过，走向。

【译文】

想要塑造纯洁完美的品格，必须要在烈火般艰苦的环境中经受锻炼；想要成就翻天覆地的功业，必须不畏艰难敢于向凶险的环境前进。

【源流】

明江用世《史评小品》卷二十一"程颢"条："欲做精金美玉的人品，定从烈火中锻来；思立揭地掀天的事业，须向薄冰上履过。"按，《格言联璧》此句当本于宋代程颢之语。

人以品为重①，若有一点卑污之心②，便非顶天立地汉子；品以行为主③，若有一件愧怍之事④，即非泰山北斗品格⑤。

【注释】

①品：品行，品德。

②卑污：卑鄙肮脏。《史记·日者列传》："'矫言鬼神，以尽人财，厚求拜谢，以私于己'，此吾之所耻，故谓之卑污也。"

③行：此处指践行。

④愧怍（zuò）：惭愧。宋罗大经《鹤林玉露·小官对移》："心无愧怍，则无入而不自得；心无贪恋，则无往而不自安。"

⑤泰山北斗：泰山为五岳之首，北斗星为众星之首。比喻德高望重
　　或卓有成就而为人们所尊重敬仰的人。语出《新唐书·韩愈传》：
　　"自愈没，其言大行，学者仰之如泰山、北斗云。"

【译文】

　　人以品德为重，如果有那么一点卑鄙肮脏的念头，便不是顶天立地
的大丈夫；品德以践行为主，如果有那么一件让自己感到惭愧的事，便不
是泰山北斗的好品格。

　　人争求荣乎①，就其求之之时，已极人间之辱②；人争恃
宠乎③，就其恃之之时，已极人间之贱。

【注释】

①荣：荣耀，尊荣。

②极：穷极，穷尽。

③恃宠：倚仗尊荣。恃，倚仗，依靠。宠，尊贵，尊荣。《左传·定公
　　四年》："无怙富，无恃宠。"

【译文】

　　人们争相追求尊荣，其实在追求尊荣的时候，就已经受尽了这世间
的侮辱了。人们争相倚仗尊荣，其实在倚仗这种尊荣的时候，就已经沦
为这世间最卑贱的人了。

　　丈夫之高华①，只在于功名气节；鄙夫之炫耀②，但求诸
服饰起居。

【注释】

①高华：高贵显赫。

②鄙夫：庸俗浅陋的人。

【译文】

大丈夫的高贵显赫，只在于功业声名、气节操守；庸俗浅陋之人所炫耀的，不过是衣着佩饰、饮食起居而已。

阿谀取容①，男子耻为妾妇之道②；本真不凿③，大人不失赤子之心④。

【注释】

①阿谀取容：阿谀奉承取悦讨好。《东周列国志》第八十九回："且王驩等阿谀取容，蔽贤窃位。"阿谀，说别人爱听的话，奉承迎合。取容，取悦，讨好。

②妾妇之道：卑贱之人的行径。妾妇，指妇女或地位卑微的人。

③本真：率真，本来面目。不凿：不矫揉造作。

④大人不失赤子之心：大丈夫不失纯洁善良之心。语出《孟子·离娄下》："大人者，不失其赤子之心者也。"大人，此处指大丈夫。赤子之心，心地纯洁善良，天真无邪。

【译文】

阿谀奉承取悦讨好，男子汉以这种卑贱之人的行径为耻；率真做人不矫揉造作，大丈夫不失纯洁善良之心。

君子之事上也①，必忠以敬，其接下也②，必谦以和；小人之事上也，必谄以媚③，其待下也，必傲以忽④。

【注释】

①事上：对待地位比自己高的人。上，此处指地位比自己高的人。

②接下：对待地位比自己低的人。下，此处指地位比自己低的人。

③必谄（chǎn）以媚：谄媚奉承。

④忽：轻视，轻蔑。

【译文】

君子对待地位比自己高的人，必定忠诚恭敬，对待地位比自己低的人，必定谦逊温和；小人对待地位比自己高的人，必定谄媚奉承，对待地位比自己低的人，必定傲慢轻蔑。

【源流】

清陈弘谋《五种遗规》之"何西畴《常言》"："君子之事上也，必忠以敬，其接下也，必谦以和；小人之事上也，必谄以媚，其待下也，必傲以忽。媚上而忽下，小人无常心，故君子恶之。"按，何坦，号西畴，《格言联璧》此句当本于宋代何坦之语。

立朝不是好官人①，由居家不是好处士②。平素不是好处士，由小时不是好学生。

【注释】

①立朝：在朝为官。官人：此处指官员。

②处士：本指德才兼备而隐居不仕的人，后亦泛指未做官的士人。《孟子·滕文公下》："圣王不作，诸侯放恣，处士横议。"

【译文】

在朝为官不是好官员，是因为在家时就不是德才兼备的士人。平时就不是什么德才兼备的士人，是因为小时候就不是个好好学习的孩子。

【源流】

清陈弘谋《五种遗规》之"王朗川《言行汇纂》"："立朝不是好官人，由居家不是好处士。平素不是好处士，由小时不是好学生。"按，王之铁，号朗川，《格言联璧》此句当本于清代王之铁编撰之文句。

做秀才如处子①，要怕人②。既入仕如媳妇，要养人③。归林下如阿婆④，要教人。

【注释】

①秀才：此处指未做官的读书人。处子：未出嫁的姑娘，亦称为"处女"。《庄子·逍遥游》："肌肤若冰雪，绰约若处子。"

②怕人：此处指要注意自己的言行防止别人批评和议论。

③养人：此处指爱民如子，保养一方百姓。

④归林：返回山林。此处指告老还乡。明袁宏道《真定大悲阁》："相逢低两眉，但诉归林计。"阿婆：老婆婆。

【译文】

尚未做官的读书人要像未出嫁的姑娘一样，要时刻注意自己的言行以防止别人说闲话。做官之后要像嫁了人的媳妇一样，要操持事务保养一方百姓。告老还乡之后要像慈祥的老婆婆一样，要以毕生积累教育后人。

贫贱时，眼中不著富贵①，他日得志必不骄；富贵时，意中不忘贫贱②，一旦退休必不怨③。

【注释】

①不著：没有，此处指不羡慕。

②意中：心中。

③退休：此处指离开官位。

【译文】

贫贱时，眼中不去美慕富贵，将来得志一定不会骄横；富贵时，心中不忘贫贱，将来离开官位也不会有什么抱怨。

【源流】

清陈弘谋《五种遗规》之"史搢臣《愿体集》"："贫贱时，眼中不看富贵,他日得志必不骄;富贵时,意中不忘贫贱,一旦退休必不怨。"按,史揖臣,名典,《格言联璧》此句当本于清代史典编撰之文句。

贵人之前莫言贱①,彼将谓我求其荐②;富人之前莫言贫,彼将谓我求其怜。

【注释】

①言贱:此处指说自己低贱。

②荐:推荐,推举。

【译文】

在地位高的人面前不要说自己低贱,这样做会让对方以为你在乞求他的推荐;在富有人的面前不要说自己贫穷,这样做会让对方以为你在乞求他的怜悯。

【源流】

明刘万春《守官漫录》卷二:"(胡文定公)又曰:'贵人之前莫言穷,彼将谓我求其荐矣;富人之前莫言贫,彼将谓我求其助矣。'"按,胡安国谥文定,《格言联璧》此句当本于宋代胡安国之语。

小人专望人恩①,恩过辄忘②;君子不轻受人恩③,受则必报。

【注释】

①恩:恩惠,好处。

②辄:就,便。

③轻:轻易,随便。

【译文】

小人总是期望能够得到他人的恩惠,接受后就马上忘记;君子不轻易接受别人的恩惠，一旦接受了就必定会回报。

　　处众以和^①，贵有强毅不可夺之力^②；持己以正^③，贵有圆通不可拘之权^④。

【注释】

①处众：与大家相处。和：此处指随和。

②强毅：刚强坚毅。夺：改变。《论语·子罕》："子曰：'三军可夺帅也，匹夫不可夺志也。'"

③正：端正严格。

④圆通：圆融通达，处事灵活。拘：拘泥。权：权变，变通。《孟子·离娄上》："男女授受不亲，礼也；嫂溺授之以手者，权也。"

【译文】

与大家相处要态度随和，贵在坚持原则立场时刚强坚毅；自己修身要端正严格，贵在不拘泥原则懂得权变时圆融通达。

【源流】

明吕坤《呻吟语》卷四："心平气和而有强毅不可夺之力，秉公持正而有圆通不可拘之权，可以语人品矣。"

　　使人有面前之誉^①，不若使人无背后之毁；使人有乍处之欢^②，不若使人无久处之厌。

【注释】

①面前之誉：当面的赞誉。

②乍处之欢：短暂相处的欢乐。乍，短暂。

【译文】

使人得到当面的赞誉，不如使他人没有背后的诋毁；使人有短暂相处的欢乐，不如使人没有长久交往的厌烦。

　　媚若九尾狐^①，巧如百舌鸟^②，哀哉羞此七尺之躯；暴同三足虎^③，毒比两头蛇^④，惜也坏尔方寸之地^⑤！

【注释】

①九尾狐：传说中的奇兽。此处指内心奸诈善于谄媚逢迎的人。

②百舌鸟：鸣叫声音婉转圆润的鸟。此处指内心阴险花言巧语的人。

③三足虎：又作三脚虎，传说中的一种猛兽，生性凶残暴虐。

④两头蛇：传说中的毒蛇，因其尾圆钝，骤看颇似头，故名两头蛇。古人传说见之者死。此处指阴险狠毒的人。

⑤方寸之地：心地。《列子·仲尼篇》："文挚乃命龙叔背明而立，文挚自后向明而望之，既而曰：'嘻！吾见子之心矣：方寸之地虚矣。'"

【译文】

　　谄媚逢迎像九尾狐，花言巧语像百舌鸟，可悲啊！堂堂七尺男儿会有如此行径；凶残暴虐如同三足虎，阴险狠毒好比两头蛇，可惜啊！人的心地怎么会如此败坏啊！

　　到处伛偻^①，笑伊首何仇于天^②？何亲于地？终朝筹算^③，问尔心何轻于命？何重于财？

【注释】

①伛偻（yǔ lǚ）：本指人弯腰驼背。《淮南子·精神训》："子求行年五十有四，而病伛偻。"此处指点头哈腰、低三下四逢迎他人。

②伊首：他的头。伊，他。

③筹算：谋划，算计。

【译文】

到处低三下四逢迎他人,可笑你的头和天有仇吗? 和地有亲吗? 整天都在谋划算计,问问你的心为何这样轻视生命? 为何如此看重钱财?

富儿因求宦倾赀^①,污吏以黩货失职^②。

【注释】

①富儿:富家子弟。求宦:求取官职。倾赀:倾尽家产,倾尽资财。赀,同"资"。

②黩(dú)货:贪财。唐柳宗元《封建论》:"列侯骄盈,黩货事戎。"

【译文】

富家子弟因求取官职而倾尽家产,贪官污吏因贪污受贿而丢掉官位。

【源流】

清陈弘谋《五种遗规》之"何西畴《常言》":"富儿因求宦倾赀,污吏以黩货失职。初皆起于慊其所无,而卒至于丧其所有也,各泯其贪心,而安分守节则何夺禄败家之有?"按,何坦,号西畴,《格言联璧》此句当本于宋代何坦之语。

亲兄弟析箸^①,璧合翻作瓜分^②;士大夫爱钱,书香化为铜臭。

【注释】

①析箸:分家。箸,筷子。明朱元弼《犹及篇》:"沉益川腾蛟者,宪副秦川公伯子也。宪副晚而更置室,生子腾龙,析箸别居。"

②璧合:合璧,即两块半圆形的璧合并在一起,有祥瑞和美之意,此

处指家族和睦美好。璧，半圆形中间有孔的玉器，多作为礼器，亦
可作为装饰。瓜分：像切瓜一样分开。此处指家族四分五裂。《汉
书·贾谊传》："高皇帝瓜分天下以王功臣，反者如蝟毛而起。"

【译文】

亲兄弟分家，曾经美好和睦的家族就此变得四分五裂；读书人爱钱，
高雅书香之气便沦为世俗贪财的铜臭味。

【源流】

明郑元勋《媚幽阁文娱》卷八："亲兄弟析箸，璧合翻作瓜分；士大夫
爱钱，书香化为铜臭。"按，此条后附"以上采《双清》"注文，疑即明代杨
梦衮所著之《双清》，故《格言联璧》此句似当本于明代杨梦衮之语。

士大夫当为子孙造福，不当为子孙求福。谨家规[1]，崇
俭朴，教耕读，积阴德[2]，此造福也。广田宅，结姻援[3]，争什
一[4]，鬻功名[5]，此求福也。造福者澹而长[6]，求福者浓而短。

【注释】

①谨家规：严肃家规。谨，严谨，严肃。
②阴德：阴功，指人在世期间做的好事亦可作为死后阴间的功德。
　　此处可以作德行理解。
③结姻援：此处指与权贵攀亲结交。
④争什一：此处指盘剥百姓。什一，古代赋税制度，十而税一，称"什
　　一"。《孟子·滕文公上》："夏后氏五十而贡，殷人七十而助，周人
　　百亩而彻，其实皆什一也。"此处指雇佣百姓为自己干活。
⑤鬻（yù）功名：指用钱财贿赂而获得功名。
⑥澹：恬淡，清淡。

【译文】

读书人应当为子孙造福，而不当为子孙求福。严肃家规，崇尚简朴，

教子孙耕田读书，积德行善，这是造福。广置田宅，与权贵攀亲结交，盘剥百姓，贿赂求官，这是求福。造福清淡而长久，求福浓烈而短暂。

【源流】

清陈弘谋《五种遗规》之"张侗初《却金堂四箴》"："士大夫当为子孙造福，不当为子孙求福。谨家规，崇俭朴，教耕读，积阴德，此造福也。广田宅，结姻援，争什一，鬻功名，此求福也。造福者澹而长，求福者浓而短。"按，张鼐，号侗初，《格言联璧》此句当本于明代张鼐之语。

　　士大夫当为此生惜名①，不当为此生市名②。敦诗书③，尚气节，慎取与，谨威仪，此惜名也。竞标榜④，邀权贵⑤，务矫激⑥，习模棱⑦，此市名也。惜名者，静而休⑧；市名者，躁而拙。士大夫当为一家用财⑨，不当为一家伤财⑩。济宗党⑪，广束脩⑫，救荒歉⑬，助义举，此用财也。靡苑囿⑭，教歌舞，奢燕会⑮，聚宝玩，此伤财也。用财者，损而盈⑯；伤财者，满而覆⑰。

【注释】

①惜名：爱惜自己的名声。

②市名：求取名声。

③敦：此处指潜心研读。

④竞标榜：争相吹捧。标榜，吹捧，夸耀。

⑤邀：此处指结交。

⑥矫激：奇怪偏激，违背常情。

⑦模棱：遇事不置可否，态度含糊。

⑧休：美好，美善。《诗经·大雅·民劳》："无弃尔劳，以为王休。"毛传："休，美也"。

⑨用财：此处指合理使用钱财。

⑩伤财：此处指浪费钱财。

⑪济宗党：接济宗族乡亲。济，接济，帮助。宗党，宗族和乡亲，家族
内的成员和家族外的乡亲。

⑫束脩：即干肉，古代入学敬师的礼物，或指学生致送教师的酬金。
此处指教育。《论语·述而》："自行束脩以上，吾未尝无诲焉。"

⑬荒歉：因灾荒而收成不好。唐韦应物《始至郡》："旱岁属荒歉，旧
逋积如坻。"

⑭靡苑囿：大把花钱修建园林。靡，浪费。苑囿，此处指园林。

⑮燕会：宴会。

⑯损而盈：虽然有所花费但还是充足够用的。损，减少。此处指花费。
盈，充足。

⑰满而覆：纵然积累满满但终将一无所有。满，此处指财富积累得
多。覆，败，灭。此处指一无所有。

【译文】

读书人应当为这一生爱惜自己的名声，而不应当为这一生去求取名
声。潜心诗书，崇尚气节，谨慎取予，注重仪表，这是爱惜名声。争相吹
捧，结交权贵，行为偏激，态度含糊，这是求取名声。爱惜名声的人，平
静而美好；求取名声的人，浮躁而愚笨。读书人应当为家族合理使用钱
财，而不应当为家族而浪费钱财。接济宗族乡亲，兴办学堂，救济灾荒，
扶助善行义举，这是合理使用钱财。大把花钱修建园林，豢养歌舞艺人，
宴会奢侈无度，聚敛珍奇宝物，这是浪费钱财。合理使用钱财，虽然有
所花费但还是充足够用；浪费钱财，纵然积累满满但终将一无所有。

【源流】

清陈弘谋《五种遗规》之"张侗初《却金堂四箴》"："士大夫当为此
生惜名，不当为此生市名。敦诗书，尚气节，慎取与，谨威仪，此惜名也。
竞标榜，邀权贵，务矫激，习模棱，此市名也。惜名者，静而休；市名者，躁

而拙。士大夫当为一家用财，不当为一家伤财。济宗党，广束脩，救荒俭，助义举，此用财也。靡苑囿，教歌舞，奢燕会，聚宝玩，此伤财也。用财者，损而盈；伤财者，满而诎。"按，张鼐，号侗初，《格言联璧》此句当本于明代张鼐之语。

　　士大夫当为天下养身，不当为天下惜身。省嗜欲，减思虑，戒忿怒，节饮食，此养身也。规利害①，避劳怨，营窟宅②，守妻子，此惜身也。养身者，啬而大③；惜身者，膻而细④。

【注释】

①规：谋划，算计。利害：此处指得失。

②营：营造，营建。窟宅：人住的窑洞。此处指房屋。

③啬：小气。

④膻：膻腥之味。此处指俗气。细：此处指人格渺小。

【译文】

读书人应当为天下苍生养身，不应当为天下苍生惜身。减少不良的欲望，去除无用的思考，戒除愤怒，节制饮食，这是养身。计较利害得失，逃避劳苦和怨恨，营建房屋，守着妻子儿女，这是惜身。养身的人，虽然看似对自己和家人小气，但是人格高大；惜身的人，不仅俗气而且人格渺小。

【源流】

清陈弘谋《五种遗规》之"张侗初《却金堂四箴》"："士大夫当为天下养身，不当为天下惜身。省嗜欲，减思虑，戒忿怒，节饮食，此养身也。规利害，避劳怨，营窟宅，守妻子，此惜身也。养身者，啬而大；惜身者，膻而细。"按，张鼐，号侗初，《格言联璧》此句当本于明代张鼐之语。

处事类

【题解】

"处事类"一章主要讲述的是处理事务中应遵循的原则和需要注意的方面。首先,要内心正直、诚实、有责任感,无论是为自己办事还是为他人办事都要坚持原则、认认真真、尽到自己的责任和义务。并且,要常常进行自我反省,反思自己的缺点和不足,以求获得更大的进步。其次,面对繁杂的日常事务,要始终保持内心的宁静、情绪的平和。面对大事、急事时不要心慌着急,要有处理小事、缓事的平静和稳重。面对小事、缓事时又不可粗心懈怠,要有处理大事、急事的谨慎和果断。只有这样才能轻松平静地处理好大事,谨慎严肃地处理好小事。最后,在做事时还要做到有始有终和循序渐进。在做每件事的时候,谋划得好只是个开始而已,要实实在在地做起来并坚持到最后,这才叫"做成了一件事"。并且,在做的过程中还要有恒心和毅力,大事往往都不是一朝一夕做成的,只有在踏实前行中才能成就一番伟大的事业。"处事类"一章告诫大家无论处理什么样的事情都要内心正直、诚实、有责任感、认真,这些都是我们在处事中要努力做到的。当然,篇中偶有抄录强调命运与机缘的话语,这也许是编者与历代先贤对传统社会下个人际遇和时代命运的一种共同感悟,在抱以"理解之同情"时,还要准确把握传统士大夫奋发有为、积极向上的主体精神。此外篇中谈及的一些办事方法和窍门,在当下的生活中仍不失为应对各类繁杂事务的好方法，是值得我们学习和借鉴的。

处难处之事愈宜宽①，处难处之人愈宜厚②，处至急之事愈宜缓③，处至大之事愈宜平④，处疑难之际愈宜无意⑤。

【注释】

①宽：宽缓。

②厚：宽厚。

③缓：此处指从容不迫。

④平：此处指心平气和。

⑤无意：此处指顺其自然，不要刻意为之。

【译文】

处理难办的事情更应当宽缓，对待难相处的人更应当宽厚，处理紧急的事情更应当从容不迫，处理重大的事情更应当心平气和，处于疑虑困惑的时候更应顺其自然，不要刻意为之。

无事时，常照管此心①，兢兢然若有事②；有事时，却放下此心③，坦坦然若无事④。无事如有事，提防才可弭意外之变⑤；有事如无事，镇定方可消局中之危。

【注释】

①照管：照料。此处指多加修养。

②兢（jīng）兢然：小心谨慎的样子。《尚书·皋陶谟》："无教逸欲有邦，兢兢业业，一日二日万几。"汉孔安国注："兢兢，戒慎；业业，危惧。"

③放下此心：将心放下。此处指不做过多思考，该怎么做就怎么做。

④坦坦然：坦然平静的样子。唐韩愈《曹成王碑》："出则囚服就辩，

入则拥笏垂鱼，坦坦施施。"

⑤弭：平息，消除。

【译文】

没事的时候，要常常照料自己的内心，就像有事时一样小心谨慎；有事的时候，却要将心放下，就像没事时一样坦然平静。没事的时候像有事一样，小心防范才能消除意外的变故；有事的时候像没事一样，内心镇定才能消除其中隐藏的危险。

　　当平常之日，应小事宜以应大事之心应之①。盖天理无小，即目前观之，便有一个邪正，不可忽慢苟简②，须审理之邪正以应之方可③。及变故之来，处大事宜以处小事之心处之。盖人事虽大，自天理观之，只有一个是非，不可惊惶失措，但凭理之是非以处之便得④。

【注释】

①应：应对，对待。

②忽慢苟简：轻慢草率。忽慢，轻慢。苟简，草率简陋。《庄子·天运》："食于苟简之田，立于不贷之圃。"

③审：察明。

④凭理：依据道理。便得：就可以了。

【译文】

平常的时候，对待小事应当用对待大事的心态来对待。因为天地之间，道理没有大小之分，就眼前来看，只有邪正之别，不可轻慢草率，要察明事理的邪正才可以开始处理。至于变故发生时，对待大事应当用对待小事的心态来处理。因为世间人事虽然重大，但从天地至理的角度看，不过是是非之分，不可惊慌失措，只要根据道理的对错来处理就可以了。

缓事宜急干,敏则有功①;急事宜缓办,忙则多错。

【注释】

①敏则有功:迅速去做才能做好。敏,迅速。功,此处指做好。《论语·阳货》:"子曰:'恭则不侮,宽则得众,信则人任焉,敏则有功。'"汉孔安国注:"应事疾则多成功也。"

【译文】

不着急的事情要快速地做,因为这类事情往往迅速去做才能做好;着急的事情要稳妥地做,因为这类事情往往手忙脚乱会造成很多错误。

不自反者①,看不出一身病痛②;不耐烦者③,做不成一件事业。

【注释】

①自反:自我反省。《礼记·学记》:"学然后知不足,教然后知困。知不足然后能自反也,知困然后能自强也,故曰:'教学相长也。'"汉郑玄注:"自反,求诸己也。"

②病痛:此处指毛病,过失。

③耐烦:有耐心,有耐性。

【译文】

不会自我反省的人,看不到自己的一身毛病;没有耐心的人,做不成一件大事。

日日行,不怕千万里;常常做,不怕千万事。

【译文】

天天都在前进,不怕路途有千里万里;常常去做,不怕事情有千件万件。

必有容，德乃大；必有忍，事乃济①。

【注释】

①济：此处指成功。

【译文】

做人一定要能包容，而后才能德行高尚；做人一定要能忍耐，而后事业才能成功。

【源流】

《尚书·君陈》："必有忍，其乃有济；有容，德乃大。"

过去事丢得一节是一节①。现在事了得一节是一节②。未来事省得一节是一节③。

【注释】

①丢得：此处指忘记。节：件。

②了得：完成。

③省得：省略，减少。

【译文】

已经过去的事情，能忘一件是一件。当下的事情，完成一件是一件。未来的事情，能少一件是一件。

强不知以为知①，此乃大愚；本无事而生事，是谓薄福②。

【注释】

①强不知以为知：明明不知道非要装作知道。《论语·为政》："知之

为知之，不知为不知，是知也。"

②薄福：又作福薄，没有福气。

【译文】

明明不知道非要装作知道，这是最大的愚蠢；本来没有事却非要自生事端，这是命中没有福气。

居处必先精勤①，乃能闲暇；凡事务求停妥②，然后逍遥。

【注释】

①居处：此处指日常生活。《论语·子路》："子曰：'居处恭，执事敬，与人忠。虽之夷狄，不可弃也。'"

②停妥：妥当周全。《醒世恒言》："制备日用家伙物件，将田园逐一经理停妥。"

【译文】

日常生活中必须刻苦勤奋，只有这样才能有所闲暇；处理事情必须妥当周全，只有这样才能逍遥自在。

天下最有受用①，是一闲字，然闲字要从勤中得来；天下最讨便宜，是一勤字，然勤字要从闲中做出。

【注释】

①受用：得益，受益。《朱子语类·论知行》："今只是要理会道理，若理会得一分，便有一分受用。"

【译文】

天下最受益的，是一个"闲"字，然而清闲要从辛勤中得来；天下最得便宜的，是一个"勤"字，然而辛勤是在清闲中做出来的。

自己做事,切须不可迁滞①,不可反覆②,不可琐碎。代人做事,极要耐得迁滞,耐得反覆,耐得琐碎。

【注释】

①迁滞:迂腐固执。

②反覆:反复无常。

【译文】

自己做事,切不可迂腐固执,不可反复无常,不可琐碎细密。替别人做事,必须要忍受得了迂腐固执,忍受得了反复无常,忍受得了琐碎细密。

【源流】

清陈弘谋《五种遗规》之"魏叔子《日录》":"人做事极不可迁滞,不可反覆,不可烦碎。代人做事,又极要耐得迁滞,耐得反覆,耐得烦碎。"按,魏叔子,名禧,《格言联璧》此句当本于明末清初魏禧编撰之文句。

谋人事如己事①,而后虑之也审②;谋己事如人事,而后见之也明。

【注释】

①谋人事:为别人谋划事情。己事:自己的事情。

②审:此处指审慎,周全。

【译文】

为别人谋划事情就好像在为自己谋划一样,只有这样才会考虑得谨慎周全;谋划自己的事情就好像在为别人谋划一样,只有这样才看得透彻明白。

无心者公①,无我者明②。

【注释】

①心：此处指私心。

②明：此处指明辨是非。

【译文】

没有私心才能秉公办事，不存私见才能明辨是非。

【源流】

明吕坤《呻吟语》卷四："无心者公，无我者明。当局之君子不如旁观之众人者，有心、有我之故也。"

置其身于是非之外，而后可以折是非之中①；置其身于利害之外，而后可以观利害之变②。

【注释】

①折是非之中：即折中，以相对公允的态度来看待问题。

②变：此处指关键，重要的部分。

【译文】

将自己置身是非对错之外，这样才能以相对公允的态度来看待问题；将自己置身利害纷争之外，这样才能看清利害纷争的关键。

【源流】

明吕坤《呻吟语》卷三："置其身于是非之外，而后可以折是非之中；置其身于利害之外，而后可以观利害之变。"

任事者①，当置身利害之外；建言者②，当设身利害之中。

【注释】

①任事者：当事人，承担任务的人。《史记·乐毅传》："执政任事之臣，修法令，慎庶孽，施及乎萌隶，皆可以教后世。"

②建言者：提建议的人。

【译文】

当事人，应当将自己置身利害纷争之外；提建议的人，应当设想自己置身利害纷争之中。

【源流】

清陈弘谋《五种遗规》之"王朗川《言行汇纂》"："任事者，当置身利害之外；建言者，当设身利害之中。"按，王之铁，号朗川，《格言联璧》此句当本于清代王之铁编撰之文句。

无事时，戒一偷字①；有事时，戒一乱字②。

【注释】

①偷：此处指偷懒。

②乱：此处指慌乱。

【译文】

没事的时候，要戒除偷懒的毛病；有事的时候，要戒除慌乱的毛病。

【源流】

明刘宗周《学言》："无事时，得一偷字；有事时，得一乱字。"

将事而能弭①，遇事而能救②，既事而能挽③，此之谓达权④，此之谓才；未事而知来⑤，始事而知终⑥，定事而知变⑦，此之谓长虑⑧，此之谓识。

【注释】

①将事：此处指即将产生的问题。弭：平息，消除。

②遇事：此处指正在出现的问题，遇到的问题。救：补救。

③既事：此处指已经出现的问题。挽：挽回。

④达权：通晓权宜，随机应变。

⑤未事：此处指问题尚未产生。

⑥始事：此处指问题刚产生。

⑦定事：此处指问题已经解决。变：此处指发展变化。

⑧长虑：深谋远虑，考虑长远。

【译文】

即将出现的问题能够消除，正在出现的问题能够补救，已经出现的问题能够挽回，这就是所说的随机应变，这就是所说的才能；问题尚未发生就已经知道后来的变化，问题刚产生就已经知道最后的结果，问题已经解决却能知道将来的发展，这就是所说的深谋远虑，这就是所说的见识。

【源流】

明吕坤《呻吟语》卷三："将事而能弭，当事而能救，既事而能挽，此之谓达权，此之谓才；未事而知其来，始事而要其终，定事而知其变，此之谓长虑，此之谓识。"

提得起，放得下；算得到①，做得完②；看得破③，撇得开④。

【注释】

①算得到：此处指谋划周全。

②做得完：此处指有始有终。

③看得破：此处指看得透彻。

④撇得开：此处指能够抛开。

【译文】

做事要担当得起，又要舍得放下；要谋划周全，又要有始有终；要看得透彻，又要能够抛开。

救已败之事者，如驭临崖之马①，休轻策一鞭②；图垂成之功者③，如挽上滩之舟④，莫少停一棹⑤。

【注释】

①驭：驾驭。临：靠近。

②策：抽，打。

③图：谋划，筹划。垂成：即将成功。

④挽：牵拉，牵引。滩：滩涂。

⑤棹：划船的一种工具，形状似桨。

【译文】

补救已经失败的事情，好比驾驭跑到悬崖边上的马，千万要小心谨慎，不可轻打一鞭；谋划即将成功的事情，好比牵拉要上滩涂的船，一定要坚持到底，不要少划一桨。

【源流】

清阮元《（道光）广东通志》卷三百五："（梁英佐）又曰：'救已败之事者，如驭临崖之马，毋轻策一鞭；图垂成之功者，如挽上滩之舟，毋少停一棹。'"按，《格言联璧》此句当本于清代梁英佐之语。

以真实肝胆待人①，事虽未成功，日后人必见我之肝胆；以诈伪心肠处事②，人即一时受感③，日后人必见我之心肠。

【注释】

①真实肝胆：真心实意。

②诈伪心肠：虚情假意。

③受感：深受感动。

【译文】

用真心实意对待他人，尽管事情没有办成，但日后必定能体会到我的真心；用虚情假意对待他人，即便一时深受感动，但日后必定能发现我的虚伪。

天下无不可化之人①，但恐诚心未至②；天下无不可为之事，只怕立志不坚。

【注释】

①化：此处指感化。

②但恐：只怕。

【译文】

天下没有不可以感化的人，只怕心志不够至诚；天下没有办不到的事，只怕志向不够坚定。

【源流】

《隋书·循吏列传序》："有无能之吏，无不可化之人。"

处人不可任己意①，要悉人之情②；处事不可任己见，要悉事之理③。

【注释】

①处人：与人相处。任：听任，遵从。

②悉：熟悉，了解。人之情：他人的感受。

③事之理：事物的道理。

【译文】

与人相处不可听任自己的意愿，要了解他人的感受；处理事情不可听任自己的见解，要了解事物的道理。

见事贵乎理明，处事贵乎心公。

【译文】

观察事情最重要的是事理明白，处理事情最重要的是内心公正。

【源流】

明薛瑄《读书录》卷二："见事贵乎理明，处事贵乎心公。理不明则不能辨别是非，心不公则不能裁度可否。惟理明、心公则于事无所疑惑而处得其当矣。"

　　于天理汲汲者①，于人欲必淡。于私事耽耽者②，于公务必疏③。于虚文熠熠者④，于本实必薄⑤。

【注释】

①汲（jí）汲：急切。此处指努力探究。晋陶渊明《五柳先生传》："不戚戚于贫贱，不汲汲于富贵。"

②耽（dān）耽：贪婪地注视。此处指专注。

③疏：疏忽大意。

④虚文：空洞的文字，空话。《汉书·谷永传》："废承天之至言，角无用之虚文。"熠熠：鲜明闪烁的样子，此处指精心修饰。

⑤本实：此处指世间大道的本真涵义。

【译文】

努力探究天地至理的人，对于人的凡俗欲望必然淡漠。专注于一己私事的人，对待公务必然疏忽大意。对空洞言辞精心修饰的人，对世间大道的本真涵义必然知之甚少。

【源流】

明吕坤《呻吟语》卷四："于天理汲汲者，于人欲必淡。于私事耽耽者，于公务必疏。于虚文熠熠者，于本实必薄。"

　　君子当事①，则小人皆为君子，至此不为君子，真小人也；小人当事，则中人皆为小人②，至此不为小人，真君子也。

【注释】

①当事：做官，任职。

②中人：普通人。汉贾谊《过秦论》："才能不及中人，非有仲尼、墨翟之贤，陶朱、猗顿之富。"

【译文】

君子做官，那么小人也都能变为君子，如果在这种情况下还不能变为君子的，那便是地地道道的小人了；小人做官，那么普通人也都能变为小人，如果在这种情况下仍不会沦为小人的，那便是真真正正的君子了。

【源流】

明吕坤《呻吟语》卷四："君子当事，则小人皆为君子，至此不为君子，真小人也；小人当事，则中人皆为小人，至此不为小人，真君子也。"

　　居官先厚民风①，处事先求大体②。

【注释】

①厚民风：使民风淳朴。

②求大体：要总揽全局。《史记·平原君虞卿列传》："太史公曰：'平原君，翩翩浊世之佳公子也，然未睹大体。'"

【译文】

做官首先要使民风淳朴，办事首先要总揽全局。

【源流】

明吕坤《呻吟语》卷三："处事先求大体，居官先厚民风。"

　　论人当节取其长①，曲谅其短②；做事必先审其害③，后计其利。

【注释】

①节取：选择。此处指注意。

②曲谅：体谅，谅解。

③害：危害。

【译文】

评论他人应当选取他的优点，谅解他的缺点；做事一定要先考虑到带来的危害，然后再去考虑带来的利益。

小人处事，于利合者为利①，于利背者为害②；君子处事，于义合者为利，于义背者为害。

【注释】

①于利合者：此处指有利可图的。

②于利背者：此处指无利可图的。

【译文】

小人做事，有利可图的就是利，无利可图的就是害；君子做事，合乎道义的才是利，违背道义的才是害。

只人情世故熟了①，甚么大事做不到？只天理人心合了，甚么好事做不成？只一事不留心，便有一事不得其理。只一物不留心，便有一物不得其所。

【注释】

①人情世故：此处指为人处世的道理。

【译文】

只要熟悉了为人处世的道理,还会有什么样的大事做不到呢? 只要做事上合乎天理、下合乎人心,还会有什么样的好事做不成呢? 只要对某一件事没有认真对待,便不会了解其内在的道理。只要对某一事物没有认真对待,便不会使其得到合理的利用。

【源流】

明吕坤《呻吟语》卷一:"只一事不留心,便有一事不得其理。只一物不留心,便有一物不得其所。"

事到手,且莫急,便要缓缓想;想得时①,且莫缓,便要急急行。

【注释】

①想得时:考虑周全之后。

【译文】

遇到事情,不要着急,要进行深入细致的思考;想好之后,刻不容缓,要抓紧时间赶快去做。

【源流】

明吕坤《呻吟语》卷三:"事到手,且莫急,便要缓缓想;想得时,切莫缓,便要急急行。"

事有机缘①,不先不后②,刚刚凑巧;命若蹭蹬③,走来走去④,步步踏空⑤。

【注释】

①机缘:机遇和缘分,也指时机。

②不先不后：此处指不早不晚。

③蹭蹬：倒霉，不顺。唐李白《赠张相镐》："晚途未云已，蹭蹬遭谗毁。"

④走来走去：此处指忙来忙去。

⑤踏空：此处指一事无成。

【译文】

世事自有机缘，只要把握得住，不早不晚，刚好赶上；命运如若不顺，总是不得机会，忙来忙去，一事无成。

接物类

【题解】

　　"接物类"一章主要讲的是与他人相处时所要遵循的原则和应当回避的问题。这一章所讲的内容，大体上来看与上一章"敦品类"比较相似，然而"敦品类"主要讲的是在处事中应持有的大的原则和方向，而本章则更侧重于细节上的指导和告诫。本章主要告诉我们两条：一个是要时刻保持谦虚谨慎的态度；另一个是在与人相处时要拥有宽宏大量的气度。这两点在现实的人际交往中都是大有益处的。谦虚谨慎的态度，指的是无论自己处于什么场合，说话办事乃至表情神态都要谨慎小心。说话要做到大方得体，不可以谈论和揭穿他人隐私。神态表情也要做到庄重沉稳、温和有礼。宽宏大量的气度，指的是要心胸宽广，不仅能准确地辨认出事情的对与错，人格的高尚与卑劣，还要做到对的事能容得下、错的事也能容得下，君子能容得下、小人也能容得下。在此基础上，编者仍不忘告诫人们，在与人相处时要节制自己的欲望，时常进行自我反省。此外，如何知人、识人也是本章一则重要的内容，因为与什么样的人做朋友对个人品行的养成有很大影响。会知人、识人后，要尽量选择君子作为朋友，但也不要因此而过分痛恨小人。因为，每个人的身上都会有优点和缺点，君子也不会全无缺点，而小人也不会没有优点。因此，本章告诉人们在为人处世时既要坚持原则，又要合乎人情。"接物类"一章的诸多思想对当下的待人接物仍是有指导意义的,是值得我们认真学习并努力践行的。

事系暧昧①,要思回护他②,著不得一点攻讦的念头③;人属寒微④,要思矜礼他⑤,著不得一毫傲睨的气象⑥。

【注释】

①暧昧:此处指隐私,不便公之于众的事情。

②回护:维护,袒护。宋罗大经《鹤林玉露》卷四"隆渊诗联"条:"古人是则曰是,非则曰非,明白正直,曾何回护。"

③攻讦:攻击,揭发。《北齐书·刘贵传》:"性峭直,攻讦无所回避。"

④寒微:贫寒卑微。

⑤矜礼:态度庄重,以礼相待。

⑥傲睨(nì):不用正眼看,态度傲慢无礼。

【译文】

对待他人的隐私,要想着有所维护,要不得一点攻击揭发的念头;对待贫寒卑微的人,要想着以礼相待,要不得丝毫傲慢无礼的态度。

【源流】

清陈弘谋《五种遗规》之"史搢臣《愿体集》":"事系幽隐,要思回护他,著不得一点攻讦的念头;人属寒微,要思矜礼他,著不得一毫傲睨的气象。"按,史搢臣,名典,《格言联璧》此句当本于清代史典编撰之文句。

凡一事而关人终身①,纵确见实闻②,不可著口③;凡一语而伤我长厚④,虽闲谈酒谑⑤,慎勿形言⑥。

【注释】

①关人终身:关乎他人终身命运。关人,关乎他人,与他人有关。

②确见实闻：亲眼看到，亲耳听到。

③著口：此处指开口乱讲。

④长厚：朴实敦厚。

⑤谑（xuè）：玩笑。

⑥形言：此处指说出来。

【译文】

凡是关乎他人终身命运的事，即便亲眼看到亲耳听到，也不要开口乱讲。凡是有损自己朴实敦厚的话，纵然是闲聊喝酒时的玩笑，也坚决不能说。

【源流】

明郭良翰《问奇类林》卷九："（祁尔光）又曰：'凡一事而关人终身，纵实见实闻，不可著口；凡一语而伤我长厚，虽闲谈酒谑，慎勿形言。'"按，《格言联璧》此句当本于明代祁尔光之语。

严著此心以拒外诱①，须如一团烈火，遇物即烧；宽著此心以待同群②，须如一片阳春，无人不暖。

【注释】

①严著此心：以严格的态度约束自己的内心。拒：抵挡，抵御。外诱：外界的诱惑。

②宽著此心：以宽和的态度修养自己的内心。同群：同伴，伙伴。

【译文】

以严格的态度约束自己的内心，以此来抵挡外界的诱惑，应当像一团烈火，遇到不良诱惑便立刻将其烧掉；以宽和的态度修养自己的内心，以此来对待同伴，应当像温暖的春天，将温暖带给每个人。

待己当从无过中求有过，非独进德①，亦且免患②；待人当于有过中求无过，非但存厚③，亦且解怨④。

【注释】

①非独进德：不只是为了提升自己的道德修养。进德，提升道德修养。《周易·乾卦》："文言曰：'君子进德修业。'"

②免患：免除灾祸。

③存厚：使心地宽厚。

④解怨：解除怨恨。《淮南子·泰族训》："今日解怨偃兵，家老甘卧，巷无聚人，妖蓄不生。"

【译文】

对待自己应当从没有过错中寻找过错，这不只是为了提升自己的道德修养，这样做还可以使自己免除灾祸；对待他人应当从过错中寻找正确的地方，这不只是使自己心地宽厚，这样做还可以解除相互之间的怨恨。

【源流】

清陈弘谋《五种遗规》之"史搢臣《愿体集》"："待己者当从无过中求有过，非独进德，亦且免患；待人者当于有过中求无过，非但存厚，亦且解怨。"按，史搢臣，名典，《格言联璧》此句当本于清代史典编撰之文句。

事后而议人得失，吹毛索垢①，不肯丝毫放宽②，试思己当其局③，未必能效彼万一；旁观而论人短长，抉隐摘微④，不留些须余地，试思己受其毁⑤，未必能安意顺承⑥。

【注释】

①吹毛索垢：犹吹毛求疵，故意挑剔他人的缺点，寻找差错。《韩非子·大体》："不吹毛而求小疵，不洗垢而察难知。"

②放宽：宽容。

③试思：试想。当其局：身在其中。

④抉隐摘微：故意寻找细小的错误，苛求他人。抉，挑选，挑剔。摘，
　　选取，摘取。

⑤毁：诋毁，攻击。

⑥安意顺承：心平气和地接受。安意，心平气和。顺承，接受。

【译文】

事情结束之后评论他人得失，吹毛求疵，没有丝毫的宽容，试想自己
如果身在其中，未必能做到他人的万分之一；处于旁观地位评论他人好
坏，苛求他人，不留丝毫余地，试想自己如果遭到这般诋毁，未必能心平
气和地接受。

【源流】

清陈弘谋《五种遗规》之"唐翼修《人生必读书》"："局外而訾人短
长，吹毛索垢，不留些子余地，试以己当其局，未必能及其万一。"按，唐
彪，字翼修，《格言联璧》此句当化用清代唐彪编撰之文句。

遇事只一味镇定从容，虽纷若乱丝，终当就绪①；待人
无半毫矫伪欺诈②，纵狡如山鬼③，亦自献诚④。

【注释】

①就绪：安排妥当。《诗经·大雅·常武》："不留不处，三事就绪。"

②矫伪：虚伪，虚假。

③纵狡如山鬼：纵然像山里的精灵一样狡猾。狡，狡猾。山鬼，传说
　　中山里的精灵鬼怪。

④献诚：拿出诚意。

【译文】

遇到事情只要保持从容镇定就好，纵然局面纷繁如乱丝，终究一切
都会安排妥当；对待他人没有半点虚伪欺骗，纵然像山里的精灵一样狡

猾，最终也会主动拿出诚意。

公生明，诚生明，从容生明。

【译文】

公正使人廉明，诚实使人清明，从容使人洞明。

【源流】

明吕坤《呻吟语》卷一："公生明，诚生明，从容生明。公生明者，不蔽于私也；诚生明者，清虚所通也；从容生明者，不淆于感也。舍是无明道矣。"

人好刚，我以柔胜之。人用术[1]，我以诚感之。人使气[2]，我以理屈之[3]。

【注释】

①术：此处指计谋，心计。

②使气：意气用事，任性而为。

③以理屈之：用道理说服他。屈，说服。

【译文】

别人刚强好胜，我用柔弱退让战胜他。别人好用计谋，我用真诚感动他。别人意气用事，我用道理说服他。

【源流】

清张培仁《静娱亭笔记》卷二："高道淳《最乐编》曰：'人用刚，吾以柔胜之。人用术，吾以诚感之。人使气，吾以理屈之。天下无难处之事矣。'"按，《格言联璧》此句当本于明代高道淳编撰之文句。

柔能制刚，遇赤子而贲育失其勇[1]；讷能屈辩[2]，逢暗者

而仪秦拙于词③。

【注释】

①赤子：婴儿。《尚书·康诰》："若保赤子，惟民其康乂。"贲育：战
国勇士孟贲和夏育的并称。

②讷能屈辩：木讷少言能战胜能言善辩。讷，木讷，语言迟钝，不善
言辞。《论语·里仁》："君子欲讷于言而敏于行。"辩，能言善辩。

③喑（yīn）：哑，不能说话，也有沉默不语的意思。仪秦：战国时辩士
张仪和苏秦的并称。

【译文】

柔弱能战胜刚强，遇到柔弱的婴儿，即便孟贲、夏育那样的勇士也没
了刚强和勇猛；木讷少言能战胜能言善辩，遇到话都说不了的哑巴，即便
张仪、苏秦那样的辩士也不知道该说些什么。

困天下之智者①，不在智而在愚②。穷天下之辩者③，不
在辩而在讷。伏天下之勇者④，不在勇而在怯⑤。

【注释】

①困：使困窘，使窘迫。

②愚：此处指憨厚质朴。

③穷：使理屈词穷，哑口无言。

④伏：使屈服。

⑤怯：胆小，没勇气。

【译文】

使天下才智之士困窘的，不是智慧而是憨厚质朴。使天下能言善辩
之士理屈词穷的，不是善辩而是木讷少言。使天下勇猛之士屈服的，不
是勇猛而是怯懦。

【源流】

《关尹子·九药》："困天下之智者，不在智而在愚。穷天下之辩者，不在辩而在讷。"

以耐事①，了天下之多事②；以无心③，息天下之争心④。

【注释】

①耐事：此处指忍耐。

②了：除去。

③无心：此处指无争斗之心，即不争。

④息：平息。

【译文】

用忍耐，可以除去天下许多麻烦；用不争，可以平息天下许多纷争。

【源流】

清梁章钜《退庵随笔》卷二："（《吉人遗铎》中"应物"一门最多格言名论）又曰：'以耐事，了天下之多事；以无心，消天下之有心。'"按，《吉人遗铎》为朱醒菴所纂，故《格言联璧》此句当本于清代朱醒菴编撰之文句。

何以息谤？曰无辩；何以止怨？曰不争。

【译文】

如何平息诽谤？不用辩解即可；如何消除怨恨？不与他人争夺即可。

【源流】

《文中子·问易篇》："贾琼问：'何以息谤？'子曰：'无辩。'曰：'何以止怨？'曰：'无争。'"

人之谤我也，与其能辩，不如能容；人之侮我也，与其能防^①,不如能化^②。

【注释】

①防：提防，防范。

②化：此处指化解怨恨。

【译文】

别人诽谤我，与其辩解，不如宽容他人的诽谤；别人侮辱我，与其小心提防，不如主动化解彼此的怨恨。

【源流】

清陈弘谋《五种遗规》之"史搢臣《愿体集》"："人之谤我也，与其能辩，不如能容；人之侮我也，与其能防，不如能化。"按，史搢臣，名典，《格言联璧》此句当本于清代史典编撰之文句。

是非窝里^①,人用口,我用耳;热闹场中,人向前,我落后^②。

【注释】

①是非窝里：是非之地。

②落后：此处指退后。

【译文】

身处是非之地，别人用嘴说，我只用耳朵听；身处热闹场合，别人争着向前，我只甘愿退后。

观世间极恶事,则一訾一慝^①,尽可优容^②;念古来极冤人,则一毁一辱^③,何须计较。彼之理是,我之理非,我让之;彼之理非,我之理是,我容之。

【注释】

①一眚（shěng）一慝（tè）：一点儿罪过和奸邪。眚，过错。《周易·系辞上》："无咎者，善补过也。"慝，奸邪，邪恶。《周礼·匡人》："匡人掌达法则，匡邦国而观其慝，使无敢反侧，以听王命。"

②优容：宽容，包容。

③一毁一辱：一点儿诋毁和侮辱。

【译文】

看过了人世间那些最丑恶的事，自己所遭遇的一点儿罪过和奸邪，是完全可以包容的；想到自古以来那些蒙受巨大冤屈的人，自己所遭受的一点儿诋毁和侮辱，又何必再去计较。他有理，我没理，我便让着他；他没理，我有理，我便宽容他。

【源流】

清陈弘谋《五种遗规》之"史搢臣《愿体集》"："彼之理是，我之理非，我让之；彼之理非，我之理是，我容之。"按，史搢臣，名典，《格言联璧》"彼之理是"六句当本于清代史典编撰之文句。

能容小人，是大人①；能培薄德②，是厚德。

【注释】

①大人：此处指胸怀宽广的人。

②薄德：从点滴细微之处培养起来的德行。

【译文】

能包容小人，才是胸怀宽广的人；能从点滴细微之处培养起来的德行，才是深厚高尚的德行。

【源流】

清陈弘谋《五种遗规》之"史搢臣《愿体集》"："能容小人，是大人；能处薄德，是厚德。"按，史搢臣，名典，《格言联璧》此句当本于清代史典编撰之文句。

我不识何等为君子①，但看每事肯吃亏的便是；我不识何等为小人，但看每事好便宜的便是②。

【注释】

①何等：什么样的。

②好便宜：好占便宜，爱占便宜。

【译文】

我不知道什么样的人是君子，只要看每件事都肯吃亏的那个人便是；我不知道什么样的人是小人，只要看每件事都好占便宜的那个人便是。

【源流】

清陈弘谋《五种遗规》之"魏叔子《日录》"："我不识何等为君子，但看日间每事肯吃亏的便是；我不识何等为小人，但看日间每事好便宜的便是。"按，魏叔子，名禧，《格言联璧》此句当本于明末清初魏禧编撰之文句。

律身惟廉为宜①，处事以退为尚②。

【注释】

①律身：律己。律，约束。廉：此处指品行方正。

②尚：佳，好。

【译文】

律己以品行方正为宜，处事以谦逊退让为佳。

以仁心存心①，以勤俭作家②，以忍让接物。

【注释】

①以仁心存心：用仁爱存养心性，即心怀仁爱。存心，存心养性。

②作家：治家，持家。《晋书·食货志》："帝出自侯门，居贫即位，常曰：'桓帝不能作家，曾无私蓄。'故于西园造万金堂，以为私藏。"

【译文】

心怀仁爱，勤俭持家，谦让待人。

径路窄处①，留一步与人行②；滋味浓底③，减三分让人尝④。任难任之事⑤，要有力而无气；处难处之人，要有知而无言⑥。

【注释】

①径路：道路。

②与人行：让别人能够通行。

③滋味浓底：美味佳肴。滋味，此处指美味。浓，香浓。

④减三分让人尝：留一些让别人尝尝。减三分，留一些。尝，品尝。

⑤任：承担。难任之事：难办的事。

⑥"处难处之人"二句：对待不易相处的人，要心里有数但嘴上不说。处，对待。难处之人，不易相处的人。知，通"智"，智慧。

【译文】

道路狭窄的地方，要留出一步让别人能够通行；美味佳肴，要留一些让别人有机会品尝。承担难办的事，要有能力而不要有怨气；对待不易相处的人，要多用智慧而少说话。

【源流】

明吕坤《呻吟语》卷三："任难任之事，要有力而无气；处难处之人，要有知而无言。"

清陈弘谋《五种遗规》之"史搢臣《愿体集》":"径路窄处,须让一步与人行;滋味浓底,须留三分与人食。"按,史搢臣,名典,《格言联璧》"径路窄处"四句当本于清代史典编撰之文句。

穷寇不可追也①,遁辞不可攻也②,贫民不可威也③。

【注释】

①穷寇:走投无路的贼寇。《逸周书·武称》:"追戎无恪,穷寇不格。"

②遁(dùn)辞不可攻也:搪塞掩饰的话不要批评驳斥。遁辞,因掩饰错误,或理屈词穷,或不愿以真意告诉他人时,用来搪塞的话。攻,批评,驳斥。

③威:此处指用威势欺压。

【译文】

穷途末路的敌人不要穷追不舍,搪塞掩饰的话不要批评驳斥,贫苦百姓不要用威势欺压。

【源流】

明吕坤《呻吟语》卷五:"穷寇不可追也,遁辞不可攻也,贫民不可威也。"

祸莫大于不仇人①,而有仇人之辞色②;耻莫大于不恩人③,而诈恩人之状态④。

【注释】

①不仇人:没有仇怨的人。

②辞色:语言和神态。

③不恩人:没有施与他人恩惠。

④诈恩人之状态:装出一副有恩于人的姿态。恩人,有恩于人。状态,此处指姿态。

【译文】

最大的灾祸在于本来与人没有仇怨,却表现出对待仇人般的话语和神态;最大的耻辱在于本来没有施予他人恩惠,却装出一副有恩于人的姿态。

【源流】

明吕坤《呻吟语》卷三:"祸莫大于不仇人,而有仇人之辞色;耻莫大于不恩人,而诈恩人之状态。"

恩怕先益后损,威怕先松后紧。

【译文】

施予恩惠最忌先多后少,彰显威严最忌先松后紧。

【源流】

明吕坤《续小儿语》:"恩怕先益后损,威怕先松后紧。"

善用威者不轻怒,善用恩者不妄施[①]。

【注释】

①妄施:胡乱施舍。

【译文】

善于使用威严的人不轻易发怒,善于施予恩惠的人不胡乱施舍。

【源流】

明吕坤《呻吟语》卷五:"善用威者不轻怒,善用恩者不妄施。"

宽厚者,毋使人有所恃[①];精明者,不使人无所容[②]。

【注释】

①恃:倚仗。

②无所容：无地自容。

【译文】

宽厚的人，不要使别人有所倚仗；精明的人，不要使别人无地自容。

【源流】

明吕坤《呻吟语》卷五："圣人之宽厚，不使人有所恃；圣人之精明，不使人无所容。敦大中自有分晓。"

　　事有知其当变而不得不因者^①，善救之而已矣；人有知其当退而不得不用者^②，善驭之而已矣^③。

【注释】

①变：此处指出现问题。不得不因：不得不顺其变化，即无力改变。因，依从，顺着。救，补救。

②退：此处指撤职，不任用。

③驭：驾驭，控制。

【译文】

知道事情应当改变而又无力改变时，只要善于补救就可以了；知道某人应当撤职而不得不任用时，只要善于驾驭就可以了。

【源流】

明吕坤《呻吟语》卷五："事有知其当变而不得不因者，善救之而已矣；人有知其当退而不得不用者，善驭之而已矣。"

　　轻信轻发^①，听言之大戒也^②；愈激愈厉^③，责善之大戒也^④。

【注释】

①发：发怒。

②大戒：最需要注意的问题。

③愈激愈厉：越激发鼓励越要求严格。厉，严格，苛刻。

④责善：劝勉向善。

【译文】

轻易相信别人的话并且轻易发怒，这是听人说话时最需要注意的问题；越激发鼓励越要求严格，这是劝勉他人向善时最需要注意的问题。

【源流】

明吕坤《呻吟语》卷三："轻言骤发，听言之大戒也。"

处事须留余地，责善切戒尽言。

【译文】

处理事情应当留有余地，劝人向善不可把话说尽。

施在我有余之惠①，则可以广德②；留在人不尽之情③，则可以全交④。

【注释】

①施在我有余之惠：将自己多余的财物施予他人，即尽我所能施予他人恩惠。惠，恩惠。

②广德：广修德行。

③留在人不尽之情：尽我所能多给他人留有情面。

④全交：保全交情，保全友谊。

【译文】

尽我所能施予他人恩惠，这样做可以广修德行；尽我所能多给他人留有情面，这样做可以保全交情。

【源流】

明吕坤《呻吟语》卷三："施在我有余之恩，则可以广德，留在人不尽之情,则可以全好。”

古人爱人之意多①,故人易于改过,而视我也常亲②,我之教益易行;今人恶人之意多③,故人甘于自弃④,而视我也常仇,我之言必不入⑤。

【注释】

①爱人之意:对他人心存关爱。

②视:看待。

③恶人之意:对他人心存恶意。

④甘于自弃:情愿自甘落后。甘于,情愿,宁愿。自弃,自甘落后,不求上进。《孟子·离娄上》:“自暴者,不可与有言也;自弃者,不可与有为也。言非礼义,谓之自暴也;吾身不能居仁由义,谓之自弃也。”

⑤入:接受,采纳。

【译文】

古时之人对他人多心存关爱,所以教导他人时,他人易于改正过错,而且对教导者亲爱有加,因此教导者的教化更容易推行;如今之人对他人多心存恶意,所以教导他人时,他人情愿自甘落后,而且对教导者充满仇恨,因此教导者的劝告注定不会被接受。

【源流】

明吕坤《呻吟语》卷三:“古人爱人之意多,今日恶人之意多。爱人,故人易于改过,而视我也常亲,我之教常易行;恶人,故人甘于自弃,而视我也常仇,我之言益不入。”

喜闻人过,不若喜闻己过①;乐道己善②,何如乐道人善。

【注释】

①闻己过：听自己的缺点和过失，即听别人指出自己的缺点和过失。

②道：此处指称道，夸赞。

【译文】

喜欢听别人的缺点和过失，不如喜欢听别人指出自己的缺点和过失；乐于夸赞自己的优点和功绩，哪里赶得上乐于夸赞别人的优点和功绩。

【源流】

明吕坤《呻吟语》卷二：“与其喜闻人之过，不若喜闻己之过；与其乐道己之善，不若乐道人之善。”

　　听其言，必观其行，是取人之道①；师其言②，不问其行，是取善之方。

【注释】

①取人之道：选取人才的方法。取，选取，选拔。道，此处指方法。

②师：学习，效法。

【译文】

听他所说的话，一定要观察他的实际行动，这是选取人才的方法；学习他正确的话，不过问他的实际行动，这是向人学习优点的方法。

【源流】

明吕坤《呻吟语》卷二：“听言观行，是取人之道；乐其言而不问其人，是取善之道。”

　　论人之非，当原其心①，不可徒泥其迹②；取人之善③，当据其迹，不必深究其心。

【注释】

①原：探究。其心：他心里所想，即他的本意。

②徒泥（nì）其迹：只拘泥于他的行为。徒，只，仅。泥，拘泥。迹，此处指行为。

③取：此处指学习。

【译文】

评论他人的过错，应当探求他的本意，不可只拘泥于他的行为；学习别人的善行，应当根据他的行为，不必深究他的本意。

【源流】

明张萱《西园见闻录》卷十六："（敖公英）曰：'论人之过恶，当原其心，不可据其迹；取人之善，但当据其迹，不必诛其心。'"按，《格言联璧》此句当本于明代敖公英之语。

小人亦有好处，不可恶其人①，并没其是②；君子亦有过差③，不可好其人④，并饰其非⑤。

【注释】

①恶：厌恶，讨厌。

②并没其是：一并抹杀他的优点。没，抹杀，埋没。

③过差：过失差错，不足之处。

④好：喜欢，喜爱。

⑤饰：掩饰，掩盖。

【译文】

小人也有可取之处，不可因为厌恶他这个人，就一并抹杀他的优点；君子也有过失差错，不可因为喜欢他这个人，就一并掩盖他的缺点。

【源流】

明吕坤《呻吟语》卷四："小人亦有好事，恶其人则并疵其事；君子亦有过差,好其人则并饰其非。皆偏也。"

小人固当远[1],然断不可显为仇敌[2];君子固当亲[3],然亦不可曲为附和[4]。

【注释】

①远:疏远。

②显:表现。此处指视为。

③亲:亲近。

④曲为附和(hè):改变自己意愿而应和别人。曲,曲意,改变自己意愿。附和,应和他人言行。

【译文】

小人固然应当疏远,但断然不可视为仇敌;君子固然应当亲近,但也不可曲意附和。

【源流】

清陈弘谋《五种遗规》之"史揩臣《愿体集》":"小人固当远,然断不可显为仇敌;君子固当亲,然亦不可曲为附和。"按,史揩臣,名典,《格言联璧》此句当本于清代史典编撰之文句。

待小人宜宽,防小人宜严[1]。

【注释】

①严:此处指周密谨慎。

【译文】

对待小人应当宽容大度,防范小人应当周密谨慎。

闻恶不可遽怒[1],恐为谗夫泄忿[2];闻善不可就亲,恐引奸人进身^③。

【注释】

①恶：此处指坏人坏事。遽：马上，立刻。

②谗夫：进谗言的人，爱说坏话的人。泄忿：发泄愤怒。

③奸人：奸邪小人。进身：提拔，重用。

【译文】

听到坏人坏事不要马上发怒，因为这样做恐怕会被爱说坏话的人用来发泄他个人的愤怒；听到好人好事不要马上表示亲近，因为这样做恐怕会引来奸邪小人借机得到提拔重用。

【源流】

明洪应明《菜根谭》："闻恶不可就恶，恐为谗夫泄怒；闻善不可急亲，恐引奸人进身。"

先去私心，而后可以治公事^①；先平己见^②，而后可以听人言。

【注释】

①治公事：处理公务。治，处理，办理。公事，公务。

②平：此处指去除。

【译文】

先去除自己的私心，然后才能处理公务；先去除自己的成见，然后才能听取别人的话。

修己以清心为要^①，涉世以慎言为先^②。

【注释】

①修己：修养自身。清心：此处指内心清净。要：要点，重点。

②涉世：进入社会，经历世事。先：首要，重要。

【译文】

修养自身以内心清净为重点，进入社会以谨慎说话为首要。

恶莫大于纵己之欲，祸莫大于言人之非。

【译文】

最大的罪恶莫过于放纵自己的欲望，最大的灾祸莫过于谈论他人的过错。

【源流】

明高濂《遵生八笺》："张氏曰：'祸莫大于纵己之欲，恶莫大于言人之非。'"按，文中张氏即张景岳，故《格言联璧》此句当本于明代张景岳之语。

人生惟酒色机关^①，须百炼此身成铁汉^②；世上有是非门户^③，要三缄其口学金人^④。

【注释】

①酒色：美酒和美色。机关：问题的关键。此处指酒色诱惑的考验。

②铁汉：刚正不阿，品行方正的人。《元史·张桓传》："贼知终不可屈，遂刺之。年四十八。贼后语人曰：'张御史真铁汉，害之可惜。'"

③世上有是非门户：世上有着是非纷争的重要来源。是非，是非纷争。门户，大门。此处指产生是非的来源。

④要三缄其口学金人：要学习金人那样说话谨慎。三缄其口，又作"金人三缄"，汉刘向《说苑·敬慎》载："孔子之周，观于太庙，右陛之前，有金人焉，三缄其口而铭其背曰：'古之慎言人也。'"以此来提醒人们要注意言语，说话谨慎。缄，封。金人，铜铸的人像。

此处指说话谨慎的人。

【译文】

人生存在美酒和美色这两大考验，要多加锤炼身心使自己成为经得住诱惑的铁汉子；世上有着是非纷争的重要来源，要学习金人那样说话谨慎。

【源流】

清梁章钜《楹联续话》卷二："（钱莲因）尝因伯冶（张伯冶）豪饮健谈，为手书楹帖于座右云：'人生惟酒色机关，须百炼此身成铁汉；世上有是非门户，要三缄其口学金人。'"按，钱守璞，号莲因；张骐，字伯冶，《格言联璧》此句当本于清代钱守璞为其夫张骐所书之座右铭。

工于论人者^①，察己常阔疏^②；狃于讦直者^③，发言多弊病^④。

【注释】

①工于：长于，善于。

②察己：检查反省自己。阔疏：粗疏大意。《汉书·贾谊传》："天下初定，制度疏阔。"

③狃（niǔ）于讦直者：惯于直言攻击别人的人。狃于，习惯于。《诗经·郑风·大叔于田》："将叔无狃，戒其伤女。"毛传："狃，习也。"讦直，不留情面地攻击他人的缺点和过失。《论语·阳货》："恶讦以为直者。"

④弊病：问题，漏洞。

【译文】

善于评论别人的人，检查反省自己常常粗疏大意；惯于直言攻击别人的人，说起话来常常存在大量问题。

【源流】

宋李幼武《宋名臣言行录外集》卷十三"张栻"条："《答郑自明书》云：'天理难穷，资质难恃。工于论人者，察己常疏阔；狃于讦直者，所发多弊病。'"按,《格言联璧》此句当本于宋代张栻之语。

人情每见一人,始以为可亲,久而厌生,又以为可恶,非明于理而复体之以情①,未有不割席者②。人情每处一境,始以为甚乐,久而厌生,又以为甚苦③,非平其心而复济之以养④,未有不思迁者⑤。

【注释】

①明于理:明白事理。体以情:以人之常情体之,即以人之常情互相体谅。体,体谅,原谅。

②割席:把坐席割开分坐,后指朋友断交。三国时管宁和华歆是同学,读书时两人合坐一张席,后来管宁鄙视华歆的人品,与他割席分坐。语出《世说新语·德行》:"尝同席读书,有乘轩冕过门者,宁读如故,歆废书出看。宁割席分坐曰:'子非吾友也。'"

③苦:此处指苦闷,无趣。

④平其心:使内心平和。济之以养:以修养心性作为辅助。济,辅助。养,修养心性。

⑤迁:搬迁,搬家。

【译文】

人之常情每见到一个人,开始时觉得亲切,时间长了便产生厌烦之感,进而又觉得厌恶可憎,不是明白事理并且又能以人之常情互相体谅的,没有不断交的。人之常情每身处一地,开始时觉得高兴,时间长了便产生厌烦之感,进而又觉得苦闷,不是内心平和并且又能以修养心性作为辅助的,没有不想着搬走的。

观富贵人,当观其气概,如温厚和平者①,则其荣必久②,

而其后必昌③；观贫贱人，当观其度量，如宽宏坦荡者④，则其福必臻⑤，而其家必裕⑥。

【注释】

①温厚和平：温柔敦厚，心气平和。

②荣：此处指富贵。

③后必昌：他的后代也必定昌盛发达。后，此处指后代子孙。昌，昌盛发达。

④宽宏坦荡：宽宏大度，心地坦荡。

⑤臻：到来。

⑥裕：富裕，富足。

【译文】

观察富贵的人，应当观察他的气概，如果是温柔敦厚心气平和的人，那么他的富贵必定长久，他的后代也必定昌盛发达；观察贫贱的人，应当观察他的度量，如果是宽宏大度心地坦荡的人，那么他的福气好运必定会到来，他的家境也必定会富裕丰足。

【源流】

清陈弘谋《五种遗规》之"史搢臣《愿体集》"："观富贵人，当观其气概，如温厚和平者，则其荣必久，而后必昌；观贫贱人，当观其度量，如宽宏坦荡者，则其富必臻，而其家必裕。"按，史搢臣，名典，《格言联璧》此句当本于清代史典编撰之文句。

宽厚之人，吾师以养量①。慎密之人②，吾师以炼识③。慈惠之人，吾师以御下④。俭约之人，吾师以居家⑤。明通之人，吾师以生惠⑥。质朴之人，吾师以藏拙⑦。才智之人，吾师以应变⑧。缄默之人，吾师以存神⑨。谦恭善下之人⑩，吾师以亲师友⑪。博学强识之人⑫,吾师以广见闻。

【注释】

①师:学习。养量:培养度量。

②慎密:谨慎细密。

③炼识:锻炼辨别是非的能力。识,此处指辨别是非。

④御下:领导下属。御,领导,管理。

⑤居家:此处指操持家务。

⑥生惠:增长智慧。惠,同"慧",智慧。

⑦藏拙:不显露自己的才能和技艺。此处指含蓄内敛。唐韩愈《和席八夔十二韵》:"倚玉难藏拙,吹竽久混真。"

⑧应变:应对变故,即处理重要事件。《史记·太史公自序》:"非信廉仁勇不能传兵论剑,与道同符,内可以治身,外可以应变,君子比德焉。"

⑨存神:存养精神。

⑩谦恭:谦虚恭敬。善下:善于处下,即与人交往中能够以谦卑的态度对待他人。

⑪亲:此处指亲睦,亲爱和睦。

⑫博学强识(zhì):博学多才且记忆力好。博学,博学多才。强识,强记。记忆力好。《礼记·典礼上》:"博闻强识而让,敦善行而不息,谓之君子。"

【译文】

　　宽宏大量的人,我向他学习以培养度量。谨慎细密的人,我向他学习以锻炼辨别是非的能力。慈爱的人,我向他学习以领导下属。简朴的人,我向他学习以操持家务。明白事理的人,我向他学习以增长智慧。质朴的人,我向他学习以含蓄内敛。有才智的人,我向他学习以应对变故。沉默少言的人,我向他学习以存养精神。谦虚恭敬的人,我向他学习以亲睦师友。博学强记的人，我向他学习以广博见闻。

　　居视其所亲①，富视其所与，达视其所举②，穷视其所不为③，贫视其所不取④。

【注释】

①居：平时。

②达视其所举：显达时看他推举什么样的人。达，显达。举，推举，举荐。

③穷：此处指失意，不得志。

④取：此处指求取。

【译文】

平时看他都亲近什么样的人，富贵时看他都施恩给什么样的人，显达时看他都推举什么样的人，失意时看他不去做什么事，贫穷时看他不求取什么东西。

【源流】

《史记·魏世家》："李克曰：'君不察故也。居视其所亲，富视其所与，达视其所举，穷视其所不为，贫视其所不取，五者足以定之矣，何待克哉！'"按，《格言联璧》此句当本于战国李克之语。

　　取人之直①，恕其戆②。取人之朴，恕其愚。取人之介③，恕其隘④。取人之敏，恕其疏⑤。取人之辩⑥，恕其肆⑦。取人之信，恕其拘⑧。

【注释】

①取：取法，学习。

②恕其戆（gàng）：原谅他的憨厚率真。恕，原谅。戆，憨厚率真。

③介：耿直，刚正。

④隘：狭隘，无所含容。《孟子·公孙丑上》："孟子曰：'伯夷隘，柳
　　下惠不恭。隘与不恭，君子不由也。'"汉赵岐注："伯夷隘，惧人
　　之污来及己，故无所含容，言其大隘狭也。"

⑤疏：此处指疏远，不过分亲密且保持距离。

⑥辩：能言善辩。

⑦肆：放肆，放纵。

⑧拘：拘泥，刻板。

【译文】

学习他的直爽，就要原谅他的率真。学习他的质朴，就要原谅他的
愚钝。学习他的耿直，就要原谅他的狭隘。学习他的机敏，就要原谅他
的疏慢。学习他的能言善辩，就要原谅他的放肆。学习他的诚信，就要
原谅他的刻板。

【源流】

清陈弘谋《五种遗规》之"王朗川《言行汇纂》"："取人之直，恕其戆。
取人之朴，恕其愚。取人之介，恕其隘。取人之敏，恕其疏。取人之辩，
恕其肆。取人之信，恕其拘。"按，王之铁，号朗川，《格言联璧》此句当本
于清代王之铁编撰之文句。

遇刚鲠人①，须耐他戾气②。遇骏逸人③，须耐他妄气④。
遇朴厚人，须耐他滞气⑤。遇佻达人⑥，须耐他浮气⑦。

【注释】

①刚鲠（gěng）：刚强耿直。鲠，耿直，刚直。

②戾（lì）气：此处指脾气暴躁强横。

③骏逸：此处指气度洒脱。

④妄气：此处指狂妄傲慢。

⑤滞气：此处指愚钝呆板。

⑥佻（tiāo）达：此处指轻薄放荡。《初刻拍案惊奇》卷四："郑子佻达无度，喜狎游，妾屡屡谏他，遂至反目。"

⑦浮气：此处指轻浮不端。

【译文】

遇到刚强耿直的人，要忍耐他的暴躁强横。遇到气度洒脱的人，要忍耐他的狂妄傲慢。遇到质朴憨厚的人，要忍耐他的愚钝呆板。遇到轻薄放荡的人，要忍耐他的轻浮不端。

【源流】

明温璜《温氏母训》："汝与朋友相与，只取其长，弗计其短，如遇刚鲠人，须耐他戾气。遇骏逸人，须耐他妄气。遇朴厚人，须耐他滞气。遇佻达人，须耐他浮气。不徒取益无方，亦是全交之法。"按，温氏即温璜，《格言联璧》此句当本于明代温璜母陆氏之语。

人褊急①，我受之以宽宏②；人险仄③，我平之以坦荡④。

【注释】

①褊（biǎn）急：气量狭小，脾气暴躁。《诗经·魏风·葛屦》："《序》：'其民机巧趋利，其君俭啬褊急。'"

②受：接受，接纳。

③险仄（zè）：阴险邪恶。

④平：和好。此处指感化。

【译文】

别人气量狭小，我以宽宏大量接纳他；别人阴险邪恶，我以坦荡的胸怀感化他。

奸人诈而好名，其行事确有似于君子处；迂人执而不化①，其决裂有甚于小人时②。

【注释】

①执：固执。不化：不改变。

②决裂：此处指犯错。

【译文】

奸邪之人狡诈而喜好美名，他们有些方面做事确实和君子相似；迂腐之人固执而不知改变，他们有些时候犯错确实比小人还重。

　　持身不可太皎洁①，一切污辱垢秽②，要茹纳得③；处世不可太分明④，一切贤愚好丑⑤，要包容得。

【注释】

①皎洁：此处指纯洁干净。

②污辱垢秽：此处指肮脏丑恶的事情。

③茹纳：包容，容忍。《诗经·大雅·烝民》："维仲山甫，柔亦不茹，刚亦不吐。"宋欧阳修《诗本义》卷二："茹，纳也。"

④分明：是非对错区分得清清楚楚。

⑤好丑：美丑。

【译文】

修身不可太过纯洁干净，一切肮脏丑恶都要包容得了；处世不可太过清楚分明，一切贤愚美丑都要包容得下。

【源流】

明洪应明《菜根谭》："持身不可太高洁，一切污辱垢秽，要茹纳得；与人不可太分明，一切善恶贤愚，要包容得。"

　　宇宙之大，何物不有①？使择物而取之②，安得别立宇宙③，置此所舍之物④？人心之广，何人不容？使择人而好之⑤，安有别个人心⑥，复容所恶之人？

【注释】

①何物不有：什么事物没有。此处指大千世界本就包含着善恶美丑。

②使：假使，假如。择物而取：先加以选择再取用。

③安：难道，表示反问。别：另外。立：建立，创造。

④置：放置，安置。所舍之物：舍弃的事物。

⑤好：亲近。

⑥别个：另外一个。

【译文】

世界之大，什么事物没有？假使先加以选择再取用，难道还要再另外创造一个世界，来容纳那些舍弃的事物吗？人心广阔，什么人不能包容？假使先加以选择再亲近，难道还有另外一颗心，再去容纳那些厌恶的人吗？

德盛者，其心和平，见人皆可取①，故口中所许可者众②；德薄者，其心刻傲③，见人皆可憎，故目中所鄙弃者众④。

【注释】

①可取：此处指值得赞许和学习。

②许可：称赞，赞许。

③刻傲：刻薄傲慢。

④鄙弃：鄙视嫌弃。

【译文】

德行高尚的人，他的内心平和，看见每个人都觉得值得学习，所以他口中称赞的人很多；没有德行的人，他的内心刻薄傲慢，看见每个人都觉得面目可憎，所以他眼中鄙视嫌弃的人很多。

【源流】

清陈弘谋《五种遗规》之"唐翼修《人生必读书》"："德盛者，其心和平，见人皆可交；德薄者，其心刻傲，见人皆可鄙。观人者，看其口中所许可者多，则知其德之厚矣；看其口中所未满者多，则知其德之薄矣。"按，唐彪，字翼修，《格言联璧》此句当本于清代唐彪汇编之文句。

律己宜带秋风①，处世须带春风②。

【注释】

①秋风：此处指像秋风一样严厉。

②处世：此处指与人相处。春风：像春风一样温和。

【译文】

约束自己要像秋风一样严厉，与人相处要像春风一样温和。

善处身者①，必善处世，不善处世贼身者也；善处世者，必严修身，不严修身媚世者也②。

【注释】

①处身：此处指修身。

②媚世：媚俗。《孟子·尽心下》："阉然媚于世也者，是乡原也。"

【译文】

善于修身之人，必定善于为人处世，如果不善于为人处世则会有损修身；善于为人处世之人，必定严格修身，如果不严格修身则会沦为媚俗之人。

【源流】

清黄宗羲《明儒学案》卷二十三"忠介邹南皋先生元标"条："善处

身者，必善处世，不善处世贼身者也；善处世者，必严修身，不严修身媚世者也。"按，邹元标，号南皋，《格言联璧》此句当本于明代邹元标之语。

爱人而人不爱①，敬人而人不敬，君子必自反也；爱人而人即爱，敬人而人即敬，君子益加谨也。

【注释】

①爱人：关爱别人。人不爱：即人不爱我。《孟子·离娄下》："爱人者，人恒爱之；敬人者，人恒敬之。"

【译文】

我关爱他人而他人却不关爱我，我尊敬他人而他人却不尊敬我，作为君子一定要好好自我反省。我关爱他人他人也关爱我，我尊敬他人他人也尊敬我，作为君子要更加谨慎。

人若近贤良，譬如纸一张，以纸包兰麝①，因香而得香。人若近邪友，譬如一枝柳②，以柳贯鱼鳖③，因臭而得臭。

【注释】

①兰麝（shè）：兰与麝香，皆为名贵香料。南朝梁萧统《铜博山香炉赋》："爨松柏之火，焚兰麝之芳。"

②一枝柳：一枝柳条。柳，此处指柳条。

③贯：穿。

【译文】

人如果接近贤良之人，就好比一张纸，用这张纸包裹兰和麝香，纸也会因香料而变得芳香。人如果接近奸邪之人，就好比一支柳条，用这支柳条来穿鱼鳖，柳条也会因接近腥臭之物而变得腥臭。

【源流】

元余阙《青阳先生文集》卷九《染习寓语为苏友作》："人若近贤良，喻如纸一张，以纸包兰麝，因香而得香。人若近邪友，喻如一枝柳，以柳穿鱼鳖，因臭而得臭。"按，《格言联璧》此句当本于元代余阙之语。

人未己知，不可急求其知；人未己合，不可急与之合①。

【注释】

①合：使合得来。此处指迎合，结交。

【译文】

别人不了解自己，不可急于要求别人了解自己；别人与自己合不来，不可急于主动迎合别人。

【源流】

明谷中虚《薛文清公要言》卷上："人未己知，不可急求其知；人未己合，不可急与之合。"按，薛瑄谥文清，《格言联璧》此句当本于明代薛瑄之语。

落落者难合①，一合便不可离；欣欣者易亲②，乍亲忽然成怨③。

【注释】

①落落者难合：孤独冷漠之人难于结交。落落，孤独冷漠之貌。晋左思《咏史诗》："落落穷巷士，抱影守空庐。"合，此处指结交。

②欣欣：喜乐之貌。易：容易，易于。亲：亲近。

③乍：刚刚，形容时间短暂。怨：怨恨，仇怨。

【译文】

孤独冷漠之人难于结交，然而一旦结交便不会分离；爱说爱笑之人易于亲近,但往往刚亲近不久就忽生怨恨。

能媚我者^①,必能害我,宜加意防之^②;肯规予者^③,必肯助予,宜倾心听之^④。

【注释】

①媚:谄媚,献媚。此处指讨好,巴结。

②加意:多加留心。《汉书·贾山传》:"臣不敢以久远喻,愿借秦以为喻,唯陛下少加意焉。"

③肯规予者:肯规劝我的人。规,规劝。

④倾心:此处指尽心,诚心。

【译文】

能讨好我的人,也一定能加害我,所以应当留心防范;肯规劝我的人,也一定能帮助我,所以应当诚心信任。

出一个大伤元气进士^①,不如出一个能积阴德平民;交一个读破万卷邪士,不如交一个不识一字端人^②。

【注释】

①大伤元气进士:此处指德行卑劣的官员。大伤元气,指上天赋予的品德遭到败坏,即德行卑劣。进士,此处指官员。

②端人:老实本分的人。《孟子·离娄下》:"夫尹公之他,端人也,其取友必端矣。"汉赵岐注:"端人,用心不邪僻。"

【译文】

出一个德行卑劣的官员,还不如出一个有德行的老百姓;交一个读书万卷的奸邪之人,还不如交一个大字不识的老实人。

【源流】

清孙奇逢《孝友堂家训》："所谓添一个丧元气进士，不如添一个守本分平民。"

无事时①，埋藏着许多小人②；多事时③，识破了许多君子④。

【注释】

①无事：平安无事，没有变故或麻烦。

②埋藏：隐藏。

③多事：变故接踵而至，或灾难很多。宋孙光宪《北梦琐言》："所以多事之秋，灭迹匿端，无为绿林之嚆矢也。"

④君子：此处指伪君子。

【译文】

平安无事时，隐藏着许多小人；变故接踵而至时，识破了许多伪君子。

【源流】

明吕坤《呻吟语》卷五："无事时，埋藏着许多小人；多事时，识破了许多君子。"

一种人难悦亦难事①，只是度量褊狭②，不失为君子；一种人易事亦易悦，这是贪污软弱③，不免为小人。

【注释】

①一种人：有那么一种人，有那么一类人。难悦：难以取悦。难事：难以相处。

②褊（biǎn）狭：气量狭小。《史记·礼书》："化隆者闳博，治浅者褊狭，可不勉与！"

③贪污软弱：此处指内心贪婪肮脏，性格卑怯懦弱。贪，贪婪。污，

肮脏。软弱，性格卑怯懦弱，没有原则。

【译文】

有那么一种人，难以取悦又难以相处，其实不过是他度量狭小而已，仍不失为君子；有那么一种人，容易相处也容易取悦，其实不过是他内心贪婪肮脏、性格懦弱罢了，免不了是个小人。

【源流】

明吕坤《呻吟语》卷四："一种人难悦亦难事，只是度量褊狭，不失为君子；一种人易事亦易悦，只是贪污软弱，不失为小人。"

大恶多从柔处伏①，须防绵里之针②；深仇常自爱中来，宜防刀头之蜜③。

【注释】

①柔处：此处指不易察觉之处。伏：隐藏。

②绵里之针：即绵里藏针，比喻外表看似温柔软弱，实则暗藏毒计。元石君宝《曲江柳》第二折："笑里刀剐皮割肉，绵里针剔髓挑筋。"

③刀头之蜜：又作"刀头蜜"，刀尖上的蜜糖，比喻贪小失大。《四十二章经》："佛言：'财色之于人，譬如小儿贪刀刃之蜜，甜不足一食之美，然有截舌之患也。'"

【译文】

大的罪恶多隐藏在不易察觉的地方，要小心提防绵里藏针；深仇大恨常常自爱中产生，应当防范刀尖上的蜜糖。

惠我者小恩①，携我为善者大恩②；害我者小仇，引我为不善者大仇③。

【注释】

①惠：恩惠。此处指给予恩惠和好处。

②携：带领。

③引：引导。

【译文】

给我好处是小恩，带领我行善才是大恩；加害于我是小仇，引导我作恶才是大仇。

　　毋受小人私惠①，受则恩不可酬；毋犯士夫公怒②，犯则怒不可救。

【注释】

①私惠：私人的恩惠。

②犯：触犯。士夫：士大夫。此处指读书人。公怒：众怒。

【译文】

不要接受小人的恩惠，一旦接受，这恩情便无法回报；不要触犯读书人的众怒，一旦触犯，这愤怒便无法挽救。

　　喜时说尽知心①，到失欢须防发泄②；恼时说尽伤心③，恐再好自觉羞惭④。

【注释】

①知心：此处指知心话，心里话。

②失欢：不高兴。发泄：此处指泄愤。

③恼：恼怒，愤怒。伤心：此处指伤人的话。

④再好：重归于好。羞惭：羞愧。

【译文】

高兴时说尽心里话，到不高兴时要防范遭到对方泄愤报复；恼怒时说尽伤人的话，恐怕重归于好后自己都会觉得羞愧。

【源流】

明吕坤《续小儿语》："厚时说尽知心，提防薄后发泄；恼时说尽伤心，再好有甚颜色。"

盛喜中勿许人物①，盛怒中勿答人柬②。

【注释】

①盛喜：特别高兴。许：承诺给予。

②勿答人柬：不要回复别人的书信。柬，信件，书信。

【译文】

特别高兴的时候不要许诺给人东西，特别愤怒的时候不要与人交谈。

【源流】

《宋稗类抄》卷二十三："（赵清献公）座右铭云：'盛喜中勿许人物，盛怒中勿答人简。'"按，赵抃谥清献，《格言联璧》此句当本于宋代赵抃之座右铭。

顽石之中①，良玉隐焉②；寒灰之中③，星火寓焉④。

【注释】

①顽石：粗劣的石头。

②良玉隐焉：藏有美玉。良玉，美玉。《韩诗外传》卷四："良玉度尺，虽有十仞之土不能掩其光。"

③寒灰：寒冷的灰烬。灰，灰烬。

④星火寓焉：含有火星。星火，火星，极其微弱的火焰。寓，含有，包含。

【译文】

顽石之中，也许藏有美玉；寒冷的灰烬之中，也许含有未熄灭的火星。

静坐常思己过，闲谈莫论人非。

【译文】

静坐时常常思考自己的过错，闲谈时不要评论他人的不足。

对痴人莫说梦话①，防所误也；见短人莫说矮话，避所忌也②。

【注释】

①痴人：此处指痴心妄想的人。梦话：不切实际的话，不着边际的话。

②忌：忌讳。

【译文】

对痴心妄想的人不要说不切实际的话，这是为了防止误导他；见到身材矮小的人不要说类似于矮的话，这是为了避开他的忌讳。

面谀之词①，有识者未必悦心②；背后之议，受憾者常至刻骨③。

【注释】

①面谀：当面恭维奉承。《史记·叔孙通列传》："公所事者且十主，皆面谀以得亲贵。"

②悦心：又作"心悦"，发自内心地高兴。

③受憾者：受到议论而心怀不满的人。刻骨：此处指刻骨铭心的怨恨。

【译文】

当面恭维他人,有见识的人未必真正高兴;背后议论他人过错,受到议论的人常常有刻骨铭心的怨恨。

【源流】

明刘宗周《人谱类记》:"面谀之词,有识者未必感;背后之议,衔之者常至刻骨。"

攻人之恶毋太严①,要思其堪受②;教人以善毋过高③,当使其可从④。

【注释】

①攻:此处指批评。恶:此处指过错。

②堪受:能够承受。

③高:此处指要求过高,标准过高。

④可从:能够做到。

【译文】

批评他人的错误不要太过严厉,要考虑到对方能否承受;教导他人向善不要要求太高,应当使他能做得到。

【源流】

明洪应明《菜根谭》:"攻人之恶毋太严,要思其堪受;教人以善毋过高,当使其可从。"

互乡童子则进之①,开其善也;阙党童子则抑之②,勉其学也。

【注释】

①互乡童子:未受到良好教育的学生。《论语·述而》:"互乡难与言,

童子见,门人惑。子曰:'与其进也,不与其退也,唯何甚? 人洁己以进,与其洁也,不保其往也。'"因互乡地处偏僻,与外界少有联系且语言亦多不通,故互乡童子多指没有受到良好教育的学生。

②阙党童子:《论语·宪问》载:"阙党童子将命。或问之曰:'益者与?'子曰:'吾见其居于位也,见其与先生并行也。非求益者也,欲速成者也。'"阙里,即孔子所居之地。纵阙党童子聪明早慧,但不遵礼节,自视甚高,故多指受过良好教育但不懂礼节又急于求成的学生。

【译文】

没有受到良好教育的学生,要促进他们的学习,这样做是为了开导他们向善好德;受过良好教育但不懂礼节又急于求成的学生,要适度压制他们,这样做是为了勉励他们努力学习。

【源流】

宋王应麟《困学纪闻》卷七:"互乡童子则进之,开其善也;阙党童子则抑之,勉其学也。"

不可无不可①,一世之识②;不可有不可③,一人之心④。

【注释】

①无不可:此处指没有什么是办不到的。

②一世之识:世间常理。识,常识,常理。

③有不可:此处指有些事是办不到的。

④一人之心:此处指自己的雄心壮志。

【译文】

总有些事是办不到的,这是世间常理;没有办不到的事情,这是雄心壮志。

事有急之不白者①，缓之或自明，毋急躁以速其戾②；人有操之不从者③，纵之或自化④，毋躁切以益其顽⑤。

【注释】

①不白：弄不明白。

②戾：此处指问题加剧，问题恶化。

③操：控制，管理。

④纵之或自化：放任他也许自己就变得顺服了。纵，放纵。自化，自己改变。此处指自己变得顺服。

⑤躁切：急切。顽：顽劣，不服管教。

【译文】

有的事急于解决却弄不明白，也许从容不迫地处理就自然会明白了，不要因急躁而使问题加剧；有的人管理他却不服从，也许放任他反而自己就会顺服了，不要因过分急切而使他更加顽劣。

【源流】

明洪应明《菜根谭》："事有急之不白者，宽之或自明，毋躁急以速其戾；人有切之不从者，纵之或自明，毋躁切以益其顽。"

遇矜才者①，毋以才相矜②，但以愚敌其才③，便可压倒④；遇炫奇者⑤，毋以奇相炫⑥，但以常敌奇，便可破除。

【注释】

①矜才：恃才傲物，因有才能而骄傲自大。

②相矜：互相夸耀。此处指互相比较。宋曾巩《道山亭记》："人以屋室钜丽相矜，虽下贫必丰其居。"

③敌：对抗。

④压倒：胜过，超过。

⑤炫奇：炫耀奇特。

⑥相炫：互相炫耀。此处指互相比较。

【译文】

遇到恃才傲物的人，不要用才智与他比较，只要用愚钝去对抗他的才智，便可以胜过他；遇到爱炫耀奇特的人，不要用奇特的事物与他比较，只要用平常的东西去对抗他的新奇之物，便可以破除他爱炫奇的心态。

直道事人①，虚衷御物②。

【注释】

①直道：做人直率真诚。《论语·微子》："直道而事人，焉往而不三黜？枉道而事人，何必去父母之邦。"

②虚衷：虚怀若谷，为人谦逊。御物：驾驭万物。

【译文】

以直率真诚对待他人，以虚怀若谷驾驭万物。

岂能尽如人意，但求不愧我心。

【译文】

世事岂能尽如我之期待，只求无愧于自己的本心。

【源流】

宋陈师道《后山集·上苏公书》："天下之事行之不中理使人不平者，岂此一事，阁下岂能尽争之耶？争之岂能尽如人意耶？"

清戚学标《鹤泉文钞》卷下："同官皆笑先生迂儒，先生卒不改，自题署壁云：'岂必尽如人意，但求无愧我心。'"

不近人情，举足尽是危机①；不体物情②，一生俱成梦境。

【注释】

①举足：又作"举步"，抬腿走路，代指开始做事。

②物情：世道人情。

【译文】

做事不合人情世故，只要开始做就要面对重重困难；做人不体察世道人情，一生都会成为虚无缥缈的梦境。

己性不可任，当用逆法制之①，其道在一忍字；人性不可拂②，当用顺法调之③，其道在一恕字。

【注释】

①逆法：此处指抑制的方法。

②拂：违背。

③顺法：此处指顺应的方法。

【译文】

自己的性情不可放任，应当用抑制的方法加以控制，这种方法的关键在于一个"忍"字；人民大众的性情不可违背，应当用顺应的方法加以调节，这种方法的关键在于一个"恕"字。

【源流】

清阮元《(道光)广东通志》卷三百五："(梁英佐)戒子弟曰：'己情不可纵，当以逆法制之，其道在忍；人性不可忽，当以顺法处之，其道在恕。'"按，《格言联璧》此句当本于清代梁英佐之语。

仇莫深于不体人之私①，而又苦之②；祸莫大于不讳人之短③，而又讦之④。

【注释】

①私：隐私。此处指难以言说的苦衷。

②苦：挖苦。

③讳：避讳。

④讦：攻击，指责。

【译文】

仇恨莫过于不体谅他人的苦衷，而又予以挖苦；灾祸莫过于不避讳他人的缺点，而又予以攻击。

【源流】

明吕坤《呻吟语》卷三："祸莫深于不体人之私，而又苦之；仇莫深于不讳人之短，而又讦之。"

辱人以不堪必反辱①，伤人以已甚必反伤②。

【注释】

①不堪：无法承受。反辱：使自己遭受侮辱。

②已甚：太过，太深。

【译文】

侮辱别人使人无法忍受，最终必定会使自己遭受侮辱；伤害别人伤得太深，最终必定会使自己遭受伤害。

处富贵之时，要知贫贱的痛痒①；值少壮之日②，须念衰老的辛酸。

【注释】

①痛痒：此处指痛苦，疾苦。

②值：正值，正当。

【译文】

处在富贵的时候，要知道生活贫困的疾苦；正值年轻力壮的时候，要想到年老后的辛酸。

【源流】

明洪应明《菜根谭》："处富贵之地，要知贫贱的痛痒；当少壮之时，须念衰老的辛酸。"

入安乐之场①，当体患难人景况②；居旁观之地，务悉局内人苦心③。

【注释】

①安乐之场：安乐的环境。

②患难：此处指遭受苦难，遭遇不幸。景况：境况，状况。

③务：务必，必须。悉：知道，了解。局内人：当事者。

【译文】

处于安乐的环境中，要体会那些受苦者的境况；处于旁观的地位时，务必要了解当事人的苦心。

临事须替别人思，论人先将自己思。

【译文】

遇到事情时应替别人考虑，评论他人时要先反思自己。

欲胜人者先自胜，欲论人者先自论，欲知人者先自知。

【译文】

想要战胜他人，先要战胜自己；想要评论他人，先要评论自己；想要了解他人，先要了解自己。

【源流】

《吕氏春秋·季春纪·先己》："欲胜人者必先自胜，欲论人者必先自论，欲知人者必先自知。"

待人三自反^①，处世两如何^②。

【注释】

①待人：此处指与人相处。三自反：再三反省自己。语出《孟子·离娄下》："孟子曰：'有人于此，其待我以横逆，则君子必自反也：我必不仁也，必无礼也，此物奚宜至哉？其自反而仁矣，自反而有礼矣，其横逆由是也，君子必自反也：我必不忠。自反而忠矣，其横逆由是也，君子曰：'此亦妄人也已矣。如此则与禽兽奚择哉？于禽兽又何难焉！'"章指言：君子责己，小人不改，比之禽兽，不足难也。"

②两如何：此处指考虑周到，分析全面。语出《论语·卫灵公》："子曰：'不曰如之何、如之何者，吾末如之何也已矣。'"此文释义可分两说：一说主祸难已成，戒人于事先慎思预防之。汉孔安国注："如之何者，言祸难已成，吾亦无如之何。"唐孔颖达正义："此章戒人豫防祸难也。"一说主熟思审处，可为楷模。宋朱熹《四书章句集注·论语》卷第八："'如之何、如之何'者，熟思而审处之辞也。不如是而妄行，虽圣人亦无如之何矣。"综此二说，无论于事前，抑或临事，亦皆戒人当深思熟虑。

【译文】

与人相处要再三反省自己，面对世事要考虑周到全面。

待富贵人，不难有礼而难有体^①；待贫贱人，不难有恩

而难有礼。

【注释】

①体：此处指得体。

【译文】

对待富贵的人，不难做到有礼而难做到得体；对待贫贱的人，不难做到有恩而难做到有礼。

【源流】

明樊良枢《密庵卮言》卷六："待富贵人，不难有礼而难有体；待贫贱人，不嫌无恩而嫌无礼。"按，此条后附"右眉公陈仲醇《长者言》四则"注文，陈继儒，字仲醇，号眉公，故《格言联璧》此句当本于明代陈继儒之语。

对愁人勿乐，对哭人勿笑，对失意人勿矜。

【译文】

面对愁苦的人不要表现出欢喜，面对哭泣的人不要展露出笑容，面对不得志的人不要夸赞自己的成就。

【源流】

明吕坤《呻吟语》卷三："对忧人勿乐，对哭人勿笑，对失意人勿矜。"

见人背语①，勿倾耳窃听②。入人私室③，勿侧目旁观④。到人案头⑤，勿信手乱翻⑥。

【注释】

①背语：背着人说话，不想让他人听到说话内容。

②倾耳：侧着耳朵，表示努力探听。《史记·淮阴侯列传》："农夫莫不辍耕释耒，褕衣甘食，倾耳以待命者。"

③私室:私人的房间。《礼记·内则》:"凡妇不命适私室,不敢退。"

④侧目旁观:此处指环顾,东瞧西看。

⑤案:书桌。

⑥信手,随手。

【译文】

看见别人背着人说话,就不要侧着耳朵去偷听。进入别人的房间,不要东瞧西看。到别人的书桌前,不要随手乱动别人的东西。

【源流】

清陈弘谋《五种遗规》之"史搢臣《愿体集》":"见人私语,勿倾耳窃听。入人私室,勿侧目旁观。"按,史搢臣,名典,《格言联璧》此句当化用清代史典编撰之文句。

不蹈无人之室①,不入有事之门②,不处藏物之所③。

【注释】

①蹈:走。此处指进入。

②入:此处指介入,参与。有事:此处指是非纷争。

③藏物之所:储藏物品的地方。

【译文】

不要走进没有人的房间,不要介入他人的是非纷争,不要待在储藏物品的地方。

俗语近于市①,纤语近于娼②,诨语近于优③。

【注释】

①俗语:此处指粗俗的话语。市:市井小民。

②纤语:漂亮动听的话语。娼:娼妓。

③诨（hùn）语：开玩笑，戏谑诙谐的话。宋周密《武林旧事·灯品》："有以绢灯翦写诗词，时寓讥笑，及画人物，藏头隐语，及旧京诨语，戏弄行人。"优：优伶，古代演戏的艺人。

【译文】

粗俗的话语近似于市井小民的话，动听的话语近似于娼妓的话，戏谑的话语近似于优伶戏子的话。

【源流】

明李乐《见闻杂纪》卷七："俗语近于市，纤语近于娟，诨语近于优。"按，此条后附"以上述华亭陈继儒著"注文，故《格言联璧》此句当本于明代陈继儒编撰之文句。

闻君子议论，如啜苦茗①，森严之后②，甘芳溢颊③；闻小人谄笑④，如嚼糖霜⑤，爽美之后⑥，寒冱凝胸⑦。

【注释】

①如啜（chuò）苦茗：如饮苦茶。啜，饮，吃。苦茗，苦茶。

②森严：此处指茶味苦涩。

③甘芳溢颊：甘甜清香充溢满口。甘芳，清香，芳香。溢颊，充溢满口。颊，脸颊。此处指口。

④谄（chǎn）笑：谄媚陪笑。《孟子·滕文公下》："曾子曰：'胁肩谄笑，病于夏畦。'"

⑤糖霜：白糖。宋王灼《糖霜谱》详载糖霜起源及制作食用之法。

⑥爽美：此处指爽口。

⑦寒冱（hù）凝胸：寒冷冰冻之感郁结胸中。寒冱，寒冻，寒凉。凝，郁积，凝结。

【译文】

听君子议论，如饮苦茶，苦涩过后，甘甜芳香充溢满口；听小人谄媚陪笑，如嚼白糖，爽口过后，寒冷冰冻之感郁结胸中。

【源流】

明宋岳《昼永编》："闻君子议论，如啜苦茗，森严之后，甘芳溢颊；闻小人诌笑，如嚼糖冰，爽美之后，寒凝沍腹。"

凡为外所胜者①，皆内不足②；凡为邪所夺者，皆正不足。

【注释】

①外：此处指个人修养过程中，外部的各种诱惑和不良影响等诸多因素。

②内：此处指个人自身的内部修养。

【译文】

凡是被外部因素战胜的，都是因为自身内部修养不足；凡是被邪恶所战胜的，都是因为自身正气不足。

【源流】

明吕坤《呻吟语》卷四："凡为外所胜者，皆内不足；为邪所夺者，皆正不足也。二者如持衡然，这边低一分，那边即昂一分，未有毫发相下者也。"

存乎天者①，于我无与也，穷通得丧②，吾听之而已。存乎我者，于人无与也，毁誉是非，吾置之而已。

【注释】

①存乎天者：此处指由上天决定的事情。

②穷通：困厄与显达。《魏书·崔浩传》："其砥直任时，不为穷通改节。"得丧：得到与失去。

【译文】

上天决定的事，我无法参与；困厄还是显达，得到还是失去，我听凭安排便可。我来决定的事,别人无法参与;诋毁还是赞誉,肯定还是否定,我置之不理便可。

小人乐闻君子之过,君子耻闻小人之恶。

【译文】

小人乐于听到君子的过错,君子耻于听到小人的恶行。

慕人善者①,勿问其所以善②,恐拟议之念生③,而效法之念微矣;济人穷者,勿问其所以穷,恐憎恶之心生,而恻隐之心泯矣④。

【注释】

①慕:仰慕。

②所以:此处指原因。

③拟议:行动之前的计划,筹划。

④恻隐之心:同情怜悯之心。《孟子·公孙丑上》:"恻隐之心,仁之端也。羞恶之心,义之端也。"

【译文】

仰慕善行,不要问他为何行善,以免只偏重了谋划,而忽略了学习行善之念;救济穷困,不要询问他为何贫穷,以免产生憎恶之感,而泯灭了怜悯同情之心。

时穷势蹙之人①,当原其初心②;功成名立之士,当观其末路③。

【注释】

①时穷势蹙（cù）：处境困顿窘迫。

②原：推究，探究。初心：最初的志向。

③末路：最后的结局。

【译文】

困顿窘迫的人，应当推究他最初的志向；功成名就的人，应当观察他最终的结局。

【源流】

明洪应明《菜根谭》："事穷势蹙之人，当原其初心；功成行满之士，要观其末路。"

踪多历乱，定有必不得已之私^①；言到支离^②，才是无可奈何之处。

【注释】

①必不得已：迫不得已。

②支离：犹支吾，说话吞吞吐吐，含糊不清。

【译文】

经历重重坎坷磨难，一定有迫不得已的苦衷；说话说到吞吞吐吐，应该是感到无可奈何了吧。

惠不在大，在乎当厄^①。怨不在多，在乎伤心。

【注释】

①当厄：处于困境，正逢危难。

【译文】

恩惠不在大小，而在于接受恩惠的人是否处于困境。怨恨不在多少，而在于这怨恨是否刺痛彼此的内心。

毋以小嫌疏至戚[①],毋以新怨忘旧恩。

【注释】

①小嫌:小的不满。嫌,厌恶,不满。至戚:最亲近的人。

【译文】

不要因为一点儿小小的不满就疏远最亲近的人,不要因为新近结下的仇怨就忘记了过去的恩情。

【源流】

清陈弘谋《五种遗规》之"史摺臣《愿体集》":"毋以小嫌疏至戚,毋以新怨忘旧亲。"按,史摺臣,名典,《格言联璧》此句当本于清代史典编撰之文句。

两悔无不释之怨[①],两求无不合之交[②],两怒无不成之祸。

【注释】

①两悔:双方都诚心悔过。释:消除。

②两求:双方都需要彼此。

【译文】

双方都诚心悔过,便没有不可消除的怨恨。双方都需要彼此,便没有结不成的交情。双方都怒目相向,便没有不酿成的灾祸。

【源流】

明吕坤《呻吟语》卷六:"两悔无不释之怨,两求无不合之交,两怒无不成之祸。"

古之名望相近,则相得[①];今之名望相近,则相妒[②]。

【注释】

①相得：相处融洽，和谐相处。

②相妒：互相嫉妒，互相忌恨。

【译文】

古时候名望相近的人，相处融洽；今天名望相近的人，却互相嫉妒。

【源流】

明吕坤《呻吟语》卷六："古人名望相近，则相得；今人名望相近，则相妒。"

齐家类

"齐家类"一章主要讲的是如何能够使家庭和谐兴旺。在阅读中可以分成两部分来理解,即管理家庭对内、对外事务的部分和处理家庭成员之间关系的部分。管理家庭事务部分,编者告诉人们管理家庭要勤俭持家、谨慎办事,更要对家庭成员以及家中仆人严格约束。处理家庭成员之间关系部分,编者首先告诉人们对父母要尊重孝顺,这种尊重和孝顺重点体现在对父母心愿的遵循和继承上。其次,世间最亲近的还要数自家兄弟,在处理兄弟间关系时要多为家族着想、多为对方着想,善于开导教育各自的妻子,这才能使兄弟间的关系保持和睦团结。最后,提醒人们要注意教育子女的重要性。教育好了子女,不仅可以使子女过上好日子,自己也会得到子女的孝敬和关怀,家族也会因此而和睦兴旺。此外,本章也谈及了一些关于婚丧嫁娶的事情。无论是子女晚辈的喜事,还是父母长辈的丧事,都应当以德为先、以礼为先,如果将婚丧嫁娶看作讨价还价的买卖和为自己谋利的手段的话,那便大错特错了。"齐家类"一章论及的家庭类型是农业社会的大家族,虽然与当下现代城市小家庭有较大区别,但编者谈及的子女应当孝顺父母、勤俭持家、谨慎办事等方面是同样受用的。此外,关于教育子女的问题,编者不仅注重对子女"才"的教育,更注重对子女"德"的教育,这种观念要比当下教育

"只重成绩不问品德"的观念要健康得多。另外,对待婚丧大事都应以"德""礼"为先,这种观念能够使人以严肃的态度来面对人生大事,是值得肯定的。

　　勤俭,治家之本①。和顺,齐家之本②。谨慎,保家之本③。诗书,起家之本④。忠孝,传家之本⑤。

【注释】

①治家:持家,操持家务。

②齐家:理顺家族成员之间的关系,使家族和睦团结。《礼记·大学》:"古之欲明明德于天下者,先治其国;欲治其国者,先齐其家;欲齐其家者,先修其身;欲修其身者,先正其心;欲正其心者,先诚其意;欲诚其意者,先致其知,致知在格物。"

③保家:保全家族,保护家人。

④起家:使家族兴旺。

⑤传家:家族世代相传。

【译文】

勤劳节俭,是操持家务的根本。和睦融洽,是家族和睦团结的根本。谨慎小心,是保障家族平安的根本。诗书经典,是推动家族兴旺的根本。忠孝纲常,是维持家族世代相传的根本。

【源流】

明张永明《张庄僖文集》卷五:"朱晦翁'居家四本':读书,起家之本。勤俭,治家之本。和顺,齐家之本。循礼,保家之本。"按,朱子,字元晦,号晦翁,《格言联璧》此句当本于朱子之语。

　　天下无不是底父母,世间最难得者兄弟。

【译文】

天底下没有不对的父母,世界上最难得的是自家兄弟。

【源流】

清周召《双桥随笔》卷三:"天下无不是的父母,人生最难得者兄弟。"

以父母之心为心①,天下无不友之兄弟②。以祖宗之心为心,天下无不和之族人。以天地之心为心,天下无不爱之民物③。

【注释】

①父母之心:父母的角度,父母思考问题的立场。《孟子·滕文公下》:"丈夫生而愿为之有室,女子生而愿为之有家。父母之心,人皆有之。"

②不友:不友爱,不亲爱。

③天下无不爱之民物:天底下就没有不值得关爱的人民和万物。不爱,不值得关爱。民物,人民和万物。此处指百姓。汉蔡邕《陈太丘碑》:"神化著于民物,形表图于丹青。"

【译文】

如果都能站在父母的角度去考虑问题,天底下就没有不相亲相爱的兄弟。如果都能站在祖宗的角度去考虑问题,天底下就没有不和睦的家族成员。如果都能站在天地的角度去考虑问题,天底下就没有不值得关爱的人民万物。

【源流】

清蔡世远《二希堂文集·鹤山祖祠碑记》:"常闻之安溪李文贞公曰:'以父母之心为心者,天下无不友之兄弟。以祖宗之心为心者,天下无不和之族人。以天地之心为心者,天下无不爱之民物。'"按,李光地,福建安溪人,谥文贞,故《格言联璧》此句当本于清代李光地之语。

人君以天地之心为心①，人子以父母之心为心②，天下无不一之心矣；臣工以朝廷之事为事③，奴仆以家主之事为事④，天下无不一之事矣。

【注释】

①人君：君主。以天地之心为心：站在天地自然的角度去考虑问题。此处指人君施政当合乎天道，含有颇多道家"无为而治"思想。《周易·复卦》："象曰：'复，其见天地之心。'"唐孔颖达正义："天地养万物，以静为心，不为而物自为，不生而物自生，寂然不动，此天地之心也。"

②人子：儿子。

③臣工：泛指大臣。以朝廷之事为事：将朝廷的事当作自己的事。此处指一心为公。

④家主：主人。

【译文】

如果做君主的能够站在天地的角度去考虑问题，做儿子的能够站在父母的角度去考虑问题，那么天底下就没有不一致的心思；如果做大臣的能将朝廷的事当作自己的事，做仆人的能将主人的事当作自己的事，那么天底下就没有不一致的事情。

【源流】

清陈弘谋《五种遗规》之"魏环溪《寒松堂集》"："人君以天地之心为心，人子以父母之心为心，天下无不一之心矣；臣工以朝廷之事为事，奴仆以家主之事为事，天下无不一之事矣。"按，魏象枢，字环溪，《格言联璧》此句当本于清代魏象枢之语。

孝莫辞劳①，转眼便为人父母。善毋望报②，回头但看尔儿孙。子之孝，不如率妇以为孝③，妇能养亲者也④。公姑得一孝妇⑤，胜如得一孝子。妇之孝，不如导孙以为孝⑥，孙能娱亲者也⑦。祖父得一孝孙⑧，又增一辈孝子。

【注释】

①孝：尽孝，孝顺父母。辞：推脱。劳：劳苦。

②善：善行，积德行善。毋：不要。望：期望。报：回报。

③率妇以为孝：引导媳妇尽孝。率，引导，带领。妇，媳妇，妻子。

④养：奉养，照料。亲：双亲，父母。

⑤公姑：公婆。

⑥导：教导。

⑦娱：使……得到快乐。

⑧祖父：此处指祖父母。

【译文】

尽孝道不要怕劳苦，因为转眼间自己便为人父母了。积德行善不要期望回报，回头看看自己的满堂儿孙，这不就是最大的回报吗？儿子孝顺，不如引导媳妇孝顺，因为媳妇能够奉养照料父母。公婆得到一个孝顺的儿媳妇，胜过得到一个孝顺的儿子。然而儿媳妇孝顺，不如教导孙子孝顺，孙子能使父母得到快乐。祖父母得到一个孝顺的孙子，就又增添了一辈孝子。

【源流】

清王培荀《听雨楼随笔》卷八："内江祝由，康熙丙子拔贡，善书画，工诗，尝刻楹联云：'孝莫辞劳，转眼即为父母；德无望报，回头却在儿孙。'"按，《格言联璧》"孝莫辞劳"四句当本于清代祝由之楹联。

清陈弘谋《五种遗规》之"王朗川《言行汇纂》"："子之孝，不如率妇以为孝。妇能养亲者也，朝夕不离，洁奉甘旨而亲心悦，故舅姑得一孝妇，胜得一孝子。妇之孝，不如导孙以孝，孙能娱亲者也，依依膝下，顺承靡违而亲心悦，故祖父添一孝孙，又添一孝子。"按，王之钺，号朗川，《格言联璧》"子之孝"十句当本于清代王之铁编撰之文句。

父母所欲为者①，我继述之②；父母所重念者③，我亲厚之④。

【注释】

①父母所欲为者：此处指父母想做却没来得及做的事。

②继述：继承遵循。继，继承。述，遵循。

③重念：常常挂念。

④亲厚：亲爱厚待。

【译文】

父母想做而没来得及做的事，我要继承下来并努力完成它；父母常常挂念的人，我要亲爱厚待他。

婚而论财①，究也夫妇之道丧②。葬而求福③，究也父子之恩绝。

【注释】

①论财：讨论钱财多少，即围绕钱财讨价还价。

②究：终究，到底。夫妇之道：传统社会维系两个家族及男女双方的礼仪和情分。《周易·序卦》："有天地，然后有万物；有万物，然后有男女；有男女，然后有夫妇；有夫妇，然后有父子；有父子，然后有君臣。有君臣，然后有上下；有上下，然后礼义有所错。"《荀子·大略篇》："夫妇之道，不可不正也，君臣父子之本也。"

③葬：埋葬亲人。福：福佑。

【译文】

两家结婚却在钱财上讨价还价，双方的礼仪和情分终究会丧失殆尽。

靠选择风水宝地埋葬亲人来求取福佑,父子间的恩情终究会彻底断绝。

【源流】

明谢肇淛《五杂组》卷十三:"婚而论财,其究也夫妇之道丧。葬而求福,其究也父子之恩绝。"

　　君子有终身之丧①,忌日是也②;君子有百世之养③,邱墓是也④。

【注释】

①丧:服丧。

②忌日:人去世的日子。此处指父母去世的日子。《礼记·祭义》:"君子有终身之丧,忌日之谓也。"汉郑玄注:"忌日,亲亡之日。"

③百世:后人百世。养:奉养。

④邱墓:坟墓。

【译文】

君子有终身要服丧的那一天,父母的忌日便是;君子有后人百世的奉养,死后的坟墓便是。

【源流】

清陈弘谋《五种遗规》之"王朗川《言行汇纂》":"君子有终身之丧,忌日是也;君子有百世之养,邱墓是也。"按,王之铁,号朗川,《格言联璧》此句当本于王之铁编撰之文句。

　　兄弟一块肉,妇人是刀锥①;兄弟一釜羹,妇人是盐梅②。

【注释】

①"兄弟一块肉"二句:亲兄弟就好比一块骨肉,如若不和妻子就会成为尖刀和锥子。此句意在说明兄弟亲睦之重要,兄弟不和便容

易为外人,甚至妻子所离间。

②“兄弟一釜羹(gēng)”二句:亲兄弟就好比一锅浓汤,如若和睦妻
子就会成为盐巴和梅子。釜,锅。羹,汤。盐梅,盐和梅子。盐味咸,
梅味酸,都是调味的必需品。此句意在说明,兄弟和睦,妻子也会
使兄弟情谊更加亲密融洽。

【译文】

亲兄弟就好比一块骨肉,关系不和才会为妻子所离间;亲兄弟就好
比一锅浓汤,关系和睦妻子亦会使之融洽。

兄弟和,其中自乐;子孙贤,此外何求!

【译文】

兄弟和睦,其中自有快乐;子孙贤能,便别无他求。

心术不可得罪于天地①,言行要留好样与儿孙②。

【注释】

①得罪:此处指对不起。

②好样:好榜样。

【译文】

心术不可以对不起天地良心,言行要为子孙做好榜样。

【源流】

明冯从吾《少墟集》卷十七:“余年十四从(沈)先生受《毛诗》,见先
生座右大书:‘心术不可得罪于天地,言行要留好样与儿孙’二语,心窃识
之,知此可以知先生为人矣。”按,文中先生即冯从吾之师沈珠,故《格言
联璧》此句当本于明代沈珠之座右铭。

现在之福，积自祖宗者，不可不惜；将来之福，贻于子孙者①，不可不培。现在之福如点灯，随点则随竭②；将来之福如添油③，愈添则愈明④。

【注释】

①贻（yí）：留给，传给。

②竭：用尽。

③添油：此处指给油灯添油。

④明：此处指油灯灯火明亮。

【译文】

现在享受的福气，是祖宗积累下来的，不能不珍惜；将来的福气，是留给子孙享用的，不能不好好培养。现在享受的福气就像点油灯，只要点亮便会消耗直至用尽；将来的福气就像给油灯添油，越添油灯火便越明亮。

【源流】

清陈弘谋《五种遗规》之"史搢臣《愿体集》"："现在之福，积自祖宗者，不可不惜；将来之福，贻于子孙者，不可不培。现在之福如点灯，随点则随竭；将来之福如添油，愈添则愈久。"按，史搢臣，名典，《格言联璧》此句当本于清代史典编撰之文句。

问祖宗之泽①，吾享者是，当念积累之难；问子孙之福，吾贻者是，要思倾覆之易②。

【注释】

①泽：福泽，福佑。

②倾覆：败亡。

【译文】

问祖宗的福泽在哪？我正享受着的便是，所以应当想到积累的艰难；问子孙将要享受的福泽在哪？我遗留给他们的便是，所以要想到败亡的容易。

【源流】

清陈弘谋《五种遗规》之"王朗川《言行汇纂》"："问祖宗之泽，吾享者是，当念积累之难；问子孙之福，吾贻者是，要思倾覆之易。"按，王之铁，号朗川，《格言联璧》此句当本于清代王之铁编撰之文句。

要知前世因①，今生受者是②，吾谓昨日以前，尔祖尔父，皆前世也。要知后世因，今生作者是③，吾谓今日以后，尔子尔孙，皆后世也。

【注释】

①前世因：前世种下的因。因，佛教基本概念之一。常与果合称"因果"，指事物的缘起或起因，种下什么因，将来就会得到什么果，即因果报应。

②受：遭受，承受。

③作者：所做的事。

【译文】

要想知道前世的因果报应，今生遭受的就是，我说的是昨天之前，你的祖父和父亲，都是前世。要想知道后世的因果报应，今生所做的事就是，我说的是今天之后，你的儿子和孙子，都是后世。

【源流】

清陈弘谋《五种遗规》之"王朗川《言行汇纂》"："释氏云：'要知前世因，今生受者是'，吾谓昨日以前，尔祖尔父，皆前世也。'要知后世因，今生作者是'，吾谓今日以后，尔子尔孙，皆后世也。"按，文中释氏似泛指佛家,故《格言联璧》此句当本于清代王之铁摘引之佛家偈语及阐发之感悟。

祖宗富贵,自诗书中来,子孙享富贵,则弃诗书矣;祖宗家业,自勤俭中来,子孙享家业,则忘勤俭矣。

【译文】

祖宗的富贵,来自于诗书,子孙享受着富贵,却抛弃了诗书;祖宗的家业,来自于勤俭,子孙享受着家业,却忘记了勤俭。

【源流】

清陈弘谋《五种遗规》之"史揖臣《愿体集》":"祖宗富贵,自诗书中来,子孙享富贵,则弃诗书矣;祖宗家业,自勤俭中来,子孙享家业,则忘勤俭矣。此所以多衰门也,可不戒之?"按,史揖臣,名典,《格言联璧》此句当本于清代史典编撰之文句。

近处不能感动①,未有能及远者②。小处不能调理③,未有能治大者。亲者不能联属④,未有能格疏者⑤。一家生理不能全备⑥,未有能安养百姓者⑦。一家子弟不率规矩⑧,未有能教诲他人者。

【注释】

①近处:此处指身边的人。感动:此处指感化和教育。

②及远:此处指推及到那些相对疏远的人。

③调理:管理,治理。

④联属:联合,笼络。

⑤格疏者:管理关系疏远的人。格,纠正。此处引申为管理。疏,关

系疏远的人。

⑥一家生理不能全备：一家人的生活所需都不能齐备。生理，生计，此处指生活所需。备，完备，齐全。

⑦安养：安抚养护。

⑧率：遵守，遵循。《诗经·大雅·假乐》："不愆不忘，率由旧章。"汉郑玄注："率，循也。"

【译文】

身边的人都不能感化，便不能感化远处的人。小的事情都不能管理好，便治理不好大的事情。家族亲人尚且不能联合，便无从管理关系疏远的人。一家人的生活所需都不齐备，便不能安抚养护百姓。一家子弟都不守规矩，便不能教导他人。

【源流】

清陈弘谋《五种遗规》之"程汉舒《笔记》"："近处不能感动，未有能及远者。小处不能条理，未有能治大者。亲者不能联属，未有能格疏者。一家生理不能全备，未有能安养百姓者。一家子弟不率规矩，未有能教诲他人者。"按，程大纯，字汉舒，《格言联璧》此句当本于清代程大纯编撰之文句。

至乐无如读书，至要莫如教子。

【译文】

最快乐的事情莫过于读书，最重要的事情莫过于教子。

【源流】

宋刘清之《戒子通录》卷六"《教子语》家颐"："人生至乐无如读书，至要无如教子。"按，《教子语》为家颐所作，故《格言联璧》此句当本于宋代家颐之语。

子弟有才①，制其爱毋弛其诲②，故不以骄败③；子弟不肖④，严其诲毋薄其爱，故不以怨离⑤。

【注释】

①子弟：家中晚辈孩童。

②弛：放松。诲：教育，教导。

③骄败：因骄纵而品行败坏。败，此处指品行败坏。

④不肖：此处指没有才华。《礼记·中庸》："贤者过之，不肖者不及也。"

⑤怨离：因怨恨而疏远。离，此处指疏远。

【译文】

晚辈孩童有才华，要控制对他们的宠爱，并且不要放松对他们的教导，这样才不会使他们因骄纵而品行败坏；子孙后代没有才华，要严加教导，但不要缺少对他们的关爱，只有这样才不会使他们因怨恨而疏远。

雨泽过润①，万物之灾也。恩崇过礼②，臣妾之灾也③。情爱过义④，子孙之灾也。

【注释】

①雨泽：雨水。过润：此处指雨水过多。

②恩崇过礼：尊崇超过了礼法。恩崇，尊崇。过礼，超过了礼法的限制。

③臣妾：此处指地位低下的人。

④情爱：此处指疼爱。过义：超过了限度。义，宜。此处指应有的限度。

【译文】

雨下得太多，便是万物的灾难。恩宠超过了礼法，便是臣妾的灾难。疼爱超出了限度，便是子孙的灾难。

【源流】

明吕坤《呻吟语》卷一："雨泽过润，万物之灾也。恩崇过礼，臣妾之灾也。情爱过义,子孙之灾也。"

安详恭敬,是教小儿第一法;公正严明,是做家长第一法。

【译文】

神情安详、态度恭敬,这是教育孩子的首要法则;办事公正、规矩严明,这是做家长的首要法则。

【源流】

宋朱熹《小学集注》卷五:"横渠张先生曰:'教小儿先要安详恭敬。'"按,《格言联璧》"安详恭敬,是教小儿第一法"句当本于宋代张载之语。

人一心先无主宰,如何整理得一身正当①? 人一身先无规矩,如何调剂得一家肃穆②? 融得性情上偏私③,便是大学问;消得家庭中嫌隙④,便是大经纶⑤。

【注释】

①整理得一身正当:约束自己使品行端正。整理,此处指约束。正当,此处指品行端正。

②调剂得一家肃穆:管理家庭使整肃有序。调剂,此处指管理。肃穆,整肃有序。

③融:此处指去除。偏私:偏袒和私心。此处指性情上的缺陷和不足。

④嫌隙:因猜疑或不满而产生的仇怨。此处指家庭成员之间的矛盾。

⑤经纶:学问,才能。

【译文】

人的心中原本就没有正确的观念作为主宰,如何能够约束自己使品行端正？人的身上原本就没有正确的行为规范，如何能够管理家庭使整肃有序？能够去除自身情感上的不足，这便是大学问；能消除家庭中的矛盾，这便是大才能。

【源流】

清陈弘谋《五种遗规》之"程汉舒《笔记》"："人一心先无主宰，如何整理得一身正当？人一身先无规矩，如何调剂得一家整肃？"按，程大纯，字汉舒，《格言联璧》"人一心先无主宰"四句当本于清代程大纯编撰之文句。

　　遇朋友交游之失①，宜剀切②，不宜游移③；处家庭骨肉之变④，宜委曲⑤，不宜激烈⑥。

【注释】

①交游之失：交往中的过失。

②剀（kǎi）切：此处指态度恳切地规劝纠正。《诗经·小雅·雨无正》："哿矣能言，巧言如流，俾躬处休！"唐孔颖达正义："《书》传注云：'剀，切。'《说文》云：'剀，摩也。'谓摩切其傍，不斥言。"

③游移：犹豫不决，态度暧昧。

④骨肉之变：亲人间的矛盾。

⑤委曲：此处指委婉含蓄。

⑥激烈：此处指情绪激动。

【译文】

遇到朋友交往中的过失，应当诚恳规劝，而不应态度暧昧；处理家庭亲人间的矛盾，应当委婉含蓄，而不应情绪激动。

【源流】

明洪应明《菜根谭》："处父兄骨肉之变，宜从容，不宜激烈；遇朋友交游之失，宜剀切，不宜优游。"

未有和气萃焉①,而家不吉昌者②;未有戾气结焉③,而家不衰败者。

【注释】

①萃:聚集。

②吉昌:吉祥昌盛。

③戾气:乖戾、凶暴之气。此处指家中不和,相互争斗。

【译文】

从来没有家中融洽和睦而家庭不吉祥昌盛的,从来没有家中相互争斗而家庭不衰落败亡的。

闺门之内①,不出戏言②,则刑于之化行矣③;房帏之中④,不闻戏笑,则相敬之风著矣⑤。

【注释】

①闺门:内室的门。此处指家中。《礼记·乐记》:"在闺门之内,父子兄弟同听之,则莫不和亲。"

②戏言:戏闹的言语,开玩笑的话。

③刑于之化:化用《诗经·大雅·思齐》篇中"刑于寡妻,至于兄弟,以御于家邦"之语,意在说明君子当以身作则,为自己妻子和兄弟做好榜样,这样才能管理好家庭。刑,典范,榜样。

④房帏:帷帐,代指内室。

⑤相敬之风:即夫妻相敬如宾,化用《左传·僖公三十三年》:"臼季使过冀,见冀缺耨。其妻馌之,敬,相待如宾。"

【译文】

家门之内,没有戏闹的言语,则家中以身作则教化之风已然推行;内室之中,没有轻薄的嬉笑,则夫妇相敬如宾之礼已然形成。

人之于嫡室也①,宜防其蔽子之过②;人之于继室也③,
宜防其诬子之过④。

【注释】

①嫡室:正妻。

②蔽子之过:掩饰自己儿子的过错。蔽,掩饰,掩盖。

③继室:原配死后续娶的妻子。《左传·昭公三年》:"齐侯使晏婴请
　继室于晋。"

④诬子之过:诬陷原配生的儿子犯有过错。诬,诬陷。子,此处指原
　配生的儿子。

【译文】

对于正妻,应当防范她掩饰自己儿子的过错;对于续娶的妻子,应当
防范她诬陷原配生的儿子犯有过错。

【源流】

清陈弘谋《五种遗规》之"史搢臣《愿体集》":"人之于妻也,宜防其
蔽子之过;于后妻也,宜防其诬子之过。天下未有不正其妻而能正其子
者,故曰:'刑于寡妻'。"按,史搢臣,名典,《格言联璧》此句当化用清代
史典编撰之文句。

仆虽能①,不可使与内事②;妻虽贤,不可使与外事③。

【注释】

①仆:仆人,奴仆。

②内事:此处指家庭内部事务。

③外事：家庭之外的事物。

【译文】

仆人虽然有才能，不可使他参与家庭内部事务；妻子虽然贤能，不可使她参与家庭之外的事务。

【源流】

清陈弘谋《五种遗规》之"史搢臣《愿体集》"："妻虽贤，不可使与外事；仆虽能，不可使与内事。"按，史搢臣，名典，《格言联璧》此句当本于清代史典编撰之文句。

奴仆得罪于我者尚可恕，得罪于人者不可恕[①]；子孙得罪于人者尚可恕，得罪于天者不可恕[②]。

【注释】

①人：此处指外人。

②得罪于天：违背天道，伤天害理。天，天道，天理。

【译文】

家中仆人得罪我尚可宽恕，但得罪外人则坚决不能宽恕；子孙得罪外人尚可宽恕，但违背天道伤天害理则坚决不能宽恕。

奴之不祥[①]，莫大于传主人之谤语[②]；主之不祥，莫大于信仆婢之谮言[③]。

【注释】

①不祥：不善，缺点。

②谤语：诽谤的话。

③信：听信。仆婢：仆人。谮（zèn）言：诬陷，说别人的坏话。

【译文】

仆人的缺点，莫过于传别人对主人诽谤的话；主人的缺点，莫过于听信仆人诬陷别人的话。

治家严，家乃和；居乡恕，乡乃睦。治家忌宽，而尤忌严；居家忌奢，而尤忌啬。

【译文】

治家严格，家庭才会和睦；居住乡里能体谅乡邻的过错，邻里才能和睦。治家切忌宽松，更忌太过严苛；持家度日切忌奢侈，更忌太过吝啬。

【源流】

清陈弘谋《五种遗规》之"史搢臣《愿体集》"："治家严，家乃和；居乡恕，乡乃睦。"按，史搢臣，名典，《格言联璧》"治家严"四句当本于清代史典编撰之文句。

无正经人交接①，其人必是奸邪；无穷亲友往来②，其家必然势利。

【注释】

①正经人：作风正派的人。交接：交往。《后汉书·张衡传》："常从容淡静，不好交接俗人。"

②往来：交往，来往。《老子》第八十章："鸡犬之声相闻，民至老死不相往来。"

【译文】

没有作风正派人和他交往，那么这个人必定是奸邪小人；没有贫穷的亲戚朋友与这家人来往，那么这家人必定都是势利小人。

　　日光照天，群物皆作①，人灵于物②，寐而不觉③，是谓天起人不起，必为天神所谴④，如君上临朝⑤，臣下高卧失误⑥，不免罚责⑦；夜漏三更⑧，群物皆息⑨，人灵于物，烟酒沉溺⑩，是谓地眠人不眠，必为地祇所诃⑪，如家主欲睡，仆婢喧闹不休⑫，定遭鞭笞。

【注释】

①作：兴起。此处指苏醒。

②人灵于物：人作为万物之灵。

③寐而不觉：大睡不醒。寐，睡。觉，醒。

④谴：谴责，责罚。

⑤临朝：上朝。

⑥高卧：高枕安卧。

⑦不免罚责：免不了要受责罚。罚责，因有罪而遭到责罚。

⑧夜漏三更：夜半时分。漏，漏壶，铜制有孔容器，通过滴水或漏沙以起到计时功能。三更，古人将一天划分为十二个时辰，每个时辰两个小时，其中将晚上七点到第二天早上五点这十个小时"五个时辰"定为五更，即戌时、亥时、子时、丑时、寅时。子时为三更，恰为夜半时分。

⑨群物皆息：万物都休息了。群物，万物。息，休息。

⑩烟酒沉溺：即沉溺烟酒。

⑪地祇（qí）：地神。诃：斥责。

⑫鞭笞：鞭打。

【译文】

　　太阳高照，万物都苏醒了，人作为万物之灵，仍然大睡不起，这是上天都起床了人却不起床，这样必定会遭到天神的谴责，就好比皇帝已经上朝，而大臣还在睡觉延误了时间，这样的大臣免不了要遭受惩罚；夜半时分,万物都休息了,人作为万物之灵,却还沉溺烟酒,这是大地都睡觉了人却不睡,这样必定会遭到地神的斥责,就好比家里主人正要睡觉,而仆人们却吵闹不休,这样的仆人注定要遭受鞭打。

【源流】

清姚文然《姚端恪公集》外集卷十八:"日光照天,群物皆作,人灵于物,寐而不觉,是谓天起人不起,必为天神所谴,如君上临朝,臣子高卧失误,不免责罚。……夜漏三刻,群物皆息,人灵于物,烟酒博弈,是谓地眠人不眠,必为地祇所诃,如家主欲睡,仆婢喧闹不休,定遭鞭笞。"

楼下不宜供神①,虑楼上之秽亵②;屋后必须开户③,防屋前之火灾。

【注释】

①供神:供奉神明。

②秽亵:污秽猥亵。此处指不雅的行为。

③开户:打通门户,开通一扇门。

【译文】

楼下不宜供奉神明,考虑到楼上的不雅行为会亵渎神明;屋后必须开通一扇门,以防屋前发生火灾而无法逃生。

从政类

【题解】

　　"从政类"一章主要讲的是为官从政的原则和操守。这一章所讲的内容与前几章相比更为具体,也更能体现时代印记。虽然农业社会时期官员承担的工作和当今社会官员的工作已经截然不同,但为官的良心和责任还是应当传承的。作为一名官员,首先不要将自己凌驾于百姓之上,要懂得尊重百姓,不要以为百姓软弱可欺,要发自内心地关爱百姓。其次,在日常管理中,要以恤民之心对待百姓,不要轻易打扰百姓的日常生活。尤其在朝廷征收赋税的时候,切不可使百姓受到惊扰。另外,不要乱发空头文件,还要对官府中的小官差们严加管束,这样才能做到真正抚恤百姓。简而言之,就是要严格治吏、宽和养民。最后,为官一任要上对得起国家、下对得起人民,要坚守节操、严肃谨慎,不可有半点私心。做官要造福一方百姓,要时时刻刻为百姓着想,不可为了谋取个人利益而牺牲百姓的利益。所以,要坚持高尚的节操、坚持正道。"从政类"一章谈及的为官原则和操守虽然源自农业社会,但其中侧重于官员的爱民之心和高尚人格培养的部分同样适用于当下。此外,本章中还加入了一定程度的"因果报应"思想,尽管这些迷信思想无法得到当下科学的证明,但在农业社会中,这些思想也会在一定程度上起到导人向善的作用,具有一定的积极意义。

眼前百姓即儿孙，莫谓百姓可欺，且留下儿孙地步^①；堂上一官称父母^②，漫道一官好做^③，还尽些父母恩情。

【注释】

①地步：余地。此处指福泽。

②堂：公堂。父母：古代地方官通称为"父母官"。

③漫道：别说，不要说。

【译文】

眼前的百姓就好比自己的儿孙，不要觉得百姓好欺骗，应该为百姓留些福泽；公堂之上被称为父母官，不要觉得这个官好当，应该为百姓尽些父母官的恩情。

【源流】

清陈弘谋《五种遗规》之"王朗川《言行汇纂》"："王玉池令金乡，揭一联于堂曰：'眼前百姓即儿孙，莫谓百姓可欺，且留下儿孙地步；堂上一官称父母，漫说一官易做，还尽些父母恩情。'"按，王玉池尝官金乡知县，《格言联璧》此句当本于清代金乡知县王玉池撰写之堂联。

善体黎庶情^①，此谓民之父母；广行阴骘事^②，以能保我子孙。

【注释】

①体：体察。黎庶：黎民百姓。

②广行阴骘（zhì）事：多做善事广积德行。阴骘事，善事。语出《尚书·洪范》："惟天阴骘下民，相协厥居。"唐孔颖达正义："言民是上天所生，形神天之所授，故'天不言而默定下民'。"故阴骘，为默定，即于无声无息间使人民安定，后泛指积德行善。

【译文】

做官要善于体察民情，这便是民之父母；多做善事广积德行，以此来保佑我的子孙后代。

封赠父祖^①，易得也^②，无使人唾骂父祖，难得也；恩荫子孙^③，易得也，无使我毒害子孙^④，难得也。

【注释】

①封赠父祖：让祖先加官进爵获得尊荣。封赠，父母或先人因子孙后代为官而获得官爵。古代帝王推恩于臣下，将彰显尊荣的官爵授予其父母。父母在世称"封"，不在世称"赠"。父祖，代指祖先。

②得：做到，实现。

③荫：荫庇，庇护。子孙：代指后代。

④毒害：伤害。此处指因过分溺爱与骄纵反而使子孙后代受到伤害。

【译文】

让祖先加官进爵，这是容易做到的，而不使人唾骂自己的祖先，这是很难做到的；恩德荫庇子孙，这是容易做到的，而不使我伤害自己的子孙，这却是很难做到的。

【源流】

清陈弘谋《五种遗规》之"熊勉庵《宝善堂居官格言》"："封赠父祖，易得也，无使人唾骂父祖，难得也，恩荫子孙，易得也，无使子孙流落伶仃，难得也。居官而思其难者则父祖之泽长，子孙之祚远矣。"按，熊弘备，字勉庵，《格言联璧》此句当本于清代熊弘备编撰之文句。

洁己方能不失己^①，爱民所重在亲民^②。

【注释】

①洁己：洁身自好。不失己：不丢失自己善良美好的本性。

②重：重点，关键。亲民：亲爱百姓，关爱百姓。《礼记·大学》："大
　　学之道，在明明德，在亲民，在止于至善。"唐孔颖达正义："在亲
　　民者，言大学之道在于亲爱于民。"

【译文】

洁身自好方能不丢失自己善良美好的本性，关爱百姓的关键在于发
自内心地亲爱百姓。

朝廷立法不可不严，有司行法不可不恕①。

【注释】

①有司：执法官吏。《管子·幼官》："定府官，明名分，而审责于群
　　臣有司，则下不乘上，贱不乘贵。"

【译文】

国家制定法令不可以不严格，而官吏执法却不可以没有仁恕之心。

【源流】

清陈弘谋《五种遗规》之"熊勉庵《宝善堂居官格言》"："朝廷立法
不可不严，有司行法不可不恕。不严则不足以禁天下之恶，不恕则不足
以通天下之情。"按，熊弘备，字勉庵，《格言联璧》此句当本于清代熊弘
备编撰之文句。

严以驭役而宽以恤民①，亟于扬善而勇于去奸②，缓于催科而勤于抚众③。

【注释】

①驭：管理。役：被使唤的人。此处指小官吏。恤：体恤，关怀。
②亟：极力，大力。
③催科：催收田租和赋税。

【译文】

管理官吏要严格而抚恤百姓要宽和，对待善行要大力表彰而对待恶行要敢于去除，催收租税要和缓而安抚百姓要勤勉。

催科不扰[①]，催科中抚众；刑罚不差[②]，刑罚中教化。

【注释】

①扰：惊扰百姓。

②差：偏差，不公平。

【译文】

催收租税时不要惊扰百姓，要在催收租税中安抚百姓；施用刑罚不要出现偏差，要在施用刑罚中教化百姓。

【源流】

清陈弘谋《五种遗规》之"熊勉庵《宝善堂居官格言》"："催科不扰，催科中抚字；刑罚不差，刑罚中教化。"按，熊弘备，字勉庵，《格言联璧》此句当本于清代熊弘备编撰之文句。

刑罚当宽处即宽[①]，草木亦上天生命[②]；财用可省时便省[③]，丝毫皆下民脂膏[④]。

【注释】

①宽：宽缓，宽和。

②上天生命：上天赋予的生命。

③财用：钱财。

④丝毫皆下民脂膏：一丝一毫那都是老百姓的血汗。下民脂膏，老百姓用血汗创造的财富，又作"民脂民膏"。五代孟昶《戒石铭》："尔俸尔禄，民膏民脂。"

【译文】

刑罚应当宽缓的地方就宽缓些,即便草木那也是上天赋予的生命;钱财能节省时就节省些,即便一丝一毫那都是老百姓的血汗。

【源流】

清陈弘谋《五种遗规》之"熊勉庵《宝善堂居官格言》":"刑罚当宽处即宽,草木亦上天生命;财用可省时便省,丝毫皆下民脂膏。"按,熊弘备,字勉庵,《格言联璧》此句当本于清代熊弘备编撰之文句。

居家为妇女们爱怜,朋友必多怒色[①];做官为衙门人欢喜,百姓定有怨声[②]。

【注释】

①"居家为妇女们爱怜"二句:意在说明在家过多讨好妻妾女眷,势必会牵扯精力而疏远忽略了朋友,进而会影响到朋友之间的感情。

②"做官为衙(yá)门人欢喜"二句:意在说明做官只想着衙门里官员和小吏的利益,而忽略了百姓的疾苦,势必会使百姓怨声载道。

【译文】

在家中为妇女们所喜爱而疏远了朋友,朋友们必定会感到愤怒;做官为衙门里的人所喜欢而不顾及百姓,百姓必定会怨声载道。

官不必尊显[①],期于无负君亲[②]。道不必博施[③],要在有裨民物[④]。禄岂须多[⑤],防满则退[⑥]。年不待暮[⑦],有疾便辞[⑧]。天非私富一人,托以众贫者之命[⑨]。天非私贵一人,托以众贱者之身[⑩]。

【注释】

①尊显:地位高贵显赫。

②期：希望。负：辜负。君亲：君王，亦指君王与父母。

③道：推行道义、宣扬道义。博：广泛。施：施予。

④有裨（bì）民物：有益于百姓。裨，益。民物，人民与万物。此处指百姓。

⑤禄：俸禄。

⑥防满：防止因地位和权势达到极盛转而走向衰败。

⑦年：年龄，年岁。待：等到。暮：此处指年老。

⑧辞：辞官回家。

⑨"天非私富一人"二句：上天不会只让一个人富裕，而用大多数人的贫穷来衬托他。私，只，仅。托，衬托。

⑩贱：卑贱。

【译文】

出仕为官不必高贵显赫，希望不辜负君王就好。推行道义不必广泛施予，关键在于有益百姓。俸禄哪里需要那么多，当退则退。不用等到年老，有病就辞官回家。上天不会只让一个人富裕，而用大多数人的贫穷来衬托他。上天不会只让一个人显贵，而用大多数人的卑贱来衬托他。

【源流】

明樊良枢《密庵卮言》卷四："官不必尊显，期于无负君亲。道不论大行，要之有裨民物。"按，此条后附"吴君章"注文，故《格言联璧》"官不必尊显"四句当本于元代吴君章之语。

宋刘清之《戒子通录》卷四《韦世康与子弟书》："禄岂须多，防满则退。年不待暮，有疾便辞。"按，《格言联璧》"禄岂须多"四句当本于隋代韦世康之语。

清贺长龄《经世文编》之"《仕学一贯录》陈庆门"："天非私富一人，原以众贫者相托也。天非私贵一人，实以众贱者相托也。"按，《格言联璧》"天非私福一人"四句当本于清代陈庆门之语。

住世一日^①，要做一日好人；为官一日，要行一日好事。

【注释】

①住世：待在世上，活在世上。

【译文】

在世一天，就要做一天好人；当官一日，就要做一天好事。

【源流】

宋罗大经《鹤林玉露》卷十三："吾乡前辈彭执中云：'住世一日，则做一日好人；为官一日，则行一日好事。'"按，《格言联璧》此句当本于宋代彭执中之语。

贫贱人栉风沐雨^①，万苦千辛，自家血汗自家消受^②，天之鉴察犹恕^③；富贵人衣税食租^④，担爵受禄^⑤，万民血汗一人消受，天之督责更严^⑥。

【注释】

①栉（zhì）风沐雨：以风梳头，以雨沐浴，形容奔波劳苦。《庄子·天下》："沐甚雨，栉疾风。"

②消受：享受。

③鉴察：察看，监察。

④衣税食租：穿衣吃饭皆来自田租赋税。

⑤担：担负，身负。爵：爵位。

⑥督责：督查责罚。此处指监督。

【译文】

贫贱的人奔波劳碌，经历千辛万苦，自己付出的血汗自己享受，因此上天对他的监察也就相对宽容些；富贵的人穿衣吃饭皆来自田租赋税，身负爵位接受俸禄，万千百姓的血汗自己一人享受，因此上天对他的监督也就更加严厉些。

平日诚以治民，而民信之，则凡有事于民^①，无不应矣^②；平日诚以事天^③，而天信之，则凡有祷于天^④，无不应矣^⑤。

【注释】

①有事于民：此处指征调百姓。

②应：响应。

③事天：侍奉上天，侍奉神明。

④祷：祈祷，祷告求福。

⑤应：此处指应验。

【译文】

平时以诚信治理百姓，百姓就会信任，所以只要征调百姓，没有不响应的；平时以诚信侍奉上天，上天就会信任，所以只要有事向上天祈祷，没有不应验的。

【源流】

清蔡世远《二希堂文集》卷二《晋阳灵雨诗序》："平日诚以治民，而民信之，则凡有事于民，无不应矣；诚以事天，而天信之，则凡有祷于天，莫不应矣。"

平民肯种德施惠^①，便是无位底卿相^②；士夫徒贪权希宠^③，竟成有爵底乞儿^④。

【注释】

①种德：积德。施惠：施恩。

②无位底卿相：没有官位的公卿宰相。无位，没有官位，没有官职。
　　卿相，公卿宰相。

③士夫：士大夫。此处指为官之人。宠：尊荣。

④有爵底乞儿：有官位的流民乞丐。有爵，有爵位，有官位。乞儿，
　　乞丐。

【译文】

平民如果能够积德施恩，那便是没有官位的公卿宰相；官员如果只贪图权力希望得宠，那便是有官位的流民乞丐。

　　无功而食①，雀鼠是已②；肆害而食③，虎狼是已。

【注释】

①无功：此处指对国家百姓没有功劳。食：此处指空食国家俸禄。

②雀鼠：偷盗粮食的麻雀和老鼠，比喻微不足道或品行卑劣的人。

③肆害：此处指大肆危害国家残害百姓。

【译文】

对国家百姓没有半点功劳却依旧吃着国家的俸禄，这种人不过是麻雀老鼠般的卑劣之人；大肆危害国家残害百姓却仍旧吃着国家的俸禄，这种人就是虎狼般的穷凶极恶之辈。

【源流】

明吕坤《呻吟语》卷六："无功而食，雀鼠是已；肆害而食，虎狼是已。士大夫可图诸座右。"

　　毋矜清而傲浊①，毋慎大而忽小②，毋勤始而怠终③。

【注释】

①清：清高，高雅。傲：此处指鄙视，看不起。浊：庸俗。

②慎大：对大事谨慎。忽小：对小事粗心。

③勤始：开始勤勉。怠终：最终懈怠。

【译文】

不要夸赞自己的清高而鄙视他人的庸俗，不要处理大事谨慎而对小事粗心，不要做事开始勤勉而最终懈怠。

勤能补拙，俭以养廉。

【译文】

勤奋可以弥补先天的笨拙，节俭可以培养廉洁的品行。

【源流】

清卢见曾《雅雨堂集》文集卷一："见曾履任以来，深思所以治洪之法，无如家大人之所以治偃者，一则曰：'俭以养廉'，一则曰：'勤能补拙'。"按，"勤能补拙""俭以养廉"二则皆散见篇籍，然将此二则合而为一者，当为卢见曾之父卢道悦，考道悦尝官偃师知县，《格言联璧》此句当本于卢道悦之语。

居官廉①，人以为百姓受福，予以为锡福于子孙者不浅也②，曾见有约己裕民者③，后代不昌大耶④？居官浊⑤，人以为百姓受害，予以为贻害于子孙者不浅也⑥，曾见有瘠众肥家者⑦，历世得久长耶⑧？

【注释】

①居官：为官，做官。

②锡福于子孙：将福气留给子孙，即为子孙造福。锡，同"赐"，传，给。

③曾见：可曾看见。约己：约束自己，严于律己。裕民：造福百姓。

④昌大：此处指家族昌盛人丁兴旺。

⑤浊：贪浊，贪腐。

⑥贻害：留下祸害。

⑦瘠众肥家：搜刮百姓富裕自家。瘠，瘦弱。此处作使动用法，使百姓瘦弱，即搜刮。

⑧历世：历朝历代。得久长：得以长久延续。

【译文】

为官清廉，别人以为是百姓享福，我以为是给自己子孙后代造福颇多，可曾看见那些严于律己并造福百姓的官员，他们的子孙后代不都是昌盛兴旺吗？为官贪浊，别人以为是百姓受祸害，我以为是留祸害给自己子孙甚多，可曾看见那些搜刮百姓且专富自家的官员，历朝历代有哪个得以长久？

以林皋安乐懒散心做官①，未有不荒怠者②；以在家治生营产心做官③，未有不贪鄙者④。

【注释】

①林皋（gāo）：泛指山林。懒散：慵懒散漫。

②荒怠：荒废懈怠。

③治生营产：谋划生计经营产业。

④贪鄙：贪婪鄙陋。

【译文】

以安享山林慵懒散漫的心态做官，没有不荒废政务的；以在家中打理生意经营产业的心态做官，没有不贪婪鄙陋的。

【源流】

清李庚乾《佐杂谱》卷上："愚按，'惟利是视'此新吾先生所谓：'以在家治生营产心为官，未有不贪鄙者也。'愿与吾辈共戒之。"按，吕坤，字叔简,又字新吾,即新吾先生,《格言联璧》"以在家治生营产心做官"
二句当本于明代吕坤之语。

念念用之君民^①,则为吉士^②。念念用之套数^③,则为俗
吏^④。念念用之身家,则为贼臣^⑤。

【注释】

①念念:一门心思,全心全意。

②吉士:贤才,栋梁。《尚书·立政》:"继自今立政,其勿以憸人,其
　惟吉士,用劢相我国家。"

③套数:成系统的技巧或手法。此处指官场形成的诸多不良风气和
　做官的一些固定路数。

④俗吏:恶俗的官吏。

⑤贼臣:乱臣贼子。

【译文】

全心全意想着君王和百姓的人,是国家的栋梁。一门心思想着官场
路数的人,是恶俗的官吏。一门心思想着自己身家利益的人,是乱臣贼子。

【源流】

明吕坤《呻吟语》卷四:"居官念头有三用,念念用之君民,则为吉士。
念念用之套数,则为俗吏。念念用之身家,则为贼臣。"

古之从仕者养人^①,今之从仕者养己^②。古之居官也,
在下民身上做工夫。今之居官也,在上官眼底做工夫^③。

【注释】

①养人:此处指关心百姓。

②养己:此处指关心自己。

③上官：上级。

【译文】

古时做官的人关心百姓，现在做官的人关心自己。古时做官的人，在百姓身上下真工夫。现在做官的人，在上级眼里做表面工夫。

【源流】

隋王通《中说》："子曰：'古之从仕者养人，今之从仕者养己。'"

在家者不知有官①，方能守分②；在官者不知有家③，方能尽分。

【注释】

①在家者：此处指官员的家属。

②守分：安守本分。

③家：此处指自己家族的利益得失。

【译文】

官员的家属能忘记自己的亲人是官员，这样才能安守本分；在外做官的人能忘记自己家族的利益得失，这样才能尽到本分。

君子当官任职，不计难易，而志在济人①，故动辄成功②；小人苟禄营私③，只任便安④，而意在利己，故动多败事⑤。

【注释】

①济人：帮助百姓。

②动辄成功：只要去做就会成功。

③苟禄营私：贪图俸禄谋取私利。苟，贪图。营私，谋求私利。

④任：承担，担任。便安：此处指安逸闲适的差事。

⑤败事：失败。

【译文】

君子做官任职，不计较事情的难易，只想着帮助百姓，所以只要去做就会成功；小人贪图俸禄谋取私利，只承担那些安闲的差事，想着为自己谋利，所以只要去做就会失败。

【源流】

清陈弘谋《五种遗规》之"何西畴《常言》"："君子当官任职，不计难易，而志在必为，故动而成功；小人苟禄营私，择己利便，而多所避就，故用必败事。"按，何坦，号西畴，《格言联璧》此句当本于宋代何坦之语。

职业是当然底①，每日做他不尽，莫要认作假②；权势是偶然底③，有日还他主者④，莫要认作真⑤。

【注释】

①职业：此处指分内的公务。《荀子·富国》："事业所恶也，功利所好也，职业无分，如是，则人有树事之患而有争功之祸矣。"唐杨倞注："职业，谓官职及四人之业也。"当然：此处指理所当然。

②认作假：认为是假的，即不认真对待，玩忽职守。

③偶然：此处指偶然得到的。

④还：此处指交给。主：掌管。

⑤认作真：认作是真的，即把持权力，怙恃弄权。

【译文】

公务是理所当然要做的，每天做也做不完，不要因为这样就玩忽职守；权势是偶然得到的，终有一天会交给他人掌管，不要因为这样就怙恃弄权。

【源流】

清陈弘谋《五种遗规》之"王朗川《言行汇纂》"："居官者，职业是当然的，每日做他不尽，莫要认作假；权势是偶然的，有日还他主者，莫要认作真。"按，王之铁，号朗川，《格言联璧》此句当本于清代王之铁编撰之文句。

一切人为恶，犹可言也①，惟读书人不可为恶，读书人为恶，更无教化之人矣②；一切人犯法，犹可言也，惟做官人不可犯法，做官人犯法，更无禁治之人也③。

【注释】

①犹可言：此处指问题尚不严重。《公羊传·隐公五年》："僭诸公犹可言也，僭天子不可言也。"汉何休注："前僭八佾于惠公庙，大恶，不可言也。"《公羊传》以义解经，其载"不可言者"皆系"大恶"，而"可言者"尚不至罪恶深重。

②更无：再也没有。

③禁治：制止管理。

【译文】

所有人作恶，问题尚不严重，唯有读书人绝对不可以作恶，因为读书人如果作恶，那么天下就再也没有推行教化的人了；所有人犯法，问题尚不严重，唯有做官人绝对不可以犯法，因为做官人如果犯法，那么天下就没有制止管理的人了。

【源流】

明吕坤《呻吟语》卷四："一切人为恶，犹可言也，惟读书人不可为恶，读书人为恶，更无教化之人矣；一切人犯法，犹可言也，惟做官人不可犯法，做官人犯法，更无禁治之人也。"

士大夫济人利物①，宜居其实，不宜居其名，居其名则德损;士大夫忧国为民,当有其心,不当有其语,有其语则毁来。

【注释】

①利物:利益万物,造福社会。《周易·乾卦》:"文言曰:'嘉会足以合礼,利物足以和义。'"唐孔颖达正义:"言君子利益万物,使物各得其宜,足以和合于义,法天之利也。"

【译文】

做官的人帮助百姓造福社会,应当注重实效,而不应当在意虚名,在意虚名反而会损害德行;做官的人忧国忧民,应当有真心实意,而不应当只说空话,只说空话反而会遭到毁谤。

【源流】

清陈弘谋《五种遗规》之"熊勉庵《宝善堂居官格言》":"士大夫济人利物,宜居其实,不宜居其名,居其名则德损;士大夫忧国为民,当有其心,不当有其语,有其语则毁来。"按,熊弘备,字勉庵,《格言联璧》此句当本于清代熊弘备编撰之文句。

以处女之自爱者爱身①,以严父之教子者教士②。执法如山,守身如玉③,爱民如子,去蠹如仇④。

【注释】

①爱身:爱惜自己的名节。身,自己。此处指自己的名节。

②教士:教导年轻人。士,士子。此处指年轻人。

③守身如玉:守护名节,洁身自爱,如玉般洁白无瑕。《孟子·离娄上》:"守孰为大? 守身为大。"汉赵岐注:"守身,使不陷于不义也。"

④去蠹(dù)如仇:去除丑恶犹如仇敌一样毫不留情。蠹,本指蛀蚀器物的虫子。此处指社会的丑恶。《吕氏春秋·达郁》:"树郁则为蠹。"汉高诱注:"蠹蝎,木中之虫也。"

【译文】

像姑娘洁身自爱一样爱惜自己的名节，像严厉的父亲教导儿子一样教导年轻人。执行法令犹如高山一样毫不动摇，保持名节犹如美玉一样纯洁无瑕，爱护百姓犹如父母一样关怀有加，去除丑恶犹如仇敌一样毫不留情。

【源流】

清陈弘谋《五种遗规》之"魏环溪《寒松堂集》"："功令森严，身名为重，内外情面概宜谢绝，然后以处女之自爱者爱身，以严父之教子者教士。士风文运，实嘉赖之。"按，魏象枢，字环溪，《格言联璧》"以处女之自爱者爱身"二句当本于清代魏象枢之语。

清陈弘谋《五种遗规》之"魏环溪《寒松堂集》"："惟望执事执法如山，守身如玉，爱民如子，去蠹如仇，诲属吏如师之教弟，阅招详如弟之亲师，荐举贤良如读古人得意之书。"按，魏象枢，字环溪，《格言联璧》"执法如山"四句当本于清代魏象枢之语。

陷一无辜①，与操刀杀人者何别②；释一大憝③，与纵虎伤人者无殊④。

【注释】

①陷：陷害。无辜：无罪的，清白的。《尚书·汤诰》："并告无辜于上下神祇。"汉孔安国注："言百姓兆民并告无罪，称冤诉天地。"

②操：拿。

③释：释放。大憝（duì）：穷凶极恶之人。《尚书·康诰》："王曰：'封，元恶大憝，矧惟不孝不友。'"汉孔安国注："大恶之人犹为人所大恶。"

④纵：放。殊：不同。

【译文】

陷害一个清清白白的人，与拿刀杀人有什么分别；释放一个穷凶极恶的人,与放虎伤人有什么不同。

【源流】

清陈弘谋《五种遗规》之"熊勉庵《宝善堂居官格言》":"陷一无辜,与操刀杀人者同罪;释一大憝,与纵虎伤人者均恶。"按,熊弘备,字勉庵,《格言联璧》此句当本于清代熊弘备编撰之文句。

针芒刺手①,茨棘伤足②,举体痛楚③,刑惨百倍于此④,可以喜怒施之乎⑤? 虎豹在前,坑阱在后⑥,百般呼号⑦,狱犴何异于此⑧,可使无辜坐之乎⑨?

【注释】

①针芒:针尖。

②茨棘:荆棘。《诗经·小雅·楚茨》:"楚楚者茨,言抽其棘。"汉郑玄注:"茨,蒺藜。伐除蒺藜与棘。"

③举体:全身。

④刑:刑罚。惨:残酷。

⑤可以:怎么可以,表反问。喜怒:此处指依据个人的喜怒。

⑥坑阱(jǐng):陷阱。

⑦百般:用尽各种方法。此处指用尽全力。呼号:因悲伤无助而叫喊哀嚎。

⑧狱犴(àn):监狱。犴,古代地方行政单位拘押犯人的处所。《荀子·宥坐》:"狱犴不治,不可刑也。"唐杨倞注:"狱犴不治,谓法令不当也。犴亦狱也。"

⑨坐:获罪。此处指遭受折磨。

【译文】

针尖扎进手心,荆棘划破脚底,全身都会疼痛难忍,然而刑罚要比这些残酷百倍,怎么可以依据个人喜怒而随意施加呢? 虎豹挡在前面,身后遍布陷阱，用尽全力叫喊哀嚎，监狱中的情况与这又有什么分别，怎么可以使清白的人遭受这样的折磨呢？

【源流】

宋真德秀《政经》之《论州县官僚》："针芒刺手，茨棘伤足，举体懔然谓之痛楚，刑威之惨百倍于此，其可以喜怒施之乎？虎豹在前，坑阱在后，号呼求救唯恐不免，狱邢之苦何异于此，其可使无辜坐之者乎？"

官虽至尊①，决不可以人之生命佐己之喜怒②；官虽至卑③，决不可以己之名节佐人之喜怒④。

【注释】

①至尊：此处指官位极高。

②以：用，拿。佐：此处指迎合。

③至卑：此处指官位极低。

④人：别人。此处指上级。

【译文】

官位虽高，也决不可以拿别人的生死来迎合自己的喜怒；官位虽低，也决不可以拿自己的名节来迎合别人的喜怒。

【源流】

清陈弘谋《五种遗规》之"熊勉庵《宝善堂居官格言》"："官虽至尊，不可以人之生命佐己之喜怒；官虽至卑，不可以己之名节佐人之喜怒。"按，熊弘备，字勉庵，《格言联璧》此句当本于清代熊弘备编撰之文句。

听断之官①，成心必不可有②；任事之官③，成算必不可无④。

【注释】

①听断：听讼断案，审理案件。《荀子·荣辱》："政令法，举措时，听

　　断公。"

②成心：先入为主的见解。

③任事：当差办事。

④成算：事先筹划的方案。

【译文】

　　听讼断案的官员，心中一定不能有先入为主的见解；当差办事的官员，心中一定不能没有事先筹划的方案。

　　无关紧要之票①，概不标判②，则吏胥无权③；不相交涉之人④，概不往来，则关防自密⑤。

【注释】

①票：此处指政令公文。

②标判：签发。明佘自强《治谱》卷三"先期佥押"条："凡次日应申文书，应行牌票，与夫一切应佥、应押、应标判用印，俱要头一日申时候晚堂事毕传进。"

③吏胥：官府中的小官吏，又作"胥吏"。唐白居易《和除夜作》："我统十郎官，君领百吏胥。"

④交涉：此处指公务上的往来。

⑤关防：防止机密泄露的一种印信。此处代指国家机密。《大明律》卷二十四《刑律七》"伪造印信历日"条："伪造关防印记者，杖一百，徒三年。"

【译文】

　　无关紧要的政令公文，一概不签发，这样官府中的小官吏就没了权力；没有公务往来的人，一概不与交往，这样国家的机密就会保守严密。

　　无辜牵累难堪①，非紧要②，只须两造对质③，保全多少身家^④；疑案转移甚大^⑤，无确据，便当末减从宽^⑥，休养几人性命^⑦。

【注释】

①牵累：此处指遭受案件牵连。难堪：此处指处境艰难。

②非紧要：此处指只要案件不是太过重要。

③两造：囚犯和证人，亦指涉案双方。《尚书·吕刑》："两造具备，师听五辞。"

④身家：此处指人的清白与名声。

⑤转移：此处指疑点。

⑥末减：从轻论罪或减刑。

⑦休养：此处指保全。

【译文】

无辜之人遭受案件牵连处境艰难，只要不是太重要的案件，只需双方对质就可以了，这样可以使多少人的清白得以保全。疑难案件存在颇多疑点，因此只要没有确凿证据，就应对当事人从轻论罪宽大处理，这样可以使多少人的性命得以保全。

呆子之患，深于浪子^①，以其终无转智^②；昏官之害，甚于贪官，以其狼藉及人^③。

【注释】

①深：甚，严重。

②以：表原因。其：代指呆傻之人。转智：变聪明。

③狼藉：糟蹋，祸害。

【译文】

呆傻之人的祸患，要比那些轻薄浪荡之人严重得多，因为他永远也不会变聪明；昏庸之官的危害，要比那些贪官严重得多，因为他的昏庸无能会祸害到广大百姓。

官肯著意一分①，民受十分之惠；上能吃苦一点②，民沾万点之恩③。

【注释】

①著意：用心。此处指关心百姓。

②上：在上位者。此处指官员。

③沾：得到恩泽，得到好处。

【译文】

官员能够对百姓关心一分，百姓就会受到十分的恩惠；官员能够吃一点苦，百姓就会得到万点恩惠。

礼繁则难行①，卒成废阁之书②；法繁则易犯，益甚决裂之罪③。

【注释】

①繁：繁琐。

②卒：最终，最后。废阁：搁置而不实施，亦作"废格"。《史记·平准书》："张汤用峻文决理为廷尉，于是见知之法生，而废格沮诽穷治之狱用矣。"

③决裂之罪：深重的罪行。

【译文】

礼节繁琐便难于施行，终究会成为无法实施的一纸空文；法令繁多便易于触犯，这要比深重的罪行还要可怕。

【源流】

明吕坤《呻吟语》卷五："礼繁则难行,卒成废阁之书;法繁则易犯,益甚决裂之罪。"

善启迪人心者,当因其所明而渐通之①,毋强开其所闭②;善移易风俗者,当因其所易而渐反之③,毋强矫其所难④。

【注释】

①因:遵从,按照。通:开导。

②强:硬性地,强行地。开:开化,打开。闭:此处指百姓固有的蒙昧状态。

③反:此处指改善,改正。

④难:此处指难以改变的风俗习惯。

【译文】

善于开导百姓的人,应当从百姓明白的地方入手并逐渐开导,而不会对他们固有的蒙昧状态强行开化。善于改善风俗的人,应当从百姓容易改变的地方入手并逐渐改善,而不会去强行矫正他们难以改变的风俗习惯。

【源流】

清陈弘谋《五种遗规》之"熊勉庵《宝善堂居官格言》":"善启迪人心者,当因其所明而渐通之,毋强开其所闭;善移易风俗者,当因其所易而渐反之,毋轻矫其所难。"按,熊弘备,字勉庵,《格言联璧》此句当本于清代熊弘备编撰之文句。

非甚不便于民,且莫妄更①;非大有益于民,切莫轻举②。

【注释】

①妄更:轻易改变。

②轻举：轻易施行。

【译文】

无论什么法令，如果没有给百姓带来极大的不便，就不要轻易改变；无论什么法令，如果不能给百姓带来极大的好处，就不要轻易施行。

【源流】

宋胡太初《昼帘绪论》之《临民篇》："非甚不便于民，不必好为更革；非甚宜益于民，不必轻为兴举。"

情有可通①，莫于旧有者过裁抑②，以生寡恩之怨③；事在得已④，莫于旧无者妄增设⑤，以开多事之门。

【注释】

①情有可通：此处指法令在情理上能讲得通。

②旧有者：此处指旧的制度，旧的法令。裁抑：删减。

③怨：不满。

④事在得已：此处指不得已需要颁布新的法令。

⑤旧无者：原本没有的法令。

【译文】

情理上能讲得通的法令，就不要将旧的条款做过多删减，以免刻薄寡恩而招致百姓的不满；不得已需要颁布的法令，千万不要随意增设一些原本没有的条款，以致给百姓带来更多麻烦。

【源流】

清陈弘谋《五种遗规》之"熊勉庵《宝善堂居官格言》"："情有可通，莫于旧有者过裁抑，以生寡恩之怨；事在得已，莫于旧无者妄增设，以开多事之门。若理当革时，当兴合于事势人情则非所拘矣。"按，熊弘备，字勉庵，《格言联璧》此句当本于清代熊弘备编撰之文句。

为前人者，无干誉矫情①，立一切不可常之法②，以难后人③；为后人者，无矜能露迹④，为一朝即改革之政⑤，以苦前人⑥。

【注释】

①干誉：求取名誉。矫情：矫揉造作。

②立：立法，颁布。不可常：不能作为规则的。此处指难以施行的。

③难：难为，出难题。

④矜：夸耀。露：显露，显耀。迹：同"绩"，功绩。

⑤一朝：形容时间短暂。即：仓促，急迫。

⑥以苦前人：使前人白费辛苦。

【译文】

作为前人，不应该求取名誉矫揉造作，进而立下难以施行的法规，给后人出难题；作为后人，不应该夸耀才能显耀功绩，进而推行难以长久的仓促改革，让前人白费辛苦。

【源流】

明吕坤《呻吟语》卷五："凡居官为前人者，无干誉矫情，立一切不可常之法，以难后人；为后人者，无矜能露迹，为一朝即改革之政，以苦前人。"

事在当因①，不为后人开无故之端②；事在当革，毋使后人长不救之祸③。

【注释】

①事：此处指法令制度。因：因袭，承袭。

②无故：没有原因，没有理由。端：开端，先例。

③不救之祸：无法补救的灾祸。此处指因法令问题而造成的灾祸。

【译文】

法令应当承袭就要承袭下去，不要给后人开启无故更改制度的先例；法令应当变革就要彻底变革，不要给后人造成无法挽救的灾祸。

【源流】

明吕坤《呻吟语》卷五："为政者贵在因时，事在当因，不为后人开无故之端；事在当革，不为后人长不救之祸。"

利在一身勿谋也，利在天下者谋之；利在一时勿谋也，利在万世者谋之。

【译文】

只对自己一人有利的事不要谋划，对全天下人都有利的事才可以谋划；只对社会一时有利的事不要谋划，对千秋万世都有利的事才可以谋划。

【源流】

清陈弘谋《五种遗规》之"熊勉庵《宝善堂居官格言》"："利在一身勿谋也，利在天下者谋之；利在一时勿谋也，利在万世者谋之。"按，熊弘备，字勉庵，《格言联璧》此句当本于清代熊弘备编撰之文句。

莫为婴儿之态①，而有大人之器②。莫为一身之谋，而有天下之志③。莫为终身之计④，而有后世之虑⑤。

【注释】

①态：举动，动作。

②器：度量，器度。

③天下之志：此处指为天下苍生谋划的志向。

④终身之计：此处指只为自己的一辈子谋划。

⑤后世之虑：此处指为子孙后代考虑。

【译文】

不要做出小孩儿的举动，要有大丈夫的器度。不要只为自己一人谋划，要有为天下苍生谋划的志向。不要只为自己一辈子打算，要为子孙后代多做些考虑。

【源流】

宋吕祖谦《宋文鉴》卷第九十二"谢良佐《论语解序》"："莫为婴儿之态，而有大人之器。莫为一身之谋，而有天下之志。莫为终身之计，而有后世之虑。"按，《格言联璧》此句当本于宋代谢良佐之语。

　　用三代以前见识①，而不失之迂；就三代以后家数②，而不邻于俗③。

【注释】

①用三代以前见识：用夏、商、周三代以前的经验和理念来治理天下。三代，夏、商、周三朝。见识，此处指治理国家的经验和理念。

②家数：方法和手段。

③邻于俗：近于俗，落入俗套。

【译文】

用三代以前的经验和理念，而不会流于迂腐和拘泥；用三代以后的方法和手段，而不会落入为政的俗套。

【源流】

明吕坤《呻吟语》卷五："用三代以前见识而不迂，就三代以后家数而不俗。可以当国矣。"

　　大智兴邦，不过集众思；大愚误国，只为好自用。

【译文】

有大智慧的人能兴国兴邦,其实所谓大智慧不过是能集合众人的思想而已;极其愚蠢的人能误国误民,其实所谓愚蠢至极不过是听不进大家的意见爱自以为是罢了。

吾爵益高,吾志益下①。吾官益大,吾心益小②。吾禄益厚,吾施益博③。

【注释】

①志:态度。下:此处指态度谦卑。

②心:心思,思虑。小:此处指思虑谨慎。

③施:施舍。博:广泛。

【译文】

我的爵位越高,我的态度便越谦卑。我的官职越大,我的思虑便越谨慎。我的俸禄越多,我的施舍便越广泛。

【源流】

《列子》卷八:"孙叔敖曰:'吾爵益高,吾志益下。吾官益大,吾心益小。吾禄益厚,吾施益博。'"

安民者何? 无求于民,则民安矣;察吏者何①? 无求于吏,则吏察矣②。

【注释】

①察吏:监察官吏。察,监察,考察。

②察:此处指自察,即官吏自然清廉自律了。

【译文】

如何使百姓安乐呢? 只要不向百姓索取什么,百姓就自然安乐了;

如何监察官吏呢？只要不向官吏索取什么，官吏就自然清廉自律了。

【源流】

清张培仁《静娱亭笔记》卷二："蒋楚珍曰：'安民者何？无求于民，则民安矣；察吏者何？无求于吏，则吏察矣。'"按，蒋鸣玉，字楚珍，《格言联璧》此句当本于清代蒋鸣玉之语。

　　不可假公法以报私仇，不可假公法以报私德①。天德只是个无我②，王道只是个爱人③。

【注释】

①私德：个人的恩德。

②天德：最高的德行。无我：忘记自我，即没有私心。

③王道：古时指以仁义统治天下。爱人：此处指关爱百姓。

【译文】

不可以借国家法律报个人仇恨，不可以借国家法律报个人恩德。最高的德行不过是无私忘我，最好的政策不过是关爱百姓。

【源流】

明谷中虚《薛文清公要言》卷上："固不可假公法以报私仇，亦不可假公法以报私德。"按，薛瑄谥文清，《格言联璧》"不可假公法以报私仇"二句当本于明代薛瑄之语。

明吕坤《呻吟语》卷一："天德只是个无我，王道只是个爱人。"

　　惟有主①，则天地万物自我而立②；必无私，斯上下四旁咸得其平③。

【注释】

①主：主见。此处指心存圣贤之道。

②天地万物自我而立：即自己心中建立起评判天地万物的基准和立场。

③上下四旁：即上下四方，指整个人类社会。咸：皆，都。平：和谐相

　　处的完美状态。

【译文】

做人心存圣道，便有了评判天地万物的基准和立场；做人心地无私，
整个社会的上下四方皆会和谐相处各得其所。

【源流】

清黄宗羲《明儒学案》卷十四"中承张浮峰先生元冲"条："揭座右曰：
'惟有主，则天地万物自我而立；必无私，斯上下四旁咸得其平。'"按，《格
言联璧》此句当本于明代张元冲之座右铭。

治道之要①，在知人②。君德之要，在体仁③。御臣之要④，
在推诚⑤。用人之要，在择言⑥。理财之要，在经制⑦。足用
之要⑧，在薄敛⑨。除寇之要⑩，在安民。

【注释】

①治道：治理国家。要：关键。

②知人：鉴别人的品行和才能，即识别人才。《尚书·皋陶谟》："知
　　人则哲，能官人。"

③体仁：躬行仁道，亲自施行仁义。《周易·乾卦》："文言：'君子体
　　仁，足以长人。'"

④御臣：驾驭臣下。

⑤推诚：以诚相待。

⑥择言：选择适当的话，即听取正确的建议。《国语·晋语》："择言
　　以教子，择师保以相子。"

⑦经制：管理节制。此处指合理管控。

⑧足用：此处指国家财用充足。

⑨薄敛：少征赋税。薄，少。敛，征税。汉晁错《论贵粟疏》：“明主
　　知其然也，故务民于农桑，薄赋敛，广畜积，以实仓廪，备水旱，故
　　民可得而有也。”
⑩除寇：平定贼寇。

【译文】

治理国家的关键，在于识别人才。君王有德的关键，在于亲自施行
仁义。驾驭臣下的关键，在于以诚相待。任用人才的关键，在于听取正
确建议。管理财政的关键，在于合理管控。财用充足的关键，在于少征
赋税。平定贼寇的关键，在于安抚百姓。

【源流】

明刘宗周《学言》：“治道之要，在知人。君德之要，在体仁。御臣之要，
在推诚。用人之要，在择言。理财之要，在经制。足用之要，在薄敛。除
寇之要，在安民。”

未用兵时，全要虚心用人①；既用兵时，全要实心活人②。

【注释】

①全要：务必，尽力做到。用人：此处指任用贤才。
②实心：全心全意。活人：保全人命，即尊重生命，不滥杀无辜。

【译文】

没到用兵打仗的时候，务必虚怀若谷任用贤才；到了用兵打仗的时
候，务必全心全意保全人命。

天下不可一日无君，故夷齐非汤武①，明臣道也，不然，则
乱臣接踵而难为君②；天下不可一日无民，故孔孟是汤武③，明
君道也，不然，则暴君接踵而难为民④。

【注释】

①夷齐非汤武：伯夷、叔齐批评商汤、周武王。夷齐，伯夷、叔齐，皆为商朝末年贤人，认为周武王身为商朝的臣子，伐商是不对的。非，批评，批判。汤武，商汤、周武王，皆为圣明君主。商汤，因夏朝无道而灭夏朝，成为商朝开国君主；周武王，因商朝无道而灭商朝，成为周朝开国君主。《史记·伯夷列传》："武王载木主，号为文王，东伐纣。伯夷、叔齐叩马而谏曰：'父死不葬，爰及干戈，可谓孝乎？以臣弑君，可谓仁乎？'"

②难为君：难以为君，即君主的地位难以稳固。

③孔孟是汤武：指孔子、孟子肯定商汤、周武王。《孔子家语·辩乐解》："纣为天子，荒淫暴乱而终以亡。"《孟子·梁惠王下》："闻诛一夫纣矣，未闻弑君也。"是，肯定，称赞。

④难为民：难以为民，即天下百姓民不聊生。

【译文】

国家不可以一天没有君主，所以伯夷、叔齐批评商汤、周武王，这是明白做臣子的道理，如果不这样的话，那么乱臣贼子会一个接着一个地出现，君主的地位就难以稳固了；国家不可以一天没有百姓，所以孔子、孟子称赞商汤、周武王，这是明白做君王的道理，如果不这样的话，那么暴虐的君主会一个接着一个地出现，天下百姓将民不聊生。

【源流】

明吕坤《呻吟语》卷一："天下不可一日无君，故夷齐非汤武，明臣道也，此天下之大防也，不然，则乱臣贼子接踵矣而难为君；天下不可一日无民，故孔孟是汤武，明君道也，此天下之大惧也，不然，则暴君乱主接踵矣而难为民。"

庙堂之上①，以养正气为先；海宇之内②，以养元气为本③。

【注释】

①庙堂之上：朝堂之上。此处指在朝为官。庙堂，朝堂。宋范仲淹《岳
　　阳楼记》："居庙堂之高，则忧其民；处江湖之远，则忧其君。"

②海宇之内：四海之内。此处指普天之下。

③养元气：此处指养护民力。养，养护，休养。元气，此处指民力。

【译文】

在朝为官要以培养正气为首要；普天之下要以养护民力为根本。

【源流】

明吕坤《呻吟语》卷五："庙堂之上，以养正气为先；海宇之内，以养
元气为本。"

人身之所重者元气①，国家之所重者人才。

【注释】

①元气：此处指精神。

【译文】

对人而言，最重要的是精神；对国家而言，最重要的是人才。

【源流】

清汤斌《汤子遗书》卷三"《送宋牧仲分司赣关序》"："人身之所重
者元气也，国家之所重者人才也。"按，《格言联璧》此句当本于清代汤斌
之语。

惠言类

【题解】

　　"惠言类"一章所讲的内容并没有一个明确的主题,而是赠人佳言,在生活中的方方面面都给人以指导和告诫。无论修身持家、读书治学、为人处世等都包括其中,在某种程度上是对前面几章的一个总结。所以,本章仍是告诫人们在自身修养方面要品行方正、注重道德修养;在处理家庭事务方面要勤俭持家、谦虚忍让;在为人处世方面要坚持操守、待人平和、办事谨慎、圆融通达。并且,面对世事变迁、命运好坏都要坦然面对、知足常乐。虽然这一章也谈及了忠君爱国、勤政爱民等思想,但相对而言,更侧重于指导人们对自己内心和性情的修养。因为,一切好的行为都源自好的念头,好的念头都源自善良的内心与温和的性情。在看似平淡的日常生活中,懂得修养自己的内心和性情,并做到持之以恒,这才是人生修为的理想境界。

　　圣人敛福①,君子考祥②;作德日休③,为善最乐。

【注释】

　　①敛福:此处指教化民众积聚福祉。敛,积聚。《尚书·洪范》:"敛时五福,用敷锡厥庶民。"唐孔颖达正义:"当先敬用五事,以敛聚五福

之道,用此为教,布与众民,使众民慕而行之,天下众民尽得中也。"

②考祥:考察过往的善恶以预知未来的吉凶。《周易·履卦》:"上九,视履考祥,其旋元吉。"唐孔颖达正义:"视其所履之行善恶得失,考其祸福之征祥。"

③作德日休:积德行善日子一天比一天好。作德,积德行善,做好事。日休,一天比一天好。休,吉庆,美好。《尚书·周官》:"作德,心逸日休;作伪,心劳日拙。"

【译文】

圣人教化民众积聚福祉,君子考察自己的过往以预知吉凶;积德行善日子就会一天比一天好,处处为善生活就会变得无比快乐。

【源流】

宋罗大经《鹤林玉露》卷一"山谷八字"条:"余家藏山谷八大字云:'作德日休,为善最乐'摘经史语,混然天成,可置座右。"按,黄庭坚,字鲁直,号山谷道人,《格言联璧》"作德日休"二句当本于宋代黄庭坚之语。

开卷有益,作善降祥①。

【注释】

①作善:行善,做好事。降:降下。此处指获得。

【译文】

读书有好处,行善得吉祥。

【源流】

宋李焘《续资治通鉴长编》卷二十四"太宗太平兴国八年"条:"上曰:'朕性喜读书,开卷有益,不为劳也。'"按,太宗即宋太宗赵匡义,《格言联璧》"开卷有益"当本于赵匡义之语。

《尚书·伊训》:"作善降之百祥,作不善降之百殃。"按,《格言联璧》"作善降祥"当化用《尚书·伊训》之文句。

崇德效山^①，藏器学海^②。群居守口^③，独坐防心^④。

【注释】

①崇：高。此处指提升。效：效法，学习。山：高山。此处指高山所
　代表的稳重敦厚。

②藏器：怀藏才能。此处指增长才干谦虚内敛。《周易·系辞下》："君
　子藏器于身，待时而动。"

③群居：一群人相处。守口：闭口，指说话小心谨慎。

④独坐：独处。防心：此处指谨防那些不好的念头。

【译文】

培养德行提升品质要学习高山的稳重敦厚，增长才干谦虚内敛要学
习大海的幽深宽广。很多人在一起要说话谨慎，自己一人独处要谨防杂念。

【源流】

清钱仪吉《碑传集》卷二十四"又附《程功录》条"："山不厌高，海
不厌深，崇德学山，藏器学海，学之而至，必能负九州之重，受众流之规。"
按，《程功录》为杨名时撰，《格言联璧》"崇德学山"句当本于清代杨名
时之语。

清尤侗《艮斋杂说》卷四："陈缑山云：'群居守口，独坐防心。'"按，
陈天祥，号缑山。《格言联璧》"群居守口"句当本于元代陈天祥之语。

知足常乐，能忍自安。

【译文】

知足的人常常快乐，能忍的人自然平安。

【源流】

《老子》第四十六章："祸莫大于不知足，咎莫大于欲得，故知足之足，
常足矣。"《论语·卫灵公》："子曰：'巧言乱德，小不忍则乱大谋。'"

穷达有命^①,吉凶由人^②。

【注释】

①穷:困顿。达:显达。有命:此处指自有命运安排。

②由人:此处指由自己把握。《左传·僖公十六年》:"吉凶由人,吾
　不敢逆君故也。"晋杜预注:"积善余庆,积恶余殃,故曰'吉凶由
　人'也。"

【译文】

困顿与显达自有命运安排,吉祥与凶险全由自己把握。

【源流】

《文选》卷五十二"汉班彪《王命论》":"穷达有命,吉凶由人。"按,
《格言联璧》此句当本于汉代班彪之语。

以镜自照见形容^①,以心自照见吉凶^②。

【注释】

①形容:面容。《管子·内业》:"全心在中,不可蔽匿,和于形容,见
　于肤色。"

②自照:照自己。此处指反省自己。见:看见。此处指预见。

【译文】

用镜子照自己看见的是面容;用内心反省自己,预见的是未来的祸
福吉凶。

【源流】

《后汉书·朱晖传》注:"《镜铭》曰:'以镜自照,看见形容;以人自照,
看见吉凶。'"

唐张九龄《曲江集》卷之十三"《进千秋节金镜录表》":"以镜自照
见形容,以人自照见吉凶。"按,《格言联璧》此句当本于张九龄化用《镜

铭》之文。

善为至宝，一生用之不尽；心作良田，百世耕之有余[①]。世事让三分，天空地阔；心田培一点，子种孙收[②]。

【注释】

①"心作良田"二句：把自己的内心当作良田，子孙世代都耕种不完。此句意在说明，存养好自己的良心本性，子孙后代从中受益无穷。

②"心田培一点"二句：多培养一点内心的善良，世代传承定会收获福气。子种孙收，世代传承收获福气。种，此处指传承。收，此处指收获福气。此句为互文，当作"子孙种、子孙收"，即子孙后代传承这种传统，那么子孙后代定会收获福气。

【译文】

善良是最宝贵的东西，一生都享用不完；把内心当作良田，子孙世代都耕种不完。凡事让人三分，自然关系和谐前途广阔；多培养一点内心的善良，世代传承定会收获福气。

要好儿孙[①]，须方寸中放宽一步[②]；欲成家业[③]，宜凡事上吃亏三分。

【注释】

①好：此处指造福。

②方寸中放宽一步：内心宽容大度一些。方寸，内心。

③家业：此处指家族兴旺。

【译文】

要想为儿孙造福，就要内心宽容大度一些；要想使家族兴旺，就要事事谦让不争。

留福与儿孙，未必尽黄金白镪①；种心为产业②，由来皆美宅良田。

【注释】

①白镪（qiǎng）：白银，银子。

②种心：修养身心，培养品德。产业：事业。

【译文】

给儿孙留福分，没必要全都是黄金白银；把修养身心作为事业，从来都会使家族兴旺有良田美宅。

存一点天理心①，不必责效于后②，子孙赖之③；说几句阴骘话，纵未尽施于人④，鬼神鉴之⑤。

【注释】

①天理心：天理良心。

②责效：苛求收到成效。

③赖：仰赖，从中获益。

④施：此处指给予帮助。

⑤鉴：察，看。

【译文】

自己心存一点天理良心，没必要苛求以后会收到成效，子孙会从中受益；对人说几句积德的话，即便没有尽力给予帮助，世间的神明也会看在眼里。

非读书，不能入圣贤之域①；非积德，不能生聪慧之儿。

【注释】

①入圣贤之域：达到圣贤的境界。

【译文】

不读书，就不能达到圣贤的境界；不积德，就不能生养聪慧的儿女。

多积阴德，诸福自至，是取决于天。尽力农事，加倍收成，是取决于地。善教子孙，后嗣昌大①，是取决于人。事事培元气②，其人必寿；念念存本心，其后必昌。

【注释】

①后嗣：子孙后代。

②培元气：养护精神。

【译文】

多积德行善，各种福气自然会到来，这是由上天决定的。努力耕种，加倍收获粮食，这是由大地决定的。好好教育子孙，使家族昌盛人丁兴旺，这是由人决定的。处理每件事情都注意养护精神，这样的人一定长寿；考虑每件事情都心存善念，这样的人后代一定昌盛。

【源流】

清汤来贺《内省斋文集》卷二十三《何碧塘七十序》："陆平泉先生云：'世有自然之利而人不言及，何也？多积阴德，诸福自至，是取之于天。稼穑维宝，如崇如墉，是取之于地。善教子孙，后嗣昌炽，是取之于人。斯三者，正大光明而可以传之于久远。'至哉！斯言也。"按，陆树声，号平泉，《格言联璧》此句当化用明代陆树声之语。

勿谓一念可欺也，须知有天地鬼神之鉴察。勿谓一言可轻也①，须知有前后左右之窃听。勿谓一事可忽也，须知有身家性命之关系。勿谓一时可逞也②，须知有子孙祸福之报应。

【注释】

①轻：此处指随便说。

②逞（chěng）：放纵，放任。

【译文】

不要有一点欺骗的心思，要知道这世间有天地神明的监督。不要觉得可以随便说一句话，要知道周围会有他人在偷听。不要觉得可以粗心对待一件小事，要知道任何事情都可能关系到自己的身家性命。不要只图一时放纵，要知道自己的所作所为和子孙的祸福存在因果报应。

人心一念之邪，而鬼在其中焉，因而欺侮之，播弄之①，昼见于形象②，夜见于梦魂③，必酿其祸而后已。故邪心即是鬼，鬼与鬼相应，又何怪乎！人心一念之正，而神在其中焉，因而鉴察之④，呵护之，上至于父母，下至于儿孙，必致其福而后已。故正心即是神，神与神相亲，又何疑乎！

【注释】

①播弄：捉弄。

②见：同"现"，表现，呈现。形象：外貌。此处指精神气质。

③梦魂：梦境，梦乡。

④鉴察：监督。

【译文】

人的心中只要产生一点邪恶的念头，那么魔鬼便在你心中了，进而欺负、捉弄你的内心，白天表现在你的精神气质上，夜晚出现在你的梦境里，必定要酿成大祸才会停止。所以邪恶的念头就是魔鬼，并且魔鬼和魔鬼之间是相互呼应的,这又有什么奇怪的呢!人的心中只要产生一点正直的念头,那么神明便在你心中了,进而监督、保护你的内心,上至父母双亲,下到儿女子孙,必定都受到福佑才算完满。所以,正直的念头就是神明,并且神明与神明之间是相亲近的,这又有什么值得怀疑的呢?

【源流】

清魏象枢《庸言》:"人心一念之邪,而鬼在其中焉,因而欺侮之,播弄之,昼见于形象,夜见于梦魂,必酿其祸而后已。故邪心即是鬼,鬼与鬼相应,又何怪乎!人心一念之正,而神在其中焉,因而鉴察之,呵护之,上至于父母,下至于子孙,必致其福而后已。故正心即是神,神与神相亲,又何疑乎!"

　　终日说善言,不如做了一件;终身行善事,须防错了一件。物力维艰①,要知吃饭穿衣,谈何容易;光阴迅速,即使读书行善,能有几多②。

【注释】

①物力:指衣食日用。维:表判断,是。艰:艰难。此处指来之不易。

②几多:多少。

【译文】

整天说好话,不如做一件好事;一辈子做善事,却要防止做一件错事。衣食日用来之不易,要知道吃饭穿衣,哪有那么容易;时光飞逝,即便用来读书行善,又能做多少。

　　只字必惜①,贵之根也;粒米必珍,富之源也。片言必谨②,福之基也;微命必护③,寿之本也。

【注释】

①只字：一个字。此处指少量知识和文化。

②片言：只言片语，简短的话。

③微命：卑微的生命。

【译文】

再有限的知识和文化也要珍惜，因为这是显贵的根本；再少的粮食也要珍视，因为这是富裕的源泉。再简短的话也要小心谨慎，因为这是福祉的基础；再卑微的生命也要尽力去保护，因为这是长寿的根本。

【源流】

明刘宗周《人谱类记》："司马温公尝有言：'只字必惜，贵之本也；粒米必珍，富之源也。'"按，司马光逝后获赠太师、温国公，《格言联璧》"只字必惜"句当本于宋代司马光之语。

作践五谷①，非有奇祸②，必有奇穷③；爱惜只字，不但显荣④，亦当延寿⑤。

【注释】

①作践：糟蹋，浪费。五谷：说法不一，通常指稻、麦、黍、稷、菽五种
作物，泛指粮食。《孟子·滕文公上》："后稷教民稼穑，树艺五谷。"

②奇祸：突发的灾祸。奇，此处指突发的，意外的。

③奇穷：困厄，困顿。

④显荣：显达荣耀。

⑤延寿：长寿。

【译文】

浪费粮食，即便没有突发的灾祸，也会生活困顿；爱惜知识，不仅会显达荣耀，还会使人长寿。

茹素①，非圣人教也；好生②，则上天意也。

【注释】

①茹素：吃素。茹，吃。

②好（hào）生：珍惜生命，即好生之德。《尚书·大禹谟》："皋陶曰：'……与其杀不辜，宁失不经；好生之德，洽于民心，兹用不犯于有司。'"

【译文】

吃素食，并不是圣人的教诲；但珍惜生命，却是上天的意愿。

仁厚刻薄，是修短关①。谦抑盈满②，是祸福关。勤俭奢惰，是贫富关。保养纵欲，是人鬼关③。

【注释】

①修短：此处指寿命长短。

②谦抑：谦逊，谦虚。盈满：自满。

③人鬼：此处指生死。

【译文】

仁厚还是刻薄，这是寿命长短的关键。谦虚还是自满，这是命中福祸的关键。勤俭还是奢侈，这是生活贫富的关键。保养还是纵欲，这是人命生死的关键。

【源流】

明吕坤《呻吟语》卷二："仁厚刻薄，是修短关。行止语默，是祸福关。勤惰俭奢，是成败关。饮食男女，是死生关。"

造物所忌，曰刻曰巧①。万类相感②，以诚以忠。做人无成心③，便带福气。做事有结果④，亦是寿征⑤。

【注释】

①刻：矫揉造作。巧：投机取巧。

②万类：世间万物。相感：互相感应。此处指互相联系。

③成心：个人成见。明胡广《性理大全书》卷五："成心忘，然后可与进于道。"注："成心者，私意也。"

④有结果：此处指做事有始有终。

⑤寿征：长寿的征兆。征，征兆，迹象。

【译文】

上天造物忌讳的，就是造作和取巧。世间万物互相联系，靠的是诚实和忠正。做人没有成见，便会带来福气。做事有始有终，便是长寿的征兆。

【源流】

清张廷玉《澄怀园文存》卷十五之《先考予告光禄大夫文华殿大学士兼礼部尚书谥文端敦复府君行述》："居常训不孝等：'惟以读书立品，安分守拙，戒诈伪，绝奔竞。'故书室对联曰：'万类相感以诚，造物最忌者巧。'"按，张廷玉之父为张英，《格言联璧》"造物所忌"句当化用清代张英之语。

清陈弘谋《五种遗规》之"史摺臣《愿体集》"："做人无成心，便带福气。做事有结果，亦是寿征。"按，《格言联璧》"做人无成心"句当本于清代史典编撰之文句。

执拗者福轻①，而圆通之人②，其福必厚；急躁者寿夭③，而宽宏之士，其寿必长。

【注释】

①执拗：固执。

②圆通：圆融通达。

③夭：此处指寿命短。

【译文】

固执的人福气少，而圆融通达之人，福气必定很多；急躁的人寿命短，而宽宏大量之人，寿命必定很长。

《谦》卦六爻皆吉①，恕字终身可行②。

【注释】

①《谦》卦：《周易》六十四卦中的一卦。该卦的主旨是告诫人们要时刻保持谦虚谨慎的态度，只有这样才能平安吉祥。《周易·谦卦》："谦，亨，君子有终。"唐孔颖达正义："谦者屈躬下物，先人后己，此待物则所在皆通，故曰'亨'也。小人行谦则不能长久，唯君子有终也。"

②恕：推己及人，发自内心地理解他人，即孔子的"忠恕"之道。《论语·里仁》："曾子曰：'夫子之道忠恕而已。'"宋邢昺疏："忠，谓尽中心也；恕，谓忖己度物也。"

【译文】

《谦》卦的六爻都是平安吉祥，"恕"字的含义终身都可以奉行。

【源流】

清梁章钜《楹联丛话》卷八："通行楹帖有云：'《谦》卦六爻皆吉，恕字终身可行。'"

作本色人，说根心话①，干近情事②。

【注释】

①根心：真心。

②近情：合乎情理。

【译文】

做真真正正的自己，说真心实意的话，做合情合理的事。

【源流】

明吕坤《呻吟语》卷二："作本色人，说根心话，干近情事。"

一点慈爱，不但是积德种子，亦是积福根苗，试看哪有不慈爱底圣贤；一念容忍，不但是无量德器，亦是无量福田，试看哪有不容忍底君子。

【译文】

一点慈爱之心，不仅是积累德行的种子，也是为后人积累福分的幼苗，试看哪有不慈爱的圣贤；一个容忍念头，不仅是德行气度的广大，也是培养福分的广大，试看哪有不忍让的君子。

好恶之念①，萌于夜气②，息之于静也③；恻隐之心④，发于乍见⑤，感之于动也。

【注释】

①好恶之念：即好的念头，善良的念头。此处为偏正结构。

②夜气：儒家孟子提出的概念，指夜深人静不受外界打扰时，内心中自然产生的良知和善念。《孟子·告子上》："梏之反覆，则其夜气不足以存。夜气不足以存，则其违禽兽不远也。"

③息：滋生，生长。

④恻（cè）隐：怜悯。《孟子·公孙丑上》："恻隐之心，仁之端也。羞恶之心，义之端也。"

⑤乍：忽然，突然。

【译文】

善良的念头,萌生于夜深人静之时,生长于平静的内心之中;怜悯的念头,产生于突然看到的那一瞬间,是因看到他人的遭遇而有所感动。

塑像栖神[1],盍归奉亲[2];造院居僧[3],盍往救贫。

【注释】

①栖神:此处指虔诚供奉神明。

②盍(hé):何不,不如。归:回家。奉:奉养,孝敬。亲:父母双亲。

③院:寺院,寺庙。居僧:供养僧人。

【译文】

塑造神像供奉神明,不如回家奉养父母;建造寺院供养僧人,不如去救助那些贫苦之人。

费千金而结纳势豪[1],孰若倾半瓢之粟以济饥饿[2];构千楹而招来宾客[3],何如葺数椽之茅以庇孤寒[4]。悯济人穷,虽分文升合[5],亦是福田;乐与人善[6],即只字片言,皆为良药。

【注释】

①结纳势豪:结交豪强。结纳,结交。势豪,豪强,有钱有势的家族。

②孰:哪里,表选择判断。若:比。倾:此处指拿出,花费。粟:小米,代指粮食。饥饿:此处指饥民。

③构千楹(yíng):大肆修建房屋馆舍。构,修建。千,此处指多。楹,房屋堂前的柱子,代指房屋。

④何如葺(qì)数椽(chuán)之茅以庇孤寒:怎么比得上搭几间茅草

屋去庇护那些孤苦受冻的人。葺,用茅草搭房。椽,搭在房屋梁
上的木檩。此处指房屋的单位"间"。茅,此处指茅草屋。庇,庇护。
孤寒,孤苦受冻的人。

⑤分文升合:很少的钱和粮食。分文,即分、文,都是古代较小的货
币单位,形容钱数少。升合,即升、合,都是古代用来计算粮食的
容积单位,形容粮食少。

⑥与人善:与人为善,善待他人。

【译文】

花费大把的金钱来结交豪强,哪里比得上拿出半瓢粮食去救助饥
民;大量修建房屋馆舍来招揽宾客,怎么比得上搭几间简易的茅草屋去
庇护那些孤苦受冻的人。怜悯救助他人的贫困,哪怕只有很少的金钱和
粮食,也是给人造福;愿意与人为善,即便只是简单的几句话,也是化解
矛盾温暖人心的良药。

谋占田园①,决生败子②;尊崇师傅,定产贤郎。

【注释】

①谋占田园:一心谋划着广置田产。占,置,购买。田园,此处指田产。
②决:一定,必定。

【译文】

一心谋划着广置田产,必定会出现败家子弟;尊敬老师注重教育,必
定会教养出贤德的儿孙。

【源流】

清陈弘谋《五种遗规》之"陈希夷《心相编》":"贱买田辕,决生败子;
尊崇师傅,定产贤郎。"按,陈抟,号希夷,《格言联璧》此句当本于宋代陈
抟之语。

平居寡欲养身①，临大节则达生委命②；治家量入为出③，干好事则仗义轻财④。

【注释】

①平居：平时，平日。

②大节：重大事件。达生：通达人生，即淡然面对一切。《庄子·达生》："达生之情者，不务生之所无以为；达命之情者，不务知之所无奈何。"委命：听从命运安排。

③量入为出：根据家庭收入水平来决定支出的多少，即支出不超过收入，引申为勤俭节约。《礼记·王制》："以三十年之通制国用，量入以为出。"唐孔颖达正义："量其今年入之多少，以为来年出用之数。"

④仗义轻财：注重道义，轻视钱财。

【译文】

平时清心寡欲养护身体，而面临重大事件则淡然面对顺应命运安排；治理家务量入为出勤俭节约，而做好事则注重道义轻视钱财。

善用力者就力①，善用势者就势，善用智者就智，善用财者就财。

【注释】

①就：此处指借助，利用。

【译文】

善用力量的人借助力量，善用时势的人借助时势，善用智慧的人借助智慧，善用钱财的人借助钱财。

【源流】

明吕坤《呻吟语》卷三："善用力者就力，善用势者就势，善用智者就智，善用财者就财。"

身世多险途^①，急须寻求安宅^②；光阴同过客，切莫汩没主翁^③。

【注释】

①身世：此处指人生。险途：路途艰险。

②安宅：平安之处，安身之所。

③汩（gǔ）没主翁：埋没自己。汩没，埋没。主翁，自己。

【译文】

人生多有艰难险阻，急需找个安身之所；时光如同匆匆过客，切莫埋没了自己。

莫忘祖父积阴功^①，须知文字无权^②，全凭阴骘；最怕生平坏心术^③，毕竟主司有眼^④，如见心田。

【注释】

①祖父：此处指先辈，先人。

②文字无权：文章是不起多大作用的。文字，文章。此处代指科举考试。无权，没有权力，即不起作用。

③生平：平生。

④主司：指科举考试的主考官。有眼：有眼力，即分辨是非好坏的能力。

【译文】

不要忘记先辈们积累下的阴德，要知道在科举考试中文章并不起多大作用，一切全靠积累的阴德；人最怕平生坏了心思，毕竟科举考试的主考官能辨别人的好坏，就好像能看透人的内心。

天下第一种可敬人，忠臣孝子；天下第一种可怜人，寡妇孤儿。孝子百世之宗[1]，仁人天下之命[2]。

【注释】

[1]宗：此处指众人学习的榜样。

[2]仁人：有德之人。命：此处指根本。

【译文】

天下最值得尊敬的人，是忠臣孝子；天下最可怜的人，是孤儿寡妇。孝子是百世之人学习的榜样，有德之人是天下道义的根本。

【源流】

清陈弘谋《五种遗规》之"魏环溪《庸言》"："世间第一种可敬人，忠臣孝子；天下第一种可怜人，寡妇孤儿。"按，魏象枢，字环溪，《格言联璧》"天下第一种可敬人"句当化用清代魏象枢之语。

《晋书·何曾传》："初司隶校尉傅玄著论称曾及荀颛曰：'……孝子百世之宗，仁人天下之命。'"按，《格言联璧》"孝子百世之宗"句当本于晋代傅玄之语。

形之正[1]，不求影之直而影自直。声之平[2]，不求响之和而响自和。德之崇[3]，不求名之远而名自远[4]。

【注释】

[1]形之正：形体端正。此处指人作风正派。形，形体。此处指人的行事作风。

[2]平：此处指音色平和。

[3]崇：此处指德行高尚。

[4]远：此处指声名远播。

【译文】

只要形体端正,即便不去追求影子是否正直,影子终究还是正直的。只要声音平和,即便不去追求回响是否和谐圆润,回响终究还是和谐圆润的。只要德行高尚,即便不去追求声名是否远播,声名终究还是会传遍天下的。

【源流】

晋杨泉《物理论》:"形之正,不求影之直而影自直。声之平,不求响之和而响自和。德之崇,不求名之远而名自远。"

有阴德者,必有阳报[①];有隐行者[②],必有昭名[③]。

【注释】

①阳报:在人世间得到回报。

②隐行:犹阴德,指不为人知的善行。

③昭名:显赫的声名。昭,显著,显赫。

【译文】

能够积累阴德的人,必定会获得回报;暗中做好事的人,必定会有显赫的声名。

【源流】

《淮南子·人间训》:"夫有阴德者,必有阳报;有隐行者,必有昭名。"

施必有报者,天地之定理[①],仁人述之以劝人;施不望报者,圣贤之盛心[②],君子存之以济世[③]。

【注释】

①定理:永恒不变的真理。

②盛心：深厚美好的志向。

③济世：救助世人。

【译文】

给他人施以恩惠必定会收获回报，这是天地间不变的道理，有德之人讲述这个道理来劝导世人；给他人施以恩惠而不期待得到回报，这是圣贤之人深沉美好的志向，君子心存这种志向来救助世人。

面前的理路要放得宽[①]，使人无不平之叹[②]；身后的惠泽要流得远[③]，令人有不匮之思[④]。

【注释】

①面前的理路：此处指自己面前的境况。

②不平之叹：因命运不公而发出慨叹。

③惠泽：恩泽。

④不匮之思：不尽的思念，即因感念恩泽而思念。匮，尽。

【译文】

对待自己面前的境况心胸要放宽些，使他人不要对你有命运不公的慨叹；对待身后留给后人的恩泽要使之持续得长久些，使后人对你有不尽的思念。

【源流】

明洪应明《菜根谭》："面前的田地要放得宽，使人无不平之叹；身后的惠泽要流得长，使人有不匮之思。"

不可不存时时可死之心[①]，不可不行步步求生之事[②]。作恶事，须防鬼神知；干好事，莫怕旁人笑。

【注释】

①时时可死：随时会为捍卫道义而慷慨赴死。

②步步求生：处处要遵守道义而谨慎求生。

【译文】

不能不心存随时为捍卫道义而慷慨赴死的念头，不能不做到处处要遵守道义而谨慎求生。做坏事，要提防鬼神知道；做好事，不要怕旁人笑话。

【源流】

清徐文弼《寿世传真》："《虚斋语录》曰：'盖人固不可不知虚生之忧，亦不可不知有生之乐，不可不求步步求生之事，尤不可不存时时可死之心。'"按，《虚斋语录》为明代大儒陈紫峰长子陈敦履所作，《格言联璧》"不可不存时时可死之心"句当本于明代陈敦履编撰之语。

吾本薄福人，宜行惜福事。吾本薄德人，宜行积德事。薄福者必刻薄，刻薄则福愈薄矣。厚福者必宽厚，宽厚则福益厚矣。

【译文】

我本是福分少的人，应当做珍惜福分的事。我本是德行薄的的人，应当做积累德行的事。福分少的人必定刻薄，并且越刻薄则福分越少。福分多的人必定宽厚，并且越宽厚则福分越多。

【源流】

明刘宗周《人谱类记》增订五："陈眉公曰：'吾本薄福人，宜行厚德事。吾本薄德人，宜行惜福事。'数语使人寻味不尽。"按，陈继儒，号眉公，《格言联璧》"吾本薄福人"句当本于明代陈继儒之语。

清张培仁《静娱亭笔记》卷八《眉公语录》："薄福者必刻薄，刻薄则福益薄矣。厚福者必宽厚，宽厚则福益厚。"按，陈继儒，号眉公，《格言联璧》"薄福者必刻薄"句当本于明代陈继儒之语。

有工夫读书，谓之福。有力量济人，谓之福。有著述行世①，谓之福。有聪明浑厚之见②，谓之福。无是非到耳，谓之福。无疾病缠身，谓之福。无尘俗撄心③，谓之福。无兵凶荒歉之岁，谓之福。

【注释】

①行：发行，刊行。

②浑厚：质朴，敦厚。

③撄（yīng）心：扰乱心神。

【译文】

有时间读书，这就是福气。有能力救助他人，这就是福气。有著作刊行，这就是福气。有聪明质朴的见解，这就是福气。听不到是是非非，这就是福气。身体没有疾病困扰，这就是福气。没有世俗琐事打扰，这就是福气。没有赶上战乱灾年，这就是福气。

从热闹场中，出几句清冷言语①，便扫除无限杀机②。向寒微路上③，用一点赤热心肠，自培植许多生意④。

【注释】

①清冷言语：冷静理智的话。

②扫除无限杀机：化解许多麻烦。扫除，除去，化解。无限，许多。杀机，此处指麻烦。

③寒微路上：此处指出身贫贱的人。

④生意：此处指生机，意在说明给寒微之人以帮扶，使其得以发展。

【译文】

在混乱复杂的场合中，说几句冷静理智的话，便能化解许多麻烦。

对待贫寒卑贱的人，用一点热心肠，就能培养出许多生机。

　　入瑶树琼林中皆宝①，有谦德仁心者为祥。

【注释】

①瑶树琼林：比喻到处是宝贝的地方。琼与瑶，皆为美玉。

【译文】

　　进入美玉成林的地方遍地都是宝贝，有谦逊之德和仁爱之心的人永远都会平安吉祥。

　　谈经济外①，宁谈艺术②，可以给用③。谈日用外④，宁谈山水，可以息机⑤。谈心性外，宁谈因果，可以劝善。

【注释】

①经济：经世济民。此处指治国安民的国家大政。

②艺术：泛指古代各种实用技能。"艺"即"六艺"，指儒家培养人才的六项科目：礼、乐、射、御、书、数，即懂礼仪、通乐律、会射箭、能驾车、善书法、明算数。"术"即"术数"，指医、方、卜、筮，即医药、方术和占卜等一系列古代相对实用的技能。

③给用：可供实用。

④日用：此处指家庭日常生活。《诗经·小雅·天保》："民之质矣，日用饮食。"

⑤息机：消除心机。《楞严经》卷六："息机归寂然，诸幻成无性。"

【译文】

　　谈论国家大政之外，宁愿谈论各种实用的技能，因为这些可供实用。谈论日常生活之外，宁愿谈论山水自然，因为这些可以消除心机。谈论良心本性之外,宁愿谈论因果报应,因为这些可以劝人向善。

【源流】

明刘宗周《人谱类记》增订五:"谈经济外,宁谈艺术,可以给用。谈日用外,宁谈山水,可以息机。谈心性外,宁谈因果,可以劝善。"

艺花可以邀蝶①,垒石可以邀云②,栽松可以邀风,植柳可以邀蝉,贮水可以邀萍③,筑台可以邀月④,种蕉可以邀雨,藏书可以邀友,积德可以邀天⑤。

【注释】

①艺花:种植花草。

②垒石:堆砌假山。

③贮水:修池蓄水。

④筑台:兴建高台。

⑤邀天:此处指得到上天的眷顾。

【译文】

种植花草可以招来蝴蝶,堆砌假山可以引来云雾,栽种松柏可以招来清风,种植柳树可以引来鸣蝉,修池蓄水可以引来浮萍,兴建高台可以招揽明月,种植芭蕉可以招来细雨,广藏书籍可以引来朋友,积德行善可以得到上天的眷顾。

作德日休,是谓福地①;居易俟命②,是谓洞天③。

【注释】

①"作德日休"二句:积德行善日子一天比一天好,这就叫做进入了幸福的天地。福地,与下句中的洞天合称"福地洞天",指神仙居住的处所。此处泛指生活幸福。《尚书·周官》:"作德,心逸日休;

作伪,心劳日拙。"

②居:此处指生活。易:此处指平静,淡然。俟命:听从命运的安排。《礼记·中庸》:"上不怨天,下不尤人,故君子居易以俟命,小人行险以徼幸。"汉郑玄注:"易,犹平安也。俟命,听任天命也。"

③洞天:道教神仙所居之所,即"洞天福地",与上文福地相对。

【译文】

修养德行每天都能收获福祉,这就叫做进入了幸福天地。生活平静听从命运安排,这就叫做过上了神仙日子。

心地上无波涛,随在皆风恬浪静①;性天中有化育②,触处见鱼跃鸢飞③。

【注释】

①随在:到处,处处。风恬浪静:风平浪静。

②性天:天性,本性。化育:教化培育。

③触处见鱼跃鸢(yuān)飞:无论在何处都能自得其乐。鱼跃鸢飞,鱼儿在湖水中跳跃,鸢鸟在天空中翱翔,指世间万物顺其自然,自得其乐。

【译文】

如果能够内心平静,无论他在哪里都是风平浪静;天性如果得到教化培育,无论遇到什么情况都能自得其乐。

【源流】

明洪应明《菜根谭》:"心地上无风涛,随在皆青山绿树;性天中有化育,触处皆鱼跃鸢飞。"

贫贱忧戚,是我分内事,当动心忍性,静以俟之,更行一切善,以斡转之①;富贵福泽,是我分外事,当保泰持盈②,慎以守之，更造一切福，以凝承之③。

【注释】

①斡（wò）转：扭转，改变。

②保泰持盈：此处指保持安泰，操守功业。

③凝承：长久地传承。

【译文】

　　贫穷、卑贱、忧虑、悲伤，这些都是我的分内事，我应当使内心得到触动、性格得以坚韧，平静地等待时机，而后要更严格地要求自己，以此来扭转处境。富有、高贵、福祉、恩泽，这些都是我的分外事，我应当保有安泰，操守功业，谨慎地加以守护，而后要更尽力去造福后人，以此来实现长久地传承。

　　世网哪能跳出①，但当忍性耐心②，自安义命③，即网罗中之安乐窝④；尘务岂能尽捐⑤，惟不起炉作灶⑥，自取纠缠⑦，即火坑中之清凉散也。

【注释】

①世网：此处指社会上法律礼教对人的束缚。三国嵇康《答难养生论》："奉法循理，不缠世网，以无罪自尊，以不仕为逸。"

②忍性耐心：克制性情，耐住心性。《庄子·列御寇》："忍性以视民，而不知不信。"

③义命：本分。唐吕岩《吕子易说》："祸福成败一听于天，而无所期望，无所设想，安于义命之自然，即所谓无妄也。"

④安乐窝：安闲舒适之所。《宋史·邵雍传》："（邵雍）初至洛，蓬荜环堵，不庇风雨，躬樵爨以事父母，虽平居屡空，而怡然有所甚乐，人莫能窥也。及执亲丧，哀毁尽礼。……雍岁时耕稼，仅给衣食。

名其居曰'安乐窝'，因自号安乐先生。"

⑤尘务：尘俗繁杂之事。捐：弃。

⑥起炉作灶：即另起炉灶，指自己另搞一套。

⑦纠缠：烦恼。

【译文】

社会上的种种束缚哪里能跳得出去，只要能有所忍耐，安守本分，便已在这社会之网中有了自己的安乐窝；尘俗繁杂之事哪能全部抛弃，只要自己不另起炉灶，自寻烦恼，便已在这燥如火坑的世间得到了一剂清凉散。

热不可除，而热恼可除①，秋在清凉台上②；穷不可遣③，而穷愁可遣④，春生安乐窝中⑤。

【注释】

①热恼：因炎热而产生的烦恼。

②清凉台：相传原为汉明帝刘庄幼时读书避暑之处。后来两位印度僧人摄摩腾、竺法兰来到洛阳，被安排在此居住并译经传教。

③遣：排遣。

④穷愁：因贫穷而产生的愁苦。

⑤春：暖暖的春意。

【译文】

炎热无法去除，但因炎热而产生的烦恼却是可以去除的，凉凉的秋意就在心中的清凉台上；贫穷无法排遣，但因贫穷而产生的愁苦却是可以排遣的，暖暖的春意就产生在自家的安乐窝中。

【源流】

明洪应明《菜根谭》："热不必除，而除此热恼，身常在清凉台上；穷不可遣，而遣此穷愁，心常居安乐窝中。"

富贵贫贱，总难称意①，知足即为称意；山水花竹，无恒主人，得闲便是主人②。

【注释】

①称意：称心如意。

②得闲便是主人：谁有空闲去观赏谁便是主人。得闲，有空闲。此处指有空去观赏。

【译文】

富贵贫贱，总难令人称心如意，只要懂得知足，一切便都称心如意；山水花竹，并无永恒的主人，只要谁有空去观赏，谁就是它们的主人。

【源流】

清梁章钜《归田琐记》卷六："又《聪训斋语》一条云，圃翁尝拟一联悬草堂中云：'富贵贫贱，总难称意，知足即为称意；山水花竹，无恒主人，得闲便是主人。'其语虽俚，却有至理。"按，《聪训斋语》为张英所作，《格言联璧》此句当本于清代张英编撰之文句。

要足何时足①，知足便足；求闲不得闲②，偷闲即闲③。

【注释】

①要足：想要得到满足。

②求闲：想要得到空闲。

③偷闲：忙里偷闲。唐白居易《岁假内命酒赠周判官萧协律》："闻健此时相劝醉，偷闲何处共寻春。"

【译文】

想要得到满足，然而什么时候才能得到满足，其实只要心里知足就能得到满足；想要得到空闲，然而却怎么也得不到空闲，其实只要学会忙里偷闲就能得到空闲。

【源流】

明沈佳胤《翰海》卷十二"陈眉公《杂纪》"："待足何时足，知足便足；求闲何时闲，偷闲便闲。"按，陈继儒，号眉公，《格言联璧》此句当本于明代陈继儒汇编之文句。

知足常足^①，终身不辱；知止常止^②，终身不耻。

【注释】

①知足：懂得满足。《老子》第四十四章："知足不辱，知止不殆，可以长久。"汉河上公注："知足之人绝利去欲，不辱于身。知可止则财利不累身，声色不乱于耳目，则身不危殆也。"

②知止：懂得适时停止和退却。

【译文】

懂得知足才能常常感到满足，这样终身都不会受到侮辱；懂得适时停止和退却才能常常有所节制，这样终身都不会蒙受耻辱。

【源流】

明高濂《遵生八笺》卷之二："（《景行录》）又曰：'知足常足，终身不辱；知止当止，终身不耻。'"按，《景行录》为史弼所作，《格言联璧》此句当本于元代史弼之语。

急行缓行，前程总有许多路^①；逆取顺取^②，命中只有这般财^③。

【注释】

①前程：此处指前面的路。

②逆取：不该得的，以不正当手段取得的。顺取：该得的，以正当手段取得的。

③这般：这些，这么多。

【译文】

无论是快走还是慢走，前面的路总还有许多；无论是不该得的还是应该得的，命中就有这么多钱财。

　　理欲交争①，肺腑成为吴越②；物我一体③，参商终是弟兄④。

【注释】

①理欲交争：公理与私欲的斗争。

②肺腑：心腹之人，极其亲近的人。吴越：春秋时的吴国和越国，两国相邻且经常打仗，后多指仇敌。《国语·越语上》："夫吴之与越也，仇雠敌战之国也。"

③物我一体：外物与自己融为一体。

④参（shēn）商：参星和商星，二星不同时出没，后多指关系疏远的人。唐杜甫《赠卫八处士》："人生不相见，动如参与商。"

【译文】

公理与私欲的斗争，会使心腹之人成为仇敌；外物与自己融为一体，即便关系疏远的人也会成为兄弟。

　　以积货财之心积学问，以求功名之心求道德，以爱妻子之心爱父母，以保爵位之心保国家。

【译文】

用积聚财货的心思去积累学问，用求取功名的心思去追求道德，以关爱妻子儿女的心思去关爱父母，用保护官位的心思去保卫国家。

移作无益之费以作有益，则事举①。移乐宴乐之时以乐讲习②，则智长。移信异端之意以信圣贤③，则道明。移好财色之心以好仁义，则德立。移计利害之私以计是非④，则义精。移养小人之禄以养君子，则国治。移输和戎之赀以输军国⑤，则兵足。移保身家之念以保百姓，则民安。

【注释】

①举：成。

②宴乐：宴饮作乐。

③异端：古时的非正统思想和学说。《论语·为政》："攻乎异端，斯害也已矣。"宋邢昺疏："言人若不学正经善道而治乎异端之书，斯则为害之深也。"

④私：私心，心思。

⑤移输和戎之赀（zī）以输军国：把输送给敌国用来求和的物资用在保家卫国上。和戎，与敌国求和修好。《左传·襄公四年》："公曰：'然则莫如和戎乎？'对曰：'和戎有五利焉。'"赀，同"资"，物资和钱财。军国，此处指保家卫国。

【译文】

把花在没有意义事情上的钱财用到有意义的事情上，那么事情就可以办成。把用来享受宴饮作乐的时间用到研究学问上，那么才智就会增长。把迷信异端邪说的心思用到信仰圣贤上，那么世间大道就会得以明白。把贪恋美色的心思用到推崇仁义上，那么道德节操就会树立。把计算利害得失的心思用到判断是非上，那么道义就会得以明晰。把供养小人的俸禄用到奉养君子上，那么国家就得到了治理。把输送给敌国用来求和的物资用在保家卫国上，那么军力就会充足。把保护自己身家性命的心思用到保护百姓上，那么百姓就能获得太平。

做大官底，是一样家数^①；做好人底，是一样家数。

【注释】

①家数：方法，手段。

【译文】

做大官有做大官的方法，做好人有做好人的方法。

【源流】

明吕坤《呻吟语》卷二："做大官底，是一样家数；做好人底，是一样家数。"

潜居尽可以为善^①，何必显宦^②！躬行孝弟^③，志在圣贤，纂辑先哲格言^④，刊刻广布^⑤，行见化行一时^⑥，泽流后世，事业之不朽，蔑以加焉^⑦；贫贱尽可以积福，何必富贵！存平等心，行方便事，效法前人懿行，训俗型方^⑧，自然谊敦宗族^⑨，德被乡邻^⑩，利济之无穷^⑪，孰大于是。

【注释】

①潜居：指隐居。《后汉书·李恂传》："潜居山泽，结草为庐，独与诸生织席自给。"尽：同样，一样。

②显宦：官位显赫。此处指做官。

③孝弟：即孝悌，孝敬父母，友爱兄弟。《论语·学而》："子曰：'弟子入则孝，出则弟，谨而信，泛爱众，而亲仁。行有余力，则以学文。'"

④纂（zuǎn）辑：编纂著述。

⑤刊刻广布：出版印行，流传甚广。刊刻，指刻板印刷书籍，泛指出版书籍。广布，流传得很广。

⑥化行：施行教化。

⑦蔑：无，没有。加：超过。

⑧训俗型方：使世俗风气得到教化改善。

⑨谊敦：即敦谊，和睦友爱。

⑩被：及。

⑪利济：帮助，施恩泽。

【译文】

隐居乡间一样可以做善事，何必非要做官！做到孝敬父母、友爱兄弟，立志达到圣贤的境界，编纂先哲的格言著述，并加以出版使之广为流传，自己的行为虽然只是一时施行教化，但恩泽却能够流传后世，这便是不朽的事业，再没有什么能超过的了。贫贱也可以积累福分，何必非要富贵！做到心中平等待人，办事多给他人方便，学习前人的善行，教化改善世俗风气，家族自然和睦友爱，德行广及乡邻，带来了莫大的帮助，还有什么会比这更好呢？

一时劝人以口，百世劝人以书。

【译文】

用言语来劝导人们，只能劝导一时；用书本来劝导人们，则可以劝导百世。

【源流】

明袁了凡《了凡四训》："韩愈云：'一时劝人以口，百世劝人以书。'"

静以修身，俭以养德，入则笃行①，出则友贤。

【注释】

①入：此处指在家。

【译文】

用平静修养身心，用俭朴培养德行，在家时为人敦厚质朴，外出时结交贤明之人。

【源流】

三国诸葛亮《诫子书》："夫君子之行,静以修身,俭以养德,非淡泊无以明志,非宁静无以致远。"

读书者不贱,守田者不饥①,积德者不倾②,择交者不败③。

【注释】

①守田者:耕田的人。

②倾:此处指遭遇灾祸,遭遇危险。

③败:此处指身败名裂。

【译文】

用功读书的人不会品行卑贱,辛勤耕田的人不会挨饿,积德行善的人不会遭遇灾祸,谨慎交友的人不会身败名裂。

【源流】

清陆以湉《冷庐杂识》卷八:"桐城张文端公英《聪训斋语》有云:'读书者不贱,守田者不饥,积德者不倾,择交者不败。'"按,张英谥文端,著有《聪训斋语》,《格言联璧》此句当本于清代张英之语。

明镜止水以澄心①,泰山乔岳以立身,青天白日以应事,霁月光风以待人。

【注释】

①澄心:内心清净澄明。《淮南子·泰族训》:"凡学者能明于天人之分,通于治乱之本,澄心清意以存之,见其终始,可谓知略矣。"

【译文】

内心澄清要如明镜止水般宁静自然,树立人格要如泰山般高大雄伟，处理事情要如青天白日般光明磊落，对待他人要如明月清风般胸怀广阔。

【源流】

明耿定向《耿天台先生文集·都邸迩言》："同年诸南明、胡庐山暨罗近溪聚晤都邸，寓壁间揭有：'明镜止水以存心，泰山乔岳以立身，青天白日以应事，霁月光风以待人。'"

　　　　省费医贫，弹琴医躁，独卧医淫，随缘医愁，读书医俗。

【译文】

节约花销可以医治贫穷，专心弹琴可以医治烦躁，独自睡眠可以医治淫欲，顺其自然可以医治忧愁，用功读书可以医治庸俗。

【源流】

明徐树丕《识小录》卷之一"《国手医》"："省费医贫，弹琴医躁，安分医贪，量力医斗，参禅医想，独寐医淫，痛饮医愁，读书医俗，此之谓国手。"按，《格言联璧》此句当化用明代徐树丕汇编之文句。

　　　　以鲜花视美色，则孽障自消[①]；以流水听弦歌[②]，则性灵何害[③]？

【注释】

①孽障：此处指贪恋与痴迷。

②弦歌：音乐。此处指市井间流行的俗乐。原为弹奏琴瑟、吟咏诗歌以教化百姓。《史记·孔子世家》："三百五篇孔子皆弦歌之，以求合《韶》《武》《雅》《颂》之音。"

③性灵：此处指人天真质朴的本性。

【译文】

将美色比作鲜花来看,贪恋与痴迷自会消除;将音乐比作流水来听,本心本性又如何会受到伤害?

【源流】

明郭良翰《问奇类林》卷九:"《翼学编》:'人能以明霞视美色,则业障自轻;人能以流水听弦歌,则性灵何害?'"按,《翼学编》为朱应奎所作,《格言联璧》"以鲜花视美色"句当化用明代朱应奎编撰之文句。

　　养德宜操琴①,炼智宜弹棋②,遣情宜赋诗,辅气宜酌酒③,解事宜读史④,得意宜临书⑤,静坐宜焚香,醒睡宜嚼茗⑥,体物宜展画⑦,适境宜按歌⑧,阅候宜灌花⑨,保形宜课药⑩,隐心宜调鹤⑪,孤况宜闻蛩⑫,涉趣宜观鱼⑬,忘机宜饲雀⑭,幽寻宜藉草⑮,淡味宜掬泉⑯,独立宜望山,闲吟宜倚树,清谈宜蓺烛⑰,狂啸宜登台⑱,逸兴宜投壶⑲,结想宜欹枕⑳,息缘宜闭户㉑,探景宜携囊㉒,爽致宜临风㉓,愁怀宜仡月㉔,倦游宜听雨,元悟宜对雪㉕,辟寒宜映日㉖,空累宜看云㉗,谈道宜访友,福后宜积德㉘。

【注释】

①操琴:抚琴,弹琴。

②弹棋:下棋。

③辅气:调养气血。

④解事:了解世事。

⑤临书:临帖,练习书法。

⑥嚼茗:饮茶。

⑦体物:体察物性。展:展开。此处指观赏。

⑧适境：安逸悠闲。按歌：伴乐高歌。

⑨阅候：观察时节。候，时节，节气。

⑩保形：保养身体。课：学习。药：此处指医药常识。

⑪隐心：使内心隐逸，即远离尘嚣。

⑫孤况：孤独寂寞。闻蛩（qióng）：听虫鸣。蛩，蟋蟀。此处指昆虫
的叫声。

⑬涉趣：观赏景致，体会乐趣。

⑭忘机：忘却烦恼。唐李白《下终南山过斛斯山人宿置酒》："我醉
君复乐，陶然共忘机。"机，心机。此处指因心机而产生的烦恼。

⑮幽寻：即寻幽，寻访幽深静谧之处。藉草：踏青远游。藉，踩，踏。草，
代指草木丛生的幽静之处。

⑯淡味：即味淡，品味清淡。

⑰翦烛：即剪烛，剪掉烧焦的灯芯，使灯火更加明亮。此处指深夜。

⑱狂啸：纵情放歌。狂，纵情。啸，此处指放歌。

⑲投壶：古时宴会中的游戏，大家轮流将箭矢投入壶中，投中少的人
被罚饮酒。《礼记·投壶》："投壶之礼，主人奉矢，司射奉中，使
人执壶。"

⑳结想宜欹（qī）枕：心中有事应当倚枕静卧。结想，念念不忘。此
处指心中有事。欹枕，倚着枕头。欹，靠着。

㉑息缘：断绝往来。

㉒探景：探寻美景。

㉓爽致：即致爽，体验清爽。

㉔愁怀宜伫（zhù）月：心中愁苦应当独自望月。愁怀，心中愁苦。伫，
长久站立。

㉕元悟：开悟。

㉖辟寒：祛除寒气。辟，同"避"，祛除。

㉗空累：身心疲倦。

㉘福后：造福后人。

【译文】

　　培养德行应当弹琴，锻炼心智应当下棋，抒发情感应当赋诗，调养气血应当饮酒，了解世事应当研读史书，顺心得意应当练习书法，独自静坐应当燃点沉香，睡醒时应当喝茶提神，体察物性应当观赏绘画，安逸悠闲应当伴乐高歌，观察时节应当种植花草，保养身体应当学习药理，远离尘嚣应当调养仙鹤，孤独寂寞应当静听虫鸣，观景品趣应当赏玩游鱼，忘却烦恼应当饲喂鸟雀，寻访幽静应当踏青远游，品味清淡应当捧饮甘泉，独自站立应当远望高山，闲暇吟唱应当寻荫倚树，清谈论道当在夜深人静时，纵情放歌应当登临高台，放松心情应当宴饮游戏，心中有事应当倚枕静卧，断绝来往应当闭门不出，探寻美景应当携囊远足，体验清爽应当迎风站立，心中愁苦应当独自望月，厌倦尘俗应当聆听雨声，获得感悟应当独自赏雪，祛除寒气应当多晒太阳，身心疲倦应当抬头望云，谈论事理应当拜访朋友，造福后人应当积德行善。

悖凶类

【题解】

"悖凶类"一章讲的是一些悖谬、错误并且会带来凶险和灾祸的行为。所讲的内容近乎全都是应当批判的言行和努力克服的毛病，以及由这些言行、毛病而带来的危害等。编者竭力从反面告诫人们做好人、行善事的必要性。当然，这也可以理解为一章为人处世的"反面教材"，让读者引以为戒。这一章主要针对的是富贵之人、为官之人和精明能干之人。因为灾祸往往因侮辱、侵夺乃至伤害他人而生，而恰恰是这类人具备这样的条件，因此编者格外提醒这类人要懂得修养自己。修养的重点还是在道德品质上，要敬重天道、无愧良心，时时存善念、做善事，去除自己心中的不良欲望，为子孙后代和他人着想。不要因为暂时的富贵就大肆挥霍、轻贱他人；不要因为暂时的权力就放纵欲望、欺辱他人；更不要为追逐富贵和权力就放弃了天理和良心。"悖凶类"一章谈论的重点在于提醒富贵的人、做官的人、精明的人，不要因为自身有钱财势力就去欺压人民，要敬重天道、心存善念，只有这样才能使自己生活富足、儿孙平安。无论身处哪个时代，这种思想都会促进人类社会的和谐稳定。此外，这一章也有一定的"因果报应"思想，认为自己做下的任何"恶"，最终都会遭到报应和惩罚，其用意是从反面强调了积德行善的重要意义，使人乐于为善，在科技尚未昌明的农业社会，这种思想有着一定的积极意义。

富贵家不肯从宽，必遭横祸①；聪明人不肯学厚，必夭天年②。

【注释】

①横（hèng）祸：意外的灾祸。

②夭天年：减损寿命。夭，短命。此处指减损。天年，寿命。

【译文】

富贵人家如果不肯宽厚待人的话，那么必定会遭到意外的灾祸；聪明人如果不肯学得宽厚一些，那么必定会减损寿命。

倚势欺人，势尽而为人欺；恃财侮人，财散而受人侮。

【译文】

倚仗权势欺负他人，一旦失去了权势便会被人欺负；倚仗钱财侮辱他人，一旦钱财散尽便会被人侮辱。

暗里算人者①，算的是自家儿孙；空中造谤者②，造的是本身罪孽。

【注释】

①算：算计，暗中谋划损害他人。

②空中：凭空。造谤：造谣诽谤，说别人坏话。

【译文】

暗地里算计别人的人，最终算计的是自己的儿孙；凭空说别人坏话的人，最终是给自己制造罪孽。

【源流】

清陈弘谋《五种遗规》之"史搢臣《愿体集》"："暗里算人者，算的是自己儿孙；空中造谤者，造的是本身罪恶。"按，《格言联璧》此句当本于清代史典编撰之文句。

饱肥甘^①，衣轻暖^②，不知节者损福^③；广积聚，骄富贵^④，不知止者杀身^⑤。

【注释】

①肥甘：指肥美可口的食物。《孟子·梁惠王上》："为肥甘不足于口与？轻暖不足于体与？"

②轻暖：轻柔暖和的衣服。

③节：节制。《周易·节卦》："象曰：'天地节而四时成，节以制度，不伤财，不害民。'"

④骄：骄横，骄纵。

⑤止：此处指收敛。与上文"节"对应。

【译文】

人如果饱食肥美的食物，穿着轻柔暖和的衣服，不懂得节制最终会使福气受到减损；人如果大量积聚财富，因富贵而骄横，不懂得收敛最终会招来杀身之祸。

【源流】

宋李邦献《省心杂言》："饱肥甘，衣轻暖，不知节者损福；广积聚，骄富贵，不知止者杀身。"

文艺自多^①，浮薄之心也^②；富贵自雄^③，卑陋之见也^④。

【注释】

①文艺：文章写作才能，即文才。《大戴礼记·文王官人》："有隐于文艺者，有隐于廉勇者。"自多：自满，自夸。

②浮薄：浮躁与浅薄。

③自雄：自傲，自以为了不起。

④卑陋：卑微与浅陋。

【译文】

因文才而自夸，这是因为心中的浮躁与浅薄；因富贵而自傲，这是因为见识的卑微与浅陋。

【源流】

明吕坤《呻吟语》卷四："文艺自多，浮薄之心也；富贵自雄，卑陋之见也。"

位尊身危，财多命殆①。

【注释】

①殆：危险，凶险。

【译文】

地位尊贵显赫的人，往往处境危急；积聚大量财富的人，常常命运凶险。

【源流】

《后汉书·冯衍列传》："（田邑《报冯衍书》）：'况今位尊身危，财多命殆。'"按，《格言联璧》此句当本于汉代田邑之语。

机者祸福所由伏①，人生于机②，即死于机也③；巧者鬼神所最忌④，人有大巧，必有大拙也⑤。

【注释】

①机者祸福所由伏：灾祸与福祉都潜藏于心机之中。机，机和巧常

常连用,机巧即指心机与聪明。伏,潜藏,暗藏。此句化用《道德经》
第五十八章:"祸兮福之所倚,福兮祸之所伏。"
②生:此处指兴起。
③死:此处指败亡。
④忌:忌讳。
⑤拙:笨拙,愚蠢。

【译文】

灾祸与福祉都潜藏于心机之中,人因心机而兴起,也注定会因心机
而败亡;魔鬼和神明都忌讳太过聪明,人一旦变得极其聪明,也必定会变
得极其愚蠢。

出薄言①,做薄事,存薄心,种种皆薄,未免灾及其身;
设阴谋,积阴私②,伤阴骘③,事事皆阴,自然殃流后代④。

【注释】

①薄言:刻薄的话。
②阴私:隐秘不可告人的事。《汉书·王嘉传》:"其后稍稍变易,公
卿以下传相促急,又数改更政事,司隶、部刺史察过悉劾,发扬阴
私,吏或居官数月而退,送故迎新,交错道路。"
③阴骘(zhì):原指上苍默默地使下民安定,后引申为默默行善。《尚
书·洪范》:"惟天阴骘下民,相协厥居。"
④殃:祸殃,祸害。

【译文】

说刻薄的话,做刻薄的事,存刻薄的心,种种都这样刻薄,难免不会
使自身遭到灾祸;设计阴谋,做不可告人的事,损害阴德,事事都这样不
可告人,注定会使后代遭到祸害。

【源流】

清陈弘谋《五种遗规》之"陈希夷《心相编》":"如何短折亡身:出薄

言，做薄事，存薄心，种种皆薄；如何凶灾恶死：多阴毒，积阴私，有阴行，事事皆阴。"按，《格言联璧》此句当本于宋代陈抟之语。

积德于人所不知，是谓阴德，阴德之报，较阳德倍多^①；造恶于人所不知，是谓阴恶，阴恶之报，较阳恶加惨^②。

【注释】

①较阳德倍多：比阳德多出许多。

②加惨：惨重得多。

【译文】

在别人不知道的时候做善事，这就是阴德，阴德的回报，要比阳德多出许多；在别人不知道的时候做恶事，这就是阴恶，阴恶的报应，要比阳恶惨重得多。

家运有盛衰，久暂虽殊^①，消长循环如昼夜^②；人谋分巧拙^③，智愚各别，鬼神彰瘅最严明^④。

【注释】

①久暂：即长短。殊：不同，区别。

②消长循环：增减循环。消长，即增减。

③人谋：此处指人的心思。

④彰瘅（dàn）：即彰善瘅恶，表彰善行、憎恨邪恶。《尚书·毕命》："旌别淑慝，表厥宅里，彰善瘅恶，树之风声。"瘅，憎恨。

【译文】

家族命运有盛有衰，虽然有长短的区别，但增减循环就像白天黑夜一样此消彼长；人的心思有聪明有愚笨，虽然有聪明和愚笨的区别，但鬼神表彰善行、憎恨邪恶最为严明。

天堂无则已，有则君子登；地狱无则已，有则小人入。

【译文】

天堂没有就罢了，有则君子登临；地狱没有就罢了，有则小人堕入。

为恶畏人知，恶中冀有转念①；为善欲人知，善处即是恶根。

【注释】

①恶中冀有转念：恶中尚有希望悔改之念。冀，希望。转念，转变心思，改变想法。

【译文】

做坏事怕人知道，说明恶中尚有希望悔改之念；做好事想让人知道，说明为善之时已经埋下恶根。

【源流】

明洪应明《菜根谭》："为恶而畏人知，恶中犹有善路；为善而急人知，善处即是恶根。"

谓鬼神之无知①，不应祈福；谓鬼神之有知，不当为非。

【注释】

①无知：此处指不知晓，不知道。《后汉书·杨震传》："密曰：'暮夜无知者。'震曰：'天知，神知，我知，子知。何谓无知！'密愧而出。"

【译文】

认为鬼神什么都不知道，就不要去祈求福祉；认为鬼神什么都知道，就不要去为非作歹。

势可为恶而不为^①，即是善；力可行善而不行，即是恶。

【注释】

①势：此处指力量，能力。

【译文】

有作恶的能力而不去作恶，这便是善；有做好事的能力而不去做好事，这便是恶。

于福作罪^①，其罪非轻^②；于苦作福^③，其福最大^④。

【注释】

①于：处于，身处。福：此处指生活幸福。作罪：作恶。《五灯会元》卷六："师曰：'汝作罪，我皆知。'"

②非轻：极其严重，非常严重。

③苦：此处指生活贫苦。作福：做好事，造福他人。

④福：此处指善行。大：此处指伟大，高尚。

【译文】

身处幸福之中却做坏事，这样的罪恶是极其严重的；身处贫苦之中却做好事，这样的善行是最伟大的。

【源流】

唐释道世《法苑珠林》卷第三十二："当知于苦修福，其福最大；于福作罪，其罪不轻。是以从苦入乐，未知乐中之乐；从乐入苦，方知苦中之苦。"按，《格言联璧》此句当本于唐代释道世编撰之文句。

行善如春园之草^①，不见其长，日有所增；行恶如磨刀之砖^②，不见其消，日有所损。

【注释】

①春园之草：春天园圃中的小草。

②磨刀之砖：磨刀用的砖石。

【译文】

做好事就好比春天园圃中的小草，虽然看不出它的生长，但它每天都在长高；做坏事就好比磨刀用的砖石，虽然看不出它的减少，但它每天都在损耗。

【源流】

明吴承恩《西游记》第二十七回："出家人行善如春园之草，不见其长，日有所增；行恶之人如磨刀之石，不见其损，日有所亏。"按，《格言联璧》此句当化用《西游记》之文句。

使为善而父母怒之①，兄弟怨之，子孙羞之，宗族乡党贱恶之，如此而不为善，可也。为善则父母爱之，兄弟悦之，子孙荣之，宗族乡党敬信之，何苦而不为善？使为恶而父母爱之，兄弟悦之，子孙荣之，宗族乡党敬信之，如此而为恶，可也。为恶则父母怒之，兄弟怨之，子孙羞之，宗族乡党贱恶之，何苦而必为恶？

【注释】

①使：假使，假如。

【译文】

假使做好事会使父母发怒，兄弟埋怨，子孙羞耻，族人和乡亲们鄙视、厌恶，如果因为这样而不去做好事，是可以的。但实际上，做好事会使父母关爱，兄弟高兴，子孙荣耀，族人和乡亲们敬重、信任，所以为什么不去做好事呢？假使做坏事会使父母关爱，兄弟高兴，子孙荣耀，族人和乡亲们敬重、信任，如果因为这样而去做坏事，是可以的。但实际上，做坏事会使父母发怒，兄弟埋怨，子孙羞耻，族人和乡亲们鄙视、厌恶，所以为什么要去做坏事呢？

【源流】

清陈弘谋《五种遗规》之"《王阳明文钞》"："使为善而父母怒之，兄弟怨之，宗族乡党贱恶之，如此而不为善，可也。为善则父母爱之，兄弟悦之，宗族乡党敬信之，何苦而不为善！使为恶而父母爱之，兄弟悦之，宗族乡党敬信之，如此而为恶，可也。为恶则父母怒之，兄弟怨之，宗族乡党贱恶之，何苦而必为恶！"按，《格言联璧》此句当本于明代王阳明之语。

为善之人，非独其宗族亲戚爱之，朋友乡党敬之，虽鬼神亦阴相之^①；为恶之人，非独其宗族亲戚叛之，朋友乡党怨之，虽鬼神亦阴殛之^②。

【注释】

①阴：暗中。相：辅助，帮助。

②阴殛（jí）：暗中惩罚。殛，杀死。此处指惩罚。《尚书·康诰》："爽惟天其罚殛我，我其不怨。"

【译文】

做好事的人，不仅会得到家族成员的爱戴，还会得到朋友和乡亲的敬重，即便鬼神也会在暗中帮助他；做坏事的人，不仅会遭到家族成员的抛弃，还会受到朋友和乡亲的怨恨，即便鬼神也会在暗中惩罚他。

【源流】

清陈弘谋《五种遗规》之《王阳明文钞》："为善之人，非独其宗族亲戚爱之，朋友乡党敬之，虽鬼神亦阴相之；为恶之人，非独其宗族亲戚恶之，朋友乡党怨之，虽鬼神亦阴殛之。"按，《格言联璧》此句当本于明代王阳明之语。

为一善而此心快惬①,不必自言,而乡党称誉之,君子敬礼之,鬼神福祚之②,身后传诵之;为一恶而此心愧怍③,虽欲掩护④,而乡党传笑之⑤,王法刑辱之⑥,鬼神灾祸之⑦,身后指说之⑧。

【注释】

①快惬(qiè):心情舒畅。

②福祚:赐福。

③愧怍(zuò):惭愧。《孟子·尽心上》:"仰不愧于天,俯不怍于人。"

④掩护:掩盖,掩饰。

⑤传笑:传扬耻笑。

⑥刑辱:惩罚和羞辱。刑,惩罚。

⑦灾祸:此处指降下灾祸。

⑧身后:死后。指说:指责,批评。

【译文】

做了一件好事而心情舒畅,用不着自己说,就会得到乡亲的称赞,君子的尊敬和以礼相待,以及鬼神赐给的福禄,并且死后还会为人们所传诵。做了一件坏事而内心惭愧,尽管想要掩盖,但最终会遭到乡亲的耻笑,国家法律的惩罚和羞辱,以及鬼神降下的灾祸,并且死后还会遭到人们的指责。

【源流】

明吕坤《去伪斋文集》卷六《理欲生长极至之图说》:"为一善而此心快惬,不必自言,而乡党称誉之,君子敬礼之,鬼神福祚之,身后传诵之,子孙荣之;为一恶而此心愧怍,虽欲掩护,而乡党传笑之,王法刑辱之,鬼神灾祸之,身后指说之,子孙羞之。"

一命之士①,苟存心于爱物②,于人必有所济;无用之人，苟存心于利己，于人必有所害。

【注释】

①一命之士：原指周代官阶低微的官员。此处指小官。《礼记·王制》："大国之卿，不过三命。下卿再命。小国之卿与下大夫一命。"唐孔颖达正义："此一节论大国小国卿大夫命数多少不同之事。"

②苟存心于爱物：如果能够存有仁民爱物之心。苟，如果。存心，存有某种念头。爱物，即仁民爱物，以仁善之心对待百姓并推及万物。

【译文】

即便是卑微的小官，如果存有仁民爱物之心，就一定会对他人有所帮助；即便是普通百姓，如果存有自私自利之心，就一定会对他人有所伤害。

【源流】

宋程颐、程颢《二程文集》卷十二《明道先生行状》："（明道）先生常云：'一命之士，苟存心于爱物，于人必有所济。'"按，《格言联璧》"一命之士"句当本于宋代程颢之语。

明秦金《安楚录》卷二："古人有言：'一命之士，苟存心于爱物，于人必有所济。'反而观之，一命之士，苟存心于利己，于人必有所害。"按，《格言联璧》"无用之人"句当化用明代秦金之语。

膏粱积于家，而剥削人之糠覈①，终必自亡其膏粱；文绣充于室，而攘取人之蔽裘，终必自丧其文绣。

【注释】

①糠覈（hé）：指粗劣的食物。糠，稻谷等作物加工时脱去的外壳。覈，米、麦加工后所剩的外皮碎屑。

【译文】

家中囤积着肥肉细米等精细的食物，却还要搜刮别人粗劣的饭食，这么做最终会丧失掉自己积累的财富；屋子里藏满了纹饰精美的衣服，却还要抢夺别人破旧的皮袄，这么做最终会丧失掉自己高贵的地位。

天下无穷大好事，皆由于轻利之一念[①]，利一轻，则事事悉属天理[②]，为圣为贤，从此进基[③]；天下无穷不肖事，皆由于重利之一念，利一重，则念念皆违人心，为盗为跖[④]，从此直入。

【注释】

①轻利：看轻个人利益。轻，看轻。

②属天理：合乎规矩。属，合乎。天理，此处指规矩。

③进基：开始。

④为盗为跖：成为恶人。

【译文】

天下许多大好事之所以能够办成，都是由于心中看轻个人利益，一旦看轻了个人利益，那么所有的事情都能处理得合乎规矩，成为圣贤，便由此而开始；天下许多很坏的事之所以能够发生，都是由于心中过分看重个人利益，一旦看重了个人利益，那么所有的念头都会违背人心，成为恶人，便由此而开始。

清欲人知，人情之常，今吾见有贪欲人知者矣，朵其颐[①]，垂其涎，惟恐人误视为灵龟而不饱其欲也[②]；善不自伐[③]，盛德之事，今吾见有自伐其恶者矣，张其牙，露其爪，惟恐人不识为猛虎而不畏其威也。

【注释】

①朵其颐：即朵颐，鼓动两腮吃东西。此处引申为想让别人知道自己贪婪的一种神态，与下句"垂其涎"意义相同。朵，鼓动。颐，腮，面颊。"朵其颐，……，惟恐人误视为灵龟"句当化用《周易·颐卦》："初九，舍尔灵龟，观我朵颐，凶。"唐孔颖达正义："灵龟，谓神灵明鉴之龟兆，以喻己之明德也。朵颐，谓朵动之颐以嚼物，喻贪婪以求食也。"

②灵龟：用以占卜的大龟。

③自伐：自矜，自夸。

【译文】

　　自己清廉总想让别人知道，这是人之常情，现如今我却见到有这么一种人，自己明明贪婪却也想让人知道，鼓动着两腮，流着口水，唯恐别人将他误认为占卜用的大龟而不满足他的欲望；自己行善却不自夸，这是德行高尚的行为，现如今我却见到有这么一种人，自己明明恶行累累却也夸耀自己，张牙舞爪，惟恐别人不知道他像猛虎一样凶恶而不畏惧他的威势。

　　以奢为有福，以杀为有禄①，以淫为有缘②，以诈为有谋，以贪为有为，以吝为有守③，以争为有气④，以嗔为有威⑤，以赌为有技，以讼为有才⑥。

【注释】

①禄：俸禄。此处指权力。

②淫：淫乱。缘：艳缘。

③守：此处指善于守财。

④气：此处指勇气。

⑤嗔：发怒，发脾气。

⑥讼：争讼，打官司。

【译文】

把奢侈当作有福气，把杀戮当作有权力，把淫乱当作有艳缘，把欺诈当作有智谋，把贪婪当作有作为，把吝啬当作会守财，把争斗当作有勇气，把发怒当作有威严，把赌博当作有技艺，把争讼当作有才能。

谋馆如鼠①，得馆如虎②，鄙主人而薄弟子者③，塾师之无耻也④。卖药如仙，用药如颠⑤，贼人命而诿天数者⑥，医师之无耻也。觅地如瞽⑦，谈地如舞⑧，矜异传而谤同道者⑨，地师之无耻也⑩。

【注释】

①谋馆：谋求教书的职位。馆，教书先生教学的地方。

②得馆：得到教书职位。

③薄：轻视，看不起。

④塾师：私塾先生，教书先生。

⑤用药：此处指治病救人。颠：同"癫"，疯癫，精神错乱。

⑥贼：害。诿：推诿，推卸责任。天数：上天的安排。

⑦觅：寻找。地：此处指墓地，阴宅。瞽（gǔ）：失明，眼睛看不见。

⑧谈地：此处指谈论如何选择墓地。舞：手舞足蹈，即大说特说夸夸其谈。

⑨矜：夸耀。异传：独门真传。谤：毁谤，说坏话。同道：同行。

⑩地师：风水先生。

【译文】

谋求教书职位时就像老鼠，得到教书职位后便像老虎，鄙视主人看不起弟子，这是作为教书先生最无耻的行为。卖药的时候就像神仙，治病救人时就像个疯子，伤害了他人的性命反而将责任归罪于上天的安排，这是作为医生最无耻的行为。寻找墓地时就像个瞎子一样乱找，谈起如何选择墓地时大说特说手舞足蹈，夸耀自己得到独门真传并说同行的坏话，这是作为风水先生最无耻的行为。

不可信之师，勿以私情荐之①，使人托以子弟②。不可信之医，勿以私情荐之，使人托以生命。不可信之堪舆③，勿以私情荐之，使人托以先骸④。不可信之女子，勿以私情媒之⑤，使人托以宗嗣⑥。

【注释】

①私情：个人交情。《管子·八观》："谏臣死而谀臣尊，私情行而公法毁。"荐：推荐。

②托：托付。

③堪舆（yú）：即风水。此处指风水先生。

④先骸：先人的骸骨。

⑤媒：保媒拉纤，撮合两家婚事。

⑥宗嗣：子孙后代。

【译文】

不可信任的教书先生，不要以私人交情向别人推荐，让别人把子弟托付给他。不可信任的医生，不要以私人交情向别人推荐，让别人把生命托付给他。不可信任的风水先生，不要以私人交情向别人推荐，让别人把先人的骸骨托付给他。不可信任的女子，不要以私人交情向别人保媒拉纤，让别人把后代子孙托付给她。

肆傲者纳侮①，讳过者长恶②。贪利者害己，纵欲者戕生③。

【注释】

①肆：任性，放纵。纳：此处指受到，遭到。

②讳：掩盖。长：助长。

③戕（qiāng）生：伤害性命。戕，害。

【译文】

任性傲慢会遭到侮辱，掩盖过错会助长罪恶。贪图利益会危害自己，放纵欲望会伤害性命。

【源流】

元佚名《居家必用事类全集》癸集《省心杂言》："贪利者害己，纵欲者戕生，肆傲者纳侮，讳过者长恶。"按，《省心杂言》中并未载录此文，未详其摘引自何处。

　　鱼吞饵①，蛾扑火②，未得而先丧其身③。猩醉醴④，蚊饱血，已得而随亡其躯⑤。鹚食鱼⑥，蜂酿蜜，虽得而不享其利。欲不除，似蛾扑灯，焚身乃止。贪不了，如猩嗜酒，鞭血方休⑦。

【注释】

①鱼吞饵：鱼儿吞饵。汉张衡《归田赋》："仰飞纤缴，俯钓长流。触矢而毙，贪饵吞钩。落云间之逸禽，悬渊沉之鲨鳎。"

②蛾扑火：飞蛾扑火。《梁书·到溉传》："如飞蛾之赴火，岂焚身之可吝。"

③得：此处指得到好处。

④猩醉醴：猩猩喝醉了酒。醴，甘甜的美酒。与下文"猩嗜酒"同。

⑤随：随即，马上。

⑥鹚（cí）：鸬鹚，一种善于捕鱼的水禽。

⑦鞭血方休：被鞭打出血才肯罢休。鞭血，鞭打出血，指被打得很重。

【译文】

鱼儿吃饵，飞蛾扑火，还未得到好处就先丢了性命。猩猩喝醉了酒，蚊子吸饱了血，已经得到了好处却会马上丢掉性命。鸬鹚吃鱼，蜜蜂酿蜜，虽然得到了一点好处但并不能尽享其利。欲望不除，就像飞蛾扑火，直到被烧焦才会停止。贪心不灭，就像猩猩贪酒，直到被鞭打出血才肯罢休。

　　明星朗月，何处不可翱翔？而飞蛾独趋灯焰①；嘉卉清泉②，何物不可饮啄③？而蝇蚋争嗜腥膻。

【注释】

①趋：向着，朝着。

②嘉卉：花朵芬芳。《诗经·小雅·四月》："山有嘉卉，侯栗侯梅。"

③饮啄：饮水啄食。《庄子·养生主》："泽雉十步一啄，百步一饮，不蕲蓄乎樊中。"

【译文】

星光闪烁明月当空，什么地方不可以飞翔呢？而飞蛾偏偏却要扑向灯火；花朵芬芳清泉甘甜，什么地方不可以饮水啄食呢？而苍蝇和蚊子却偏偏争相去吃那些腥臭的东西。

【源流】

明洪应明《菜根谭》："晴空朗月，何天不可翱翔？而飞蛾独投夜烛；清泉绿卉，何物不可饮啄？而鸱鸮偏嗜腐鼠。噫！世之不为飞蛾鸱鸮者几何人哉？"

　　飞蛾死于明火，故有奇智者①，必有奇殃②；游鱼死于芳纶③，故有美嗜者，必有美毒④。

【注释】

①奇智：智慧超群。

②奇殃：非比寻常的灾祸。

③芳纶：香饵和钓线。芳，此处指香饵。纶，钓鱼用的丝线。

④美毒：美味的毒计。

【译文】

飞蛾死于明亮的火光中，因此智慧超群的人，一定会遭遇非比寻常的灾祸；游鱼死于香饵和钓线上，因此有所贪好的人，一定会遭遇美味的毒计。

慨夏畦之劳劳①，秋毫无补②；笑冬烘之贸贸③，春梦方回。

【注释】

①慨：慨叹。夏畦（qí）之劳劳：原指夏天在田地中辛苦劳作，后指生活奔波劳碌。畦，周围筑埂便于灌溉的田地。劳劳，奔波之貌。宋苏轼《和陶己酉岁九月九日》："伯始真粪土，平生夏畦劳。"

②秋毫无补：没有丝毫帮助。秋毫，动物秋天长出的细毛，形容微小。《史记·项羽本纪》："吾入关，秋毫不敢有所近。"补，帮助。

③冬烘：糊涂懵懂迂腐浅陋，含讽刺之意。五代王定保《唐摭言》卷八《误放》："郑侍郎薰主文，误谓颜标乃鲁公之后。时徐方未宁，志在激劝忠烈，即以标为状元。谢恩日，从容问及庙院。标，寒畯也，未尝有庙院。薰始大悟，塞默而已。寻为无名子所嘲曰：'主司头脑太冬烘，错认颜标作鲁公。'"即唐朝郑薰，误将颜标认作颜真卿后代而取为状元之事。贸贸，昏聩之貌。

【译文】

慨叹自己奔波劳苦的人，到头来对自己没有丝毫帮助；可笑那些迂腐昏聩的人，只有大梦初醒之时才能回到现实。

　　吉人无论处世平和^①，即梦寐神魂^②，无非生意^③；凶人不但作事乖戾^④，即声音笑貌，浑是杀机。

【注释】

①吉人：此处指善良的人。无论：此处指无论何时。

②梦寐：睡梦之中。神魂：神志，内心。

③生意：好生之意。

④乖戾：乖张暴虐。

【译文】

　　善良的人无论什么时候都以平和的心态面对一切，即便是在睡梦之中，心中也无不充满着好生之意；凶恶的人不仅做事乖张暴虐，即便在言语说笑之间，脑中也都充满着杀伐之念。

【源流】

　　明洪应明《菜根谭》："吉人无论作行安详，即梦寐神魂，无非和气；凶人无论行事狠戾，即声音笑语，浑是杀机。"

　　仁人心地宽舒，事事有宽舒气象，故福集而庆长；鄙夫胸怀苛刻，事事以苛刻为能，故禄薄而泽短。

【译文】

　　仁善的人心胸宽广，无论做什么事都有宽广的气度，所以福气聚集而吉祥流长；鄙陋的人内心刻薄，无论做什么事都极尽刻薄，所以福禄微薄而恩泽短浅。

【源流】

　　明洪应明《菜根谭》："仁人心地宽舒，便福厚而庆长，事事成个宽舒气象；鄙夫念头迫促，便禄薄而泽短，事事成个迫促规模。"

充一个公己公人心^①，便是吴越一家；任一个自私自利心^②，便是父子仇雠^③。

【注释】

①充一个公己公人心：怀有一颗对己对人都公平公正的心。充，怀有。公己公人，对自己和他人都公平公正。

②任：持有，怀有。

③仇雠（chóu）：仇敌，仇人。

【译文】

胸中怀有一颗对己对人都公正的心，即便是仇敌也会亲如一家；胸中怀有一颗自私自利的心，即便是父子也会变成仇敌。

【源流】

明吕坤《呻吟语》卷一："充一个公己公人心，便是胡越一家；任一个自私自利心，便是父子仇雠。"

理以心为用^①，心死于欲则理灭^②，如根株斩而木亦坏也^③；心以理为本，理被欲害则心亡，如水泉竭而河亦干也。

【注释】

①理：此处指天理。用：此处指体现，呈现。

②心死于欲：即人心被欲望蒙蔽。灭：泯灭。

③根株：植物的根系。坏：此处指植物枯亡。

【译文】

天理通过人心来呈现，人心一旦为欲望所蒙蔽，那么天理亦随之泯灭，就像树木的根被斩断而枝干亦随之枯亡。人心以天理为根本，一旦天理被欲望侵害，那么人心也就消亡了，就像泉水枯竭而河流亦随之干涸。

　　鱼与水相合，不可离也，离水则鱼槁矣①。形与气相合，不可离也，离气则形坏矣。心与理相合，不可离也，离理则心死矣②。

【注释】

①槁：干枯。《战国策·秦策》："形容枯槁，面目犁黑，状有归色。"

②"形与气相合"六句：秉承的是宋朱熹的"理气关系"，《晦庵集》卷五十八《答黄道夫》："天地之间，有理有气。理也者，形而上之道也，生物之本也；气也者，形而下之器也，生物之具也，是以人物之生必禀此理然后有性，必禀此气然后有形。"

【译文】

　　鱼与水是合在一起的，不可彼此分离，离开水鱼就会干枯死去。身体与元气是合在一起的，不可彼此分离，离开元气身体就会朽坏死亡。人心与天理是合在一起的，不可彼此分离，离开天理人心就会死去。

　　天理是清虚之物，清虚则灵，灵则活；人欲是渣滓之物，渣滓则蠢，蠢则死①。

【注释】

①"天理是清虚之物"六句：秉承的是宋代朱熹的"存天理，灭人欲"思想。《朱子语类》："圣人千言万语，只是教人明天理，灭人欲。"渣滓（zǐ），此处指肮脏污秽。

【译文】

　　天理是清明虚空的事物，因为清明虚空人便有了灵性，有了灵性便走向新生；人欲是肮脏污秽的事物，因为肮脏污秽人就变得愚蠢，愚蠢便会导致死亡。

毋以嗜欲杀身①，毋以货财杀子孙，毋以政事杀百姓，毋以学术杀天下后世。

【注释】

①杀身：伤害自己。

【译文】

不要因不良嗜好欲望而伤害了自己，不要因财货金钱而伤害了子孙，不要以国家政事的名义来伤害百姓，不要以学术的名义来贻害后人。

【源流】

宋费衮《梁溪漫志》卷第九"刘高尚事"："高尚尝言曰：'世之人以嗜欲杀身，以货财杀子孙，以政事杀人，以学问文章杀天下后世。'"

明郭良翰《问奇类林》卷九："崔清献座右铭曰：'无以嗜欲杀身，无以货财杀子孙，无以政事杀民，无以学术杀天下。'凝阳道人偈其一曰：'毋执去来之势而为权，毋固得丧之位而为宠，毋恋聚散之缘而为亲，毋认离合之身而为我。'"按，《格言联璧》此句当本于宋代崔与之化用刘高尚之语。

毋执去来之势而为权①，毋固得丧之位而为宠②，毋恃聚散之财而为利③，毋认离合之形而为我④。

【注释】

①毋执去来之势而为权：不要拿那些去留不定的势力来谋求权力。

去来之势，去留不定的势力。

②毋固得丧之位而为宠：不要努力稳固那些得失不定的官位来求取尊荣。得丧之位，得失不定的官位。宠，尊荣。

③毋恃聚散之财而为利：不要倚仗那些聚散不定的财富来追求利益。恃，倚仗。聚散之财，聚散不定的财富。

④毋认离合之形而为我：不要将存灭不定的肉身当成真正的自我。离合之形，即存灭不定的肉体。我，真正的自我，即包含天理良知与善心本性的我。

【译文】

不要拿那些去留不定的势力来谋求权力，不要努力稳固那些得失不定的官位来求取尊荣，不要倚仗那些聚散不定的财富来追逐利益，不要误将存灭不定的肉体当成真正的自我。

【源流】

明郭良翰《问奇类林》卷九："崔清献座右铭曰：'无以嗜欲杀身，无以货财杀子孙，无以政事杀民，无以学术杀天下。'凝阳道人偈其一曰：'毋执去来之势而为权，毋固得丧之位而为宠，毋恋聚散之缘而为亲，毋认离合之身而为我。'"按，刘公尧，号凝阳道人，《格言联璧》此句当本于明代刘公尧之语。

贪了世味的滋益①，必招性分的损②；讨了人事的便宜，必吃天道的亏。

【注释】

①世味的滋益：世俗的好处。世味，世俗。滋益，滋养补益。此处指好处。

②必招性分的损：必定招致本性上的损害。性分，天性，本性。

【译文】

贪恋世俗上的好处，必定招致本性上的损害；占了人事上的便宜，必定要吃天道上的大亏。

精工言语^①，于行事毫不相干；照管皮毛^②，与性灵有何关涉^③！

【注释】

①精工言语：花言巧语，巧妙动听的言语。

②照管皮毛：此处指做表面文章。

③性灵：精神。此处指修养身心。

【译文】

花言巧语，与踏踏实实做事毫不相干；做表面文章，与修身养性又有什么关系！

荆棘满野，而望收嘉禾者愚^①；私念满胸^②，而欲求福应者悖^③。

【注释】

①收嘉禾：收获丰厚。嘉禾，长势良好的庄稼。

②私念满胸：心中充满了私欲。私念，私欲。

③悖：此处指糊涂，与上文"愚"相对。

【译文】

田野里长满了荆棘杂草，却盼望着收获丰厚，这样的人是极其愚蠢的；心中充满了私欲，却祈求福祉降临，这样的人是非常糊涂的。

庄敬非但日强也^①，凝心静气^②，觉分阴寸晷^③，倍自舒长^④；安肆非但日偷也^⑤，意纵神驰，虽累月经年，亦形迅驶。

自家过恶自家省⑥，待祸败时，省已迟矣；自家病痛自家医，待死亡时，医已晚矣。

【注释】

①庄敬：庄重恭敬。非但：不仅。日强：此处指使人身体日渐强壮。

②凝心静气：使人心平气和。

③分阴寸晷：一分一秒，形容时间极其短暂。寸晷，光阴，时间。晋潘尼《赠陆机出为吴王郎中令》："寸晷惟宝，岂无玙璠。"

④舒长：舒缓悠长。

⑤安肆：享乐放纵。日偷：此处指使人身体日渐衰弱。《礼记·表记》："君子庄敬日强，安肆日偷。"汉郑玄注："肆，犹放恣也。偷，苟且也。"

⑥过恶：过错。

【译文】

庄重恭敬不仅会使人日渐强壮，心气平和，纵然一分一秒，也会让人倍感舒缓悠长；安乐放纵不仅会使人日渐衰落，精神涣散，纵然连年累月，仍会让人觉得时光飞逝。自己的过错要靠自己来反省，等到败亡时，再反省就太迟了；自己的病痛要靠自己来医治，等到死亡时，再医治就太晚了。

多事为读书第一病，多欲为养生第一病，多言为涉世第一病①，多智为立心第一病②，多费为持家第一病③。

【注释】

①涉世：处世。

②立心：树立准则。此处指修养身心。宋张载《张子语录》中："为天地立心，为生民立命，为往圣继绝学，为万世开太平。"

③多费：花费多，开销大。

【译文】

杂事太多是读书的最大毛病，欲望太多是养生的最大毛病，说话太多是处世的最大毛病，心智太多是立心的最大毛病，花费太多是持家的最大毛病。

今之用人，只怕无去处①，不知其病根在来处②；今之理财，只怕无来处③，不知其病根在去处④。

【注释】

①只怕无去处：只担心无法安排人的去处。去处，此处指安排去处，安排职务。

②来处：此处指用人制度的根本，即人的培养方面。

③来处：此处指钱财的来源。

④去处：此处指钱财的花费。

【译文】

当今用人，只担心无法安排人的去处，却不知道问题出在人的培养上；当今理财，只担心没有钱财的来源，却不知道问题出在了钱财的花费上。

【源流】

明吕坤《呻吟语》卷五："今之用人，只怕无去处，不知其病根在来处；今之理财，只怕无来处，不知其病根在去处。"

贫不足羞，可羞是贫而无志。贱不足恶①，可恶是贱而无能。老不足叹，可叹是老而无成。死不足悲，可悲是死而无补②。

【注释】

①恶（wù）：此处指令人厌恶。

②无补：没有任何意义。

【译文】

贫穷并不可耻，可耻的是贫穷却没有志向。低贱并不可恶，可恶的是低贱而没有才能。年老并不可叹，可叹的是年老而没有成就。死亡并不可悲，可悲的是死得没有任何意义。

【源流】

明吕坤《呻吟语》卷二："贫不足羞，可羞是贫而无志。贱不足恶，可恶是贱而无能。老不足叹，可叹是老而虚生。死不足悲，可悲是死而无闻。"

事到全美处①，怨我者难开指摘之端；行到至污处②，爱我者莫施掩护之法。

【注释】

①事到全美处：事情做到尽善尽美的境界。全美，尽善尽美。处，境界，地步。

②行到至污处：品行到了污秽不堪的地步。行，行为举止。《论语·公冶长》："听其言而观其行。"污，污秽。此处指行为卑劣。

【译文】

事情做到尽善尽美的境界，即便怨恨我的人也难以找到指责我的借口；行为到了污秽不堪的地步，即便关爱我的人也无法施展掩护我的办法。

【源流】

清李锴《读书杂述》卷二："事到至美处，则举世是之，虽仇我者亦必输心以为是，不敢出一语相讥，何也？天下有公是故也！行到至污处，则举世非之，虽厚我者亦必交口以为非，不能出一词为解，何也？天下有公非故也。"

衣垢不澣^①，器缺不补^②，对人犹有惭色^③；行垢不澣，德缺不补，对天岂无愧心。

【注释】

①衣垢不澣（jiān）：衣服脏了却不洗。垢，污垢。此处指衣服脏。澣，洗。

②缺：破损。

③惭色：惭愧的神色。

【译文】

衣服脏了却不清洗，器具破损了却不修补，面对他人尚且有惭愧的神色；行为有污秽却不去"清洗"，道德有破损却不去"修补"，面对苍天难道心中就不感到惭愧吗？

【源流】

明高濂《遵生八笺》卷一："衣垢不澣，器缺不补，对人犹有惭色；行垢不澣，德缺不补，对天岂无愧心。"

供人欣赏^①，侪风月于烟花^②，是曰亵天^③；逞我机锋^④，借诗书以戏谑^⑤，是名侮圣^⑥。

【注释】

①供人欣赏：此处指向人显示和炫耀才情。

②侪（chái）：同辈。此处指相伴，与之为伍。

③亵（xiè）天：亵渎上天，即对上天的冒犯。亵，轻慢，冒犯。

④机锋：形容话语机智犀利。

⑤戏谑（xuè）：调侃，开玩笑。

⑥侮圣：侮辱圣贤。

【译文】

为了向人显示风流才情，便沉醉花街柳巷与风尘女子为伴，这是亵渎上天；为了向人显示话语的机智犀利，就借用诗书经典的话与人调侃，这是侮辱圣贤。

　　罪莫大于亵天，恶莫大于无耻，过莫大于多言。

【译文】

　　最大的罪过就是对上天冒犯，最大的罪恶就是没有羞耻，最大的过错就是多言多语。

【源流】

　　明刘宗周《学言》："罪莫大于亵天，恶莫大于无耻，过莫大于多言。"

　　言语之恶，莫大于造诬[1]。行事之恶，莫大于苛刻。心术之恶，莫大于深险[2]。

【注释】

　　①造诬：造谣诬陷。

　　②深险：深不可测，阴险毒辣。

【译文】

　　最恶毒的语言，莫过于造谣诬陷。最恶劣的行为，莫过于严厉刻薄。最险恶的心思，莫过于深不可测、阴险毒辣。

【源流】

　　明吕坤《呻吟语》卷二："言语之恶，莫大于造诬。行事之恶，莫大于苛刻。心术之恶，莫大于深险。"

　　谈人之善，泽于膏沐[1]；暴人之恶，痛于戈矛。

【注释】

①泽：恩泽。此处指带给人的好处。膏沐：洗发沐浴使用的膏脂。此处指沐浴。《诗经·卫风·伯兮》："岂无膏沐？谁适为容。"

【译文】

谈论别人的美善，给人带来的恩惠就如同沐浴般舒服；揭露别人的丑恶，给人带来的痛楚要比戈矛刺伤还疼。

【源流】

汉刘向《说苑》卷十六："言人之善，泽于膏沐；言人之恶，痛于矛戟。"

当厄之施①，甘于时雨②；伤心之语，毒于阴冰③。

【注释】

①厄：困厄，困境。施：施予恩惠。此处指帮助。

②甘：甘润，甘甜。时雨：及时雨。

③阴冰：寒冰。

【译文】

困境中的帮助，就像及时雨般甘润；伤透人心的话语，比寒冰还要让人心凉。

阴岩积雨之险奇①，可以想为文境②，不可设为心境；华林映日之绮丽③，可以假为文情④，不可依为世情⑤。

【注释】

①阴：阴暗，不见天日。岩：险要。积雨：积云兴雨。

②文境：文章意境。

③华林：茂密秀美的山林。映日：映照着阳光。绮丽：美丽。

④文情：文章情采。

⑤世情：世道人情。

【译文】

山中不见天日能积云兴雨的险奇之处，可以设想为文章意境，但不可设想为人的心境；阳光普照山林的美丽景致，可以假设为文章情彩，不可以当作世道人情。

巢父洗耳以鸣高①，予以为耳其窦也②，其言已入于心矣，当剖心而浣之③；陈仲出哇以示洁④，予以为哇其滓也⑤，其味已入于肠矣，当刲肠而涤之⑥。

【注释】

①巢父洗耳以鸣高：巢父用洗耳朵来彰显自己的清高。巢父洗耳，当为"许由洗耳"，许由、巢父皆为上古隐士，帝尧想让天下给许由，许由认为这话污染了他，便跑去河边洗耳朵，而巢父更认为许由洗过耳朵的河水都被污染了，甚至不让他的小牛犊喝这河水。此处指为人清高，反感世间的功名利禄。鸣，表明，彰显。高，清高。

②窦：孔，洞。

③浣：清洗。

④陈仲出哇以示洁：陈仲用出门吐鹅肉来表示自己的高洁。陈仲出哇，《孟子·滕文公下》："仲子，齐之世家也。兄戴，盖禄万钟。以兄之禄为不义之禄而不食也，以兄之室为不义之室而不居也，辟兄离母，处于于陵。他日归，则有馈其兄生鹅者，己频顣曰：'恶用是鶃鶃者为哉？'他日，其母杀是鹅也，与之食之。其兄自外至，曰：'是鶃鶃之肉也。'出而哇之。"陈仲，战国齐人，以高洁自律闻名，误食别人送给他兄长的鹅，因而出门将鹅肉吐出。哇，吐。洁，高洁。

⑤滓：残渣。

⑥刲（kuī）：割取。

【译文】

巢父用洗耳朵来彰显他的清高，我以为耳朵不过是个孔洞，请他做帝王的话已经进入了他的心里，应当把心剖开好好洗洗；陈仲用出门吐鹅肉来表示他的高洁，我以为吐出来的不过是残渣，那鹅肉的滋味已经进入了他的肠胃，应当把肠子割下来好好洗洗。

诋缁黄之背本宗①，或衿带坏圣贤名教②；詈青紫之忘故友③，乃衡茅伤骨肉天伦④。

【注释】

①诋：诋毁，毁谤。缁黄：指僧人和道士，僧人穿缁服，道士戴黄冠。缁，黑色。

②衿带：古时士人或官员服饰中的衣带。此处指为官之人。

③詈（lì）：骂。青紫：古代高官印绶、服饰的颜色。此处指高官。

④衡茅：即茅草屋，指简陋的房屋。

【译文】

诋毁僧人和道士离经叛道的人，或许就是那些身居朝堂却损害圣贤礼法的伪君子；大骂高官不念故友的人，往往就是那些蜗居茅屋却干着伤害骨肉亲情的真小人。

炎凉之态①，富贵甚于贫贱；嫉妒之心，骨肉甚于外人。

【注释】

①炎凉：即世态炎凉，指对得势者百般逢迎，对失势者过于冷落。宋文天祥《杜架阁》："世态炎凉甚，交情贵贱分。"

【译文】

世态炎凉，在富贵之人身上体现得比穷人更为明显；嫉妒之心，在骨肉亲人中体现得要比外人更为严重。

【源流】

明洪应明《菜根谭》："炎凉之态，富贵更甚于贫贱；妒忌之心，骨肉尤狠于外人。"

　　兄弟争财，父遗不尽不止^①；妻妾争宠，夫命不死不休。受连城而代死^②，贪者不为，然死利者何须连城^③？携倾国以待殂^④，淫者不敢，然死色者何须倾国^⑤？

【注释】

①父遗：此处指长辈的遗产。

②受连城而代死：接受价值连城的财富而代替别人去死。连城，价值连城的财富。代死，代替别人去死。

③死利者：为利益而死的人。

④携倾国以待殂（cú）：带着倾国倾城的美女去等死。倾国，倾国倾城的美女。待殂，等死。殂，死。

⑤死色者：为美色而死的人。

【译文】

兄弟之间争夺财产，长辈的遗产不分干净就不会停止；妻妾之间争夺恩宠，丈夫不死就不会罢休。接受价值连城的宝物而代替别人去死，就连最贪婪的人也不会去做，然而那些为利益而死的人，他们所得到的哪算得上价值连城呢？带着倾国倾城的美女去等死，就连最好色的人也不敢，然而那些为美色而死的人，他们所贪图的美色哪算得上倾国倾城呢？

【源流】

清陈弘谋《五种遗规》之"史擖臣《愿体集》"："兄弟争财，其父遗不尽不止；妻妾争宠，其夫命不死不休。"按，《格言联璧》"兄弟争财"句当本于清代史典编撰之文句。

病危乌获^①，虽童子制梃可挞^②；臭腐王嫱^③，惟狐狸钻穴相窥^④。

【注释】

①乌获：相传为古代大力士。《孟子·告子下》："今日举百钧，则为有力人矣。然则举乌获之任，是亦为乌获而已矣。"汉赵岐注："乌获，古之有力人也，能移举千钧。"

②虽童子制梃（tǐng）可挞（tà）：即便小孩子也可以拿着棍子去打他。制，拿。梃，棍棒。挞，用鞭子、棍棒击打。

③王嫱（qiáng）：即汉代的王昭君，中国古代四大美女之一。《汉书·元帝纪》："竟宁元年……赐单于待诏掖庭王嫱为阏氏。"汉应劭注："郡国献女未御见，须命于掖庭，故曰'待诏'。王嫱，王氏女，名嫱，字昭君。"

④窥：从小孔、缝隙中看。

【译文】

病重的大力士乌获，即便是小孩子也能拿棍子打他；死后身体腐臭的美女王嫱，也只有狐狸才会钻进墓穴去看她吧。

圣人悲时悯俗，贤人痛世疾俗，众人混世逐俗，小人败常乱俗。

【译文】

圣人因时俗崩颓而心生悲悯，贤人因世道衰微而痛心疾首，普通人只能在混乱的社会中随波逐流，奸邪小人却能败坏伦常扰乱社会。

【源流】

明吕坤《呻吟语》卷四:"圣人悲时悯俗,贤人痛世疾俗,众人混世逐俗,小人败常乱俗。呜呼! 小人坏之,众人从之,虽悯虽疾,竟无益矣,故明王在上则移风易俗。"

读书为身上之用①,而人以为纸上之用②;做官乃造福之地,而人以为享福之地。壮年正勤学之日,而人以为养安之日③;科第本消退之根④,而人以为长进之根。

【注释】

①身上之用:此处指修身养性。

②纸上之用:此处指通过写文章以求考取功名。

③养安:养体安生,安闲享乐。

④科第:科举及第。

【译文】

读书是为了修身养性,而常人却认为是为了考取功名;做官是为了造福百姓,而常人却认为是为了自己享福。壮年正是勤奋学习的时候,而常人却认为是安闲享乐的时候;科举及第本应是保身谦退的契机,而常人却认为是努力上进的契机。

【源流】

清唐鉴《学案小识》卷六"安丘刘先生"条:"(先生)又曰:'读书为身上之用,而人以为纸上之用;做官乃辛苦之时,而人以为快乐之时。衰年正勤学之日,而人以为养安之日;科第本消退之根,而人以为长进之根。'"按,安丘刘先生即刘源渌,《格言联璧》此句当本于清代刘源渌之语。

盛者衰之始,福者祸之基。福莫大于无祸,祸莫大于邀福①。

【注释】

①邀：求取。

【译文】

兴盛是衰败的开始，福气是灾祸的根源。最大的福气就是没有灾祸，最大的灾祸就是刻意求福。

【源流】

明雷礼《国朝列卿纪》卷二十七"王华"条："（王华）蹙然曰：'……，父子复相见于一堂，人皆以为荣，吾谓非荣乎？然盛者衰之始，福者祸之基，虽以为荣，复以为惧也。'"按，《格言联璧》"盛者衰之始"句当本于明代王华之语。

明吕坤《呻吟语》卷六："福莫大于无祸，祸莫大于求福。"

中华经典名著
全本全注全译丛书

（已出书目）

西京杂记	折狱龟鉴
神仙传	容斋随笔
搜神记	近思录
拾遗记	洗冤集录
世说新语	传习录
弘明集	焚书
齐民要术	菜根谭
刘子	增广贤文
颜氏家训	呻吟语
中说	了凡四训
群书治要	龙文鞭影
帝范·臣轨·庭训格言	长物志
坛经	智囊全集
大慈恩寺三藏法师传	天工开物
长短经	溪山琴况·琴声十六法
蒙求·童蒙须知	温疫论
茶经·续茶经	明夷待访录·破邪论
玄怪录·续玄怪录	潜书
酉阳杂俎	陶庵梦忆
历代名画记	西湖梦寻
唐摭言	虞初新志
化书·无能子	幼学琼林
梦溪笔谈	笠翁对韵
东坡志林	声律启蒙
唐语林	老老恒言
北山酒经（外二种）	随园食单